邓文初 编

中国1911

辛亥革命启示录

人民东方出版传媒

东方出版社

导读

邓文初

那一年发生的故事其实很简单，一个旧朝廷的结束，一个新政权的开始。

那一年的历史书写其实也应该很简单，大清结束了，《清史》诞生了。一部官定的史书，本该是盖棺论定的工作了。

然而似乎有些例外。清亡了，民国江山也改易了，却连一部晚清史都难以出产，遑论正史体系中的《清史》了。

究竟遇到了怎样的困境，使得历史学家们如此踟蹰？

其实，经过一百多年的"上穷碧落下黄泉"的文献工作，成千上万的"历史工作者"生产了数千万上亿的史学文字，历史这具木乃伊早已被层层拆开，躯体经过一片一片的 CT 扫描，检测报告已足以将历史事件本身纤细无遗地呈现，史学文字甚至比历史本身更为浩瀚，足以覆盖历史本身的言说。然而，历史知识越来越丰富的我们，或许对历史的理解越来越迷乱。被过度诠释的历史犹如掺入三聚氰胺的牛奶，不仅因稀释而流于肤浅，更可能因添加而毒化大脑。历史学者自然应该在越来越窄越来越尖的问题上深掘，但这样的一味深掘也可能将我们这些常人带入一个缺乏氧气的地下暗层或者一个陷阱。本来应该将读者带入更为深远的智慧之境，但远离常识的发明很可能使我们失去对历史的真切体会，这就是史学的悖论。

我总觉得，史学家们不免要置身于旋涡、纷乱和陷阱之中，探讨那些被人类遗忘的边角碎料，注视那些令人眩晕的幽暗深渊，挑战自己的眼力、智慧和勇气，但正如那些艺术家一样，在他们因好奇而窒息之前，总该浮出水面，仰头长长地吸一口新鲜空气，将其作品献给我们的普通读者。

选编这本集子的初衷就在这里，从近千万字的各类论文论著中挑选出二十万字的作品，从而避免了史学诠释给人造成理解力麻痹，带我们回到具体可感的历史时空。

一

1911 年，岁在辛亥。

最先的场景也许应是清廷的退场，一场略显尴尬又不失优雅的谢幕。这是习惯了鼎革之际的那种杀人如麻、血流漂杵之历史故事的国人们难得见到的稀有历史场景，也是尘埃落定后回首前尘时我们才会想起的略带温情的历史画面，或许还是智者们事后总结历史规律时高声提醒我们的要珍惜的政治智慧。可能也正是因为它的特殊，才让诸多的历史学人在百年之后产生依稀牵挂与感伤：随着帝国的消失，数千年的大一统创设的那套文化、制度、价值与生活，真的就该扔进历史的垃圾堆吗？何况，十年前的大清已经全面启动现代化的历史车轮，一个有勇气将手术刀指向自己的政府难道应该遭受这样的命运不公吗？

是谁之过？

其实，这样的"世纪之问"不仅扰乱了历史学者平静的书桌，还在本来不太安静的学界点燃了神经症式撕打的硝烟，壁垒分明的知识立场因此更加壁垒森严。归罪清廷愚钝的，指责革命捣乱的，在改良派中寻找线索的，在枭雄们的计划中发现阴谋的，将矛头直指那些无知而鲁莽的青年学生的，将激烈而暴躁的科举精英绑上历史审判台的，比比皆是。文化的反思、人性的剖析、制度的梳理、行动的复盘，再加上学者们相互不服气，互相轻视与嘲讽，知识界因为"那一年"历史耗费了大量的脑力，试图在纷乱混杂中找出某种"根本因"说服他人并证明自己。

然而，历史从来就没有根本因，有的只是众缘所凑的一张因陀罗网。

其实，如果放宽视野，不是局限在"那一年"的时空里，如黄仁宇所说，在中华第三帝国的长脉络中，在自朱明王朝以降的连续时空中考量"那一年"的史事，其事故、灾变中的偶然就会呈现出清晰的轮廓和意义。那不是某些表层力量的临时角力，也非当政者的几步棋走错，而是五百年来的社会、经济、文化与政治的慢性失败，是系统失败所呈现的免疫力缺失与急性溃疡，因某些偶然因素而走入一局死棋。也因此，为破解这一死局而启动的所有力量、招数、谋略、布局、攻守，既有应对糜烂之局的急就章，又有应对五百年来大势变迁的长期考量。因此辛亥之年既是一个特殊的年份，也是中国历史上所有普通年份中的一个。

在《天下1：明清对外战略史事》一书中，我提出的这条理解中国历史的长程脉络，也是莫里循、芮玛丽、孔飞力、麦金农等欧美学人的观察报告，尽管他们的论题集中在晚清，但一样抓住了帝国政治的一贯逻辑，那就是中央帝国的改革从来没有停止，不仅没有停止，而且以一种强大的加速度向深度与广度扩张。其激进性，从西方人的视角看也足以令人惊叹。权力以改革的名义实施全方位的扩张战略，而且变得越来越具有渗透性，其充满活力的"自改革"，往往进入教育、军事、警察、税收、文化、交通、技术等领域，甚至触及县级以下的财政、税收、教育、文化与管理层，而这些本属于乡绅或底层民众自治范围。

任何改革都需要成本，而这种由中央主导的激进改革，往往是借改革的名义将成本转嫁到最底层民众的身上。这种以牺牲民众为代价而追求富国强兵、不顾民众承受力与生态稳定等社会后果而希求"傲立"于世，超英赶美，必然引发底层的激烈反弹与周期性的社会震荡。但是，由于不存在民意机构这样的反馈机制，这些由改革引发的反弹就被儒家官僚解读为底层对权力的挑战，理解为规范的失控，由此产生某种"帝国危机"意识。一旦这种危机意识截获帝国的神经，也就启动了黑格尔式的"理性的狡狯"，历史也就进入了新一轮"恶性循环"的怪圈——权力扩张引发社会震荡，社会震荡又反过来引发更为激烈的权力扩张。

这样，陷入"恶性循环"怪圈的改革者们，就将自己逼入一种毫无回旋余地的镜像空间，风声鹤唳、草木皆兵，四面楚歌、四面受敌，十面埋伏、十面出击，于是将所有那些被激发的不可控因素当作假想敌对待，而不免手忙脚乱、进退失据。这种方寸大乱的失控又与权力意志的独断相互激荡，结果就点燃了隐藏的火药，政局鱼烂、全盘皆输的局面也就降临了。

这是深藏在帝国权力系统中的痼疾，是其刚性结构带来的基因病根，就算对此有着清醒的认知与精确的诊断，也无法抑制与根除这一病灶的发作。何况，在缺乏自我反思与外部监控的帝国系统中，这种病根本就是无可救药的死症。在没有意识到这种死症存在的情况下，帝国却想通过自改革实施自救术，不仅自救，甚至妄想在万国竞争的时代胜出，那就好比启动了一辆没有刹车的高速列车，其危险可想而知。

这种改革所引发的危机，不仅帝国执政者未能意识到，事后的历史学界也未必明白。故提出这些观察报告的往往不是涵泳在这一文化中的学人，而是那些外来的研究者。像法国史家巴斯蒂就敏锐地发现，对立双方的革命党和立宪派，敌对双方的袁世凯和孙中山，其实共享同一逻辑，那就是帝国中央集权一以贯之的强化；美国史家斯蒂芬·麦金农在对袁世凯的研究中也提及这种"几个世纪以来闻所未闻的"权力扩张。其实，如果我们接受他们这一"假说"，一些历史之谜也就能够做出合理解释。比如，何以清朝皇族在退位诏书中要特别加上一句："着袁世凯组织新政府……"这句话一直被史学界认作是袁世凯的"自我加冕"，是其抢占权力合法性的政治阴谋。他们忘记的是，一种最高权力之所以能够平稳让渡，就是因为权力本身并未断裂，而是借着这一时机顺利交接与转移，袁世凯不仅是晚清政府中这波激进改革的重要推手，也是此后的民国政府继续推行这波权力扩张的实质继承人。历史的演进在此显示了它的一脉相承，从当时"非袁莫属"的内外呼声中也是可以读出这条信息的。

因此，清廷的倒台其实就只是这波改革的意外与暂时性的中断，这一"事件性"的中断，并未改变历史的长程进展——无论是帝国的最高国策、富强目标的追求，中央对地方约制的权力关系，还是社会结构的长期演变方向，以及帝国内部民族关系的处理，在袁世凯出任总统时期，以及在此后的北洋政府时期，仍旧是在旧的框架和旧的问题意识中展开，在展开中试图获取某种结构性重构与达成某种新的权力平衡。由此，辛亥鼎革、民国开场之际上演的那一系列的议会闹剧、党争笑谈，台上崭新的亮相、台下激烈的折冲，其实既无关共和观念也无关思想冲突，只不过是历史进程尚未根治的并发症的发作罢了。

二

历史研究首先应该面对事实，但绝大部分其实是在面对价值，面对钱穆先生所说的"时代意见"而非"历史意见"。正是因为这种"意见"式的历史书写，才会在历史研究中引发对抗性的思想纷争。

这种对抗，早些年是改革与革命的反复翻牌，近几年进入政治哲学领域，在君主立宪还是民主共和问题上"商榷"起来。当然，没有谁会愿意回到君主时代，但君主时代的那种天下一统、"国泰民安"的真实与幻象，多少让一些自称的权威主义者和隐藏的国家主义者心动。何况其中还有"后现代""后殖民""中国中心观"之类的范式变迁所带来的新奇与时尚，反文化霸权、反西方中心的思想刺激所引发的流量飙升。

如果说，在以前的革命史观中，中国近代的积贫积弱、落后挨打等政治、生态灾难该由"帝国主义"承担责任的话，那么这一波的反思就将社会的动荡、政治的激化与传统的崩溃归罪于西方的"文化霸权"。在其强势文化影响之下的中国思想界，被公理、自由、民主、人权、共和、平等、博爱、权利、宪法、政党、革命、军国主义、铁血主义、国家主义、个人主义、无政府主义、民粹主义、资本主义、社会主义、共产主义等"外来"词洗脑，导致"黄金时代"的最终衰落。罪魁祸首就是那些食洋不化、数典忘祖的洋学生、读书人和那些言必称希腊，道必循罗马的知识分子、观念人。

不错，这些"洋腔洋调""异端异声"确实始终伴随着近代中国的历史进程，且一度被史学书写为推进中国近代化的启蒙力量。为中国的现代化历史背书的也正是这些出自西洋文明的"关键词"。然而，"中国故事"上演的真的只是贩自西方的"文明戏"吗？近代中国跌宕起伏的悲喜剧，难道其情节、内容，结构、风格不是"中国"的吗？那出神入化的角色扮演、扑朔迷离的变脸戏法难道不是中国人自己天才的本色出演吗？

几个洋文词何能搅乱我伟大之中华？！

历史研究不该将这些抽象的观念想象成历史的推进力量，观念从来就是纸上的符号，而历史必是真刀实枪的比拼。热血头颅的抛洒，哪有一丝半毫的虚头巴脑！在枪杆子与笔杆子的较量中，历史无一例外的都是由实在的东西做主，至少，历史的中国如此，那时的中国如此。

将历史变动归结为观念的发生、引介与冲突，是宣传家们的魔术，也是唯意志论的幻觉，但如果历史学者也重复这样的启蒙论，那就不仅是思想的懒惰，更是历史的无知——双重的失误。

基于这双重失误，那些浪漫主义者相信观念的爆炸足以改变世界，那些经验主义者则坚持历史进程应像植物生长一样自然而然，反对理性的设计。双方看似在相互攻难，事实上却共享着同一的思维困境与认知谬误——忽视观念背后的社会情境。然而历史的真实却正是建立在这种社会真实的基础之上的。晚清中国的凋敝窳败，帝国根基的动摇破裂，早已深埋在人们的意识里，深埋在最深层的人格分裂与最真实的生存血泪里。新概念的浮现与新思想的冲击乃是出自文化人格的爆裂与自我救赎的呻吟，这是随数百年所积劫数而来的心灵压抑、扭曲，焦虑与渴望而发出的生命悲鸣，是生物本能、生存意志的呐喊。如果说它呈现出海浪一般的掀天动地之力量，那也不是思想启蒙的结果；相反，启蒙正是借助这股洪荒之力而掀起了新时代的浪潮。这股洪荒之力，自元明之际延伸至晚清，其释放出来的能量始终没有得到传统文化的安置，没有得到制度性的安排，才不得不以山崩海啸般的气势爆发，正像火山一样，最终挤出一条裂隙喷薄而出。

历史从来不是理性的设计，而是力量的较量，是生存意志与生命能力的释放。它表现为情感的爆发、言语的激荡与身体的狂欢。阁楼密谋、街头暗算、广场宣讲、议会嘶喊、谣言飞驰、群氓暴动、会党掠抢、战场冲杀、血与火的漫卷、生与死的狂啸，新名词也会随同传单一起飘洒，新理念更如子弹一般乱飞，这些都是情绪爆发释放出来的信息，是秩序崩溃引发出来的气浪。喧嚣观念的背后，正是被阻碍的社会转型、被压抑的生命势能。其被导向政治反叛的路径，正说明这股阻碍与压制的力量内存于政治结构之中，内存于政治失败与社会崩溃之中。这是一种生命的直觉，无关乎外来观念或翻译思想。

在这样的群情中，政治行动是情绪性的更是宗教性的，是信仰而不是理性，它不受革命者的设计，革命反倒是其意外的产儿。正因为意外，它才令革命者额手相庆，以为数千年专制可在一夜间颠覆，民主共和制度可凌空蹈虚新建，于是其"毕其功于一役"的浪漫主义遐想被激活。实际上，作为制度的共和政治，与其说是启蒙者的设计，不如说是在妥协中的展开，是为了避免最坏结果而达成的折中。在这样的权衡中，一些没有实质意义，可以自由解释的概念，如民主、共和、主权之类，正好符合"最小公约数"这一政治谈判条件，从而被抬举为民国招牌。

那么，我们如何理解共和、民主等这些插入汉语世界的外来语？

与其将它当成某种历史的动力，不如将它当成一场深情的告白，那些绝望中的知识人，在绝望的暗黑中，向着同样绝望的同胞和想象中的未来，向着不可见的历史深处——深情告白。正因为绝望、孤独，他们才会如此决绝；正因为现实没能给他们以希望，他们才需要远寻异声；正因为传统没能给他们以光明，他们才需要仰望星空。这是疏离者的孤独，是被母族文化抛弃后的自我放逐。也因为这种放逐，他们生活在自己的影子和想象中，生活在观念的洞穴与激情的焰火中。他们的步履是先知者的行程，属于时间之流中的未来时态。

不过，有了这些外来语，历史当事人的演出就有了外来的观众与全球的传播，我们这些读历史的后来者就有了参照的眼光和对未来的想象，历史当前的形态与此后的演变也就有了另一种可能。

思想的价值或许就在于此。

三

这里有必要引述一段史料。

1902，壬寅年，时在印度的康有为作《辨革命书》，他要"辨"的其实并非反对革命这类价值（他甚至提出"冀皇上之复辟，而民权自由为必可得耶"），而是"革命不可能"这样的事实。文章连引当时的例证，如戊戌年李立亭广西起事，"积力十余年，合众十余万，寻日而破十余州""然郑润生之安勇五百人一到浔州，围城立解，万数千人经一轮枪而血满大河矣，流尸至梧州，三日不绝"；去年（1901）惠州之事，"其初声势非不浩大，然调兵既到，一日即破，更无一战之敌，而死者数千矣"……

康有为是想通过这些惨痛的教训警告革命者，在掌握了现代交通、电信、警察、军事等技术支撑系统的国家，群氓式的革命已无可能。

不能否认康有为的眼光老到毒辣，他确实看到了现代政治权力扩张的另一面，这本是他改革目标之所在，自然会比一般人多一个视域。但他的这番话也在提示另一个事实："革命由动于感情而无通识"，这样的"情感革命"是非理性的——显然我们在他的言论中读出了此后"理性设计论"的调门。不过，十六年之后，康有为却不得不哀叹"于今国事不幸皆中"，至于何以会"不幸皆中"，可惜他没有再进一步思考。其实，不仅当时的康有为如此，在清末那场大争论中，几乎思想界的所有人，也都来不及细想。他们虽然已经感受到一个新时代的到来，却几乎没有人能够清楚地说出这即将降临的"新时代"究竟意味着什么，究竟是怎样的"新时代"。

革命者章太炎是最为敏感的读书人，而他的理解却是"过去是英雄革命，现在是书生造反"，眼光所及仍旧在那些主导政治的精英阶层。确实，这个阶层关注的是国家富强、治理，是理想秩序与宏伟目标；系怀的是帝国兴衰、复兴与崛起；牵挂的是帝皇事功与英雄史诗。他们那士人的笔下烟云与诗人的心中块垒，有的是江山锦绣、家国天下，却缺乏底层的叹息、草民的艰辛、生灵的痛苦与生命的浩劫。在他们的眼光中，底层也是模糊的，是无足轻重的，甚至是不存在的。同时，在他们的汉语储备中也找不到合适的描述这个阶层的词。这也难怪，毕竟无论是改良者还是革命者，大都属于那个时代的精英阶层，而此后历史的书写者仍旧出身秀才之门，依然为其精英意识所局限。尽管我们有所谓"春秋责备贤者"的传统，但他们是不足责的，因为生产他们人格的是文化共业，是这一文化所制造的认知和感受盲区。

一个沉陷于黑暗的群体必定是失语的群体，但也因此逃脱了话语监控与思想操纵的权力游戏，而这正是"沉默的大多数"积聚的力量之所在，也正是因为上层文化无法穿透这一底层，它才无法被认知，无法被驯化，这力量才得以积聚起来。近代中国的动荡与变革，从元明之际经大清王朝直至中华民国，无论朝代的颠覆、政权的重建，还是战争与和平，其主导力量也就在这里，那是一股被压抑太久而积聚太厚的原始力量，它的压抑与释放，以及这一心理过程与上层文化及制度之间的纠缠互动，构成了近代中国历史的辩证。

一个新的时代到来了，"群氓"的时代、"群众"的时代。

不必过责这些先行者，是因为，对于这个"新时代"的认知，即使在西方，也要等到托克维尔的美国之行才清晰地呈现其面目，要等到政治保守主义者勒庞著作的出现才有了某种准理论的勾勒，而直到弗洛伊德精神分析学的兴起，这个群体的历史意义才多少被学术所捕获与理解，而后，直到二十世纪三十年代的法西斯主义出现，思想界才终于不得不正视这个被遗忘的底层，不安定的底层、不安分的底层，那已经是太晚了。这是迟到的觉醒，而人类必然要为这种迟到付出代价，为这种轻视与麻木——或许还有偏见与傲慢——付出惨痛的代价，西方如此，东方亦然；历史如此，现代亦然。

四

我们从来不缺技术性细节的堆砌和雕花工匠式的解释，而是缺乏对人类同情心的理解和超越性的想象。历史无法拒绝诠释，但历史总是大于任何诠释。历史意识的重建，需要恢复我们切身的个体认知，恢复历史的感性存在。真实的有着情感与意志的人的复活，才是更为紧要的人文重建使命。

目录

第一篇

鼎革之际的角力

1911：中国大变局

马 勇

368 年（注：本文写于 2011 年）前，处于大明帝国边缘的满洲部族乘着中原大乱挥师入关，定鼎中原，建立大清王朝。整整 100 年前，武昌城头一声枪响，庞大的大清帝国闻声而倒。一个王朝进入历史，而且顺带着将两千年的帝制一并终结。中国进入一个全新的时代，民主共和、自由平等，不论此后遇到怎样的挫折，中国人都义无反顾地为这些理想顽强奋斗。

这场发生在 100 年前的大革命因为时在农历辛亥，所以历史上习惯地将其称为辛亥革命。在辛亥革命发生前，清朝已经在近代化的轨道上走了很久，变化不小了，发展不少了，那为什么还会发生这场革命呢？这是 100 年来许多人共同的困惑。

一、不真实的洋务新政

近代中国的问题确实不是内部自然发生的。如果一定要追溯其起源，这实际上是欧洲工业革命和大航路开辟的结果。工业革命使欧洲产能过剩，而大航路的发现和运用使西方向东方的扩张成为可能。

15、16世纪之交的大航路发现和18世纪的工业革命时代，正是大清王朝建立前后。一个来自周边文化相对落后的部族正面临着汉文化的压力，它迫切需要汉化，因为它要统治这庞大的帝国。而中国自古以来又是以农立国，商业资本不发达，市场开发不充分，因此中国没有及时跟进，错过了工业革命的顺风车。

一个庞大的中国当然不能永远自外于世界，中外之间的交流也没有因为满洲人入主中原而完全中断。中国与欧洲的贸易联系持续发展，大量瓷器、茶叶越来越多地输往欧洲，成为欧洲人不可须臾离开的日用品；而中国由于还处在前近代的自然经济状态，日出而作，日落而息，无法接纳欧洲工业品，中外之间贸易往来虽说总量不算太大，但却出现了严重的不平衡。

为了消弭这些不平衡，英国1893年派了一个代表团来华访问，希望和中国建立近代意义上的国家关系，促进中国的市场开发，希望中国能够以市场的方式接纳更多来自欧洲特别是英国的工业品。然而那时的中国正处在康乾盛世，虚假的繁荣使清廷统治者断然拒绝了英国人的建议。

合法贸易无法解决不平衡，以东印度公司为主的不法商人加大了罪恶的鸦片贸易。此后仅半个世纪，鸦片不仅耗尽了中国的财富，而且使中国已无可用之兵。1840年，中英之间爆发了以鸦片为名的战争。这场战争以中国失败而告终，《南京条约》逼迫中国向西方开放5个口岸。紧闭的中国大门被英帝国的炮舰轰开了条缝隙，中国开始了漫长的走向世界的旅途，尽管许多中国人那么不心甘情愿，怀念昔日的宁静与有序。

鸦片战争后20年，外国在中国的贸易继续扩大，中国的市场开辟依然缓慢，五口通商无法满足列强的要求，他们要求中国加大开放步伐，但清廷统治者故步自封。1860年，英法联军用武力逼着中国签了一个新条约，中国被迫同意与世界各国逐步建立近代化的国家关系。再加上此时的中国遇到空前的内乱，洪秀全的太平军几乎拖垮了清廷的财政。

为了平息内乱，也为了履行承诺，中国终于踏上向西方学习的路，洋务新政很快给中国带来了不一样的观感和实惠。仅仅30年的时间，中国已大致恢复往昔的盛世感觉，1888年建立的北洋海军的实力据说是当时亚洲第一、世界第六。

其实，洋务新政只是借助于国家垄断发展起来的，效率高、成效大，也就仅仅体现在军事工业上，与一个国家的整体实力关联不大。而且，由于中国在很大程度上是被迫开始近代化，因而一开始就定下个"中学为体，西学为用"的本位主义路线，30年只知道学习西方的科学技术，至于西方的政治制度、文化理念，都不在学习范围，这种畸形的近代化带给中国很大的危害，洋务新政的成就也就不那么真实。甲午年（1894）一场小小的战争，庞大的，据说又实力雄厚的中国竟然败在东邻小国日本的手里。

二、革命与改良赛跑

甲午战争的失败是中国人的奇耻大辱。通过这场战争，原先对清廷抱有希望的孙中山最先觉悟，认为依靠满洲人无法将中国引领到近代化的正确轨道上，中国要想步入世界民族之林，要想与东西洋各国并驾齐驱，必须恢复汉民族国家，仿照西方成功经验，建立一个共和民主国家。孙中山不仅这样想，而且这样做，他在产生这个认识的当年，发起成立兴中会，以"推翻满清，走向共和"相号召。此后17年，不论形势怎样变化，不论革命遇到怎样的困难，孙中山都坚守理想，勇于实践。从这个意义上说，孙中山确实无愧于近代中国伟大的民族民主革命先行者的称号。

满洲贵族统治集团或许能力有限，智慧有限，但在当年"家天下"的政治理念中，天下国家就是人家爱新觉罗家族和那几个老哥们儿的，他们当然会希望自己的天下国家变得越来越好，前提当然是这个天下国家还在他们手里。所以当孙中山指责清廷昏聩无能不足以带领中国继续前行时，清廷终于开启艰难变革：由维新改新政。

尽管出现义和团这样一系列突发事件干扰，但实事求是地说，清廷至1903年，在政治、经济、文化教育等方面所作的改革已经不少了。中国的政治架构正在改变，地方自治开始了，近代意义上的经济体制开始建构了。民族资本在那时也获得了充分发展，以至可以在铁路这样基础建设项目上与外国资本相竞争了。

至于文化教育方面，伴随着新教育体制的建立，科举制度已成明日黄花，青年学子差不多都知道这是一条最不靠谱的路，新时代需要新知识，最好的途径就是出洋留学，这才能学点真本事。

至于司法行政的改革，中国按照《辛丑条约》的约定，重组了中央权力机构，废除了总理各国事务衙门，组建了外务部。在传统中国，行政主导的权力架构包揽一切，司法执法都是行政官的本职工作。新政改革参照东西洋各国模式，重建独立的分层司法系统，司法独立于行政，不仅使行政官摆脱了司法纠缠，而且为维持社会公正构筑了最后一道防线。司法专业化极大提升了社会向心力。

清廷主导的改革在顺利推进，但这场政治变革的方向在这个时候也遇到了新的问题。中国的政治改革目标究竟是建立强有力的君主专制体制，还是构建一个具有分权性质的君主立宪体制，这两个思路都有参照，前者就是俄国沙皇的改革经验，而后者则有日本明治天皇的改革样本。两个模式各有利弊，前者有利于运用国家垄断的方式调动国家资源，后者有利于权力分享减少决策及执行中的失误。两个模式很难说谁对谁错，关键是哪个更有用更有效。朝廷比较倾向于沙俄模式；民间及刚刚成长的士绅阶层则倾向于日本模式，毕竟可以分享权力。

朝野的争论并没有充分展开，1904年的日俄战争就给了中国一个明白答案。在日本人面前，庞大的沙俄几乎不堪一击，好像没有怎样还手就被打败了。日本用不到10年的时间相继打败中国和沙俄两个庞大帝国，这不能不给中俄两国带来极大震动。失败的俄国在1905年爆发了革命，诱发沙俄进行政治改革。俄国的改革又深刻影响了亚洲，这被列宁誉为"亚洲的觉醒"。

其实，亚洲的觉醒可以看作是中国的觉醒。这个觉醒分作两个方面：一是分布在全世界的中国政治流亡者很快汇集至东京联合组建中国同盟会，各个"山头"几乎一致推举孙中山为总理，发誓推翻清廷，重建中国政治制度，将中国引向现代国家；二是俄国人的政治变革给清廷以极大触动，清廷没有怎样犹豫就决定接受内外大臣建议，派遣王公大臣皇亲国戚出洋考察各国宪政，为中国寻找一条政治新路。

革命与改良在新的起点开始赛跑，这个时候究竟鹿死谁手真的很难说。

三、清廷的致命失误

现在的研究，一般都强调新政取得了巨大成绩，将中国推向一条正确道路，因此贬低孙中山领导的中国革命。这其实是不必要的，也是不对的。我们当然不会怀疑清廷作为统治阶级，其政治改革的真诚性，只要有利于皇权永固，有利于国家富强，朝廷当然不会反对。但是正如一切统治者都具有惰性一样，如果没有孙中山革命党武装起义倒逼机制，一个具有两百多年历史的帝国真的很难改革，因为统治者总希望明天的阳光和今天一样灿烂。

俄国人的惨败，中国同盟会的成立，中国在东三省归属交涉上的失败，深深刺痛了清廷统治者，经过犹豫徘徊，清廷在1906年秋天宣布预备立宪，发誓用9年时间走完日本20多年的路，谨慎地将中国改造成一个立宪国家。

清廷的政治宣示赢得了国内外的欢迎，中国在国际上的处境由此发生一些显著变化。日本政府出于各种利益考量，欢迎中国走上君主立宪的道路，接受了清廷的请求，驱逐了孙中山等革命党领袖，对于在日本的其他革命党人也处处刁难，迫使革命逐步陷入低潮。

一大批先前激进的青年革命党人像刘师培等，立刻放弃革命，回归主流社会参与变革，从革命走向反革命；另一些革命者如章炳麟等眼见革命无望，准备出家为僧，西天取经；还有一批革命者如宋教仁等，大约也觉得革命这条路越来越难走。中国假如能够走上立宪的路，未尝不是一件好事，至少应该像俄国1905年革命一样，走出宪政改革第一步。宋教仁觉得此时可以和清廷合作，于是他将精心研究的《间岛问题》转交给袁世凯，希望以此证明自己的实力，应该也是期待回归主流社会的表示。

革命还是改良，这个非此即彼的选择在这10年间困惑了无数中国人。其实当统治者宣布改良，且真心诚意进行改良的时候，人们的怨言几乎顷刻间烟消云散。人民不会和统治者记仇，人民也最容易满足。说实话，大多数人根本分不清什么是革命，什么是改良，大家只是希望国家好，社会进步，人民安居乐业，各得其所，仅此而已。

所以，当清廷踏上预备立宪的路，特别是不断深入，改官制、创设谘议局、筹设资政院，按部就班一步一步往前走的时候，孙中山等少数先知先觉发动的革命越来越缺少信仰者，革命陷入空前困境。从徐锡麟刺杀恩铭，至1911年黄花岗起义，孙中山和同盟会领导的数十次武装革命一次比一次暴烈，但这并不意味着革命高潮、革命机会的到来，真实的情况可能恰恰相反。

改良重建了人们的政治信仰和信心。至1908年《钦定宪法大纲》颁布，再经过国会请愿运动，将9年预备立宪调整为5年，中国走上完全立宪指日可待。再有几年时间，也就是到1913年，中国就将像东西洋立宪各国一样，有完全民选的议会，有一个责任政府。不再是一个人专制，君主至高无上，但在君主之下有个立宪分权相互制衡的机构。这是一幅即将展开的美丽画卷。

然而谁也想不到的是，当清廷打开这幅画卷时，竟然出现了两个致命失误：一是将责任内阁转化为皇族内阁——因此证实了革命党始终攻击的清廷立宪的虚伪性；一是宣布铁路干线国有政策，阻止民族资本对新兴产业的觊觎与利润分享——即便不能说这就是国进民退，但肯定不是藏富于民，不是富民政策。

四、被激怒的新军

从历史主义的观点看，站在清廷的立场上，皇族内阁和铁路国有都有其正当性，但是在这个时候出台则激起众怒。湖南、湖北、四川等省相继爆发反对铁路国有的抗议运动，朝廷坚持既定立场寸步不让，双方相持了4个月，终于在9月初引发四川总督府门前的流血惨案。革命党、哥老会及一切反政府的力量终于等来了新的机会，重新活跃，积极介入。

至于责任内阁，使先前雄心勃勃准备分享权力的立宪党人心灰意冷，闪身而退，他们终于领悟孙中山和革命党为什么在过去十几年一直不愿相信清廷的理由，终于知道期望统治者进行和平改革犹如与虎谋皮，于是他们自觉不自觉地加入反体制的运动。

两个致命失误弄得全国不得安宁，没有充分国家化的新军一直担当着晚清十几年政治改革的先锋，他们此时面对纷扰不宁的国内政局，似乎也意识到朝廷的两个政策是政治上的失误，应该予以纠正，重回君主立宪的正确轨道。这就是1910年10月10日武昌起义的意义。

武昌起义后，成立湖北军政府。南北对峙，其实是给朝廷一个转圜的理由和机会。但朝廷没有善待湖北新军的心意，反而以武力手段维护自己的统治柱石，根本不愿在两个失误上稍作让步。

清廷的坚持与顽固激怒了新军，湖南、山西、江西等省新军与湖北相互配合，接二连三宣布独立、光复，宣布脱离朝廷。直至此时，清廷依然不醒悟，他们继续迷信武力，相信这些地方杂牌军成不了气候，他们还有中央军。

10月29日，驻滦州第二十镇统制（师长）张绍曾联合第二混成协协统（旅长）蓝天蔚等电奏朝廷，请立即实行君主立宪；又奏政纲十二条，要求朝廷实行。这些要求，其实就是对湖北新军及各地新军的直接回应，主要有立即召集国会、改定宪法、赦免一切国事犯、组织责任内阁、内阁总理大臣由国会公举、国务大臣由总理大臣推任、皇族永远不得充任内阁总理大臣及国务大臣等。

滦州兵谏是辛亥革命关键之举。第二天（30日），摄政王以小皇帝的名义下诏罪己，承认三年来用人无方，施政寡术，政地多用亲贵，则显戾宪章；路事蒙于敛衽，则动违舆论。发誓一切从头开始，咸与维新，实行宪政；开放党禁，赦免政治犯；改组资政院，修正宪法；解散皇族内阁，公举内阁总理大臣，组建真正意义上的责任内阁。

五、革命的成功与失败

清廷此次让步是巨大的，一个星期之后严复就此感慨：如果一个月前做到这些让步中的任何一条，都会发挥不一样的效果。只是现在这样做似乎太迟了，清廷的这些让步并没有换来革命党人、立宪党人和新军将士的同情和支持。此后，南北之间进行了艰难谈判，重出江湖的袁世凯在竭尽全力争取重回君主立宪政治轨道无效后，也只好接受强烈劝告和南方革命党人、立宪党人及新军将领段祺瑞等人的政治安排：终结帝制，劝说清帝退位，筹建一个共和政府。

一场以暴力开端的革命至辛亥年底前戏剧性转化为全国和解、五族共和，不战而屈人之兵的东方智慧在现实政治中发挥了重要作用。

辛亥革命实现了孙中山17年来坚持不渝的民族民主政治理想，构建了一个现代民族民主新型国家。但中国没有将满洲人赶回东三省，没有种族复仇，一场改变中国历史进程的大革命最后以尊重历史、优待皇室、五族共和而结束，中国社会没有发生大革命所惯有的大动荡，两千年帝制终结竟然悄无声息。

辛亥革命如此结局在过去很长一段时间不被理解，以为中国民族资产阶级在外国资本和本国政治统治双重压榨下具有软弱性和不彻底性，革命党人即便打不赢也不应该接受妥协，也应该争取北伐，争取暴力推翻清廷。

至于孙中山，也有许多人认为不应该向袁世凯让权，南京临时政府应该在清帝退位后继续坚守，应该用革命手段重建统一，而不是与袁世凯妥协。

这些期待都是善良的，也是可以理解的。但是，我们应该承认革命党人特别是孙中山以民族大义为重，以国家前途为念，不居功自傲，遵守承诺，在袁世凯遵守承诺劝退清帝后，及时让权袁世凯，功成身退，既使中国避免了血流成河，也使革命党人的高风亮节昭示天下，为孙中山革命党此后的政治活动赢得了声誉。这种让步丝毫无损于孙中山和革命党人的光辉形象，而且为中国迎来了重大机遇。100多年前的法国大革命没有做到，几年后的俄国革命也没有做到，只有辛亥革命以极小牺牲换来了一个帝制时代的终结。这是辛亥革命最大的成功。

辛亥革命的成功是包括孙中山在内无数革命先驱的贡献，只是过了很多年之后，面对民国乱局，孙中山等领袖又觉得这可能是一场失败的革命。因为旧秩序依然，乱局加深，革命理想似乎并没有实现。从这个意义上说，辛亥革命失败了。

确实，就现实而言，孙中山的政治理想和政治架构在民国初年都不曾转化为政治实践，孙中山毕生追求的五权宪法、全民政治、全能政府等，在民国前半程的政治架构中未见踪影。民国前半程的政治架构其实是在延续晚清10年政治变革的老路，不仅参与变革的还是那些人，而且基本思路就是立宪，只是没有君主而已。

对孙中山来说，辛亥革命失败还有个表征，就是南京临时政府在民国前半程的合法统治中毫无地位。之后与袁世凯长时期陷入合法统治之争，其实就是在争夺民国元年《临时约法》的正当性，争取南京临时政府在民国合法统治中的应有地位。这种争夺持续了十几年，直至1927年北伐成功，直至东北易帜，重建统一，中国方才在另外一个意义上重估辛亥革命的意义和价值。

（选自《中国报道》2011年第10期）

晚清政治改革：逻辑与困境

马　勇

　　所谓近代中国，究其本质，就是从传统走向现代，将纯粹的农业文明变为复合式的"农业＋工业＋商业"的文明形态。只是由于统治者觉悟太迟，错过了一个又一个和平转型的机会，直至19世纪60年代，中国在经历了两次鸦片战争打击，在平息了太平天国内乱后，方才走上一条比较正确的道路：中学为体西学为用，旧学为体新学为用。在不改变中国基本政治架构前提下，充分汲取西方近代工业文明成就。应该说，30多年的洋务新政成就巨大。

一、政治的逻辑：循序渐进，欲速则不达

　　30多年的洋务新政致力于经济增长，中国的经济实力、军事实力确实获得了巨大进步。但是不幸的是，1894年中国与日本发生了一场规模并不太大的冲突，中国军队以及中国体制固

有问题暴露无遗。在一个以成败论英雄的国度里，过往 30 多年的成就，随着《马关条约》的签订随风而逝。中国开始新一轮改革。

洋务新政当然有不足，比如对社会管制太严，没有释放社会自身的动能；国家资本主义太强大，没有给民间资本留有足够的空间；媒体管制太过分，没有办法利用媒体力量让朝野沟通等。针对这些问题，1895 年之后迅即改革，释放社会、释放媒体、鼓励民间资本，放开外国资本的进入。这些举措驱散了甲午战争带来的阴影，开启了一个全新的"维新时代"。中国如果沿着这条维新路径坚定不移走下去，再有一个 30 年，应该与东洋日本并驾齐驱。日本明治维新从 1868 年算起，至 1894 年不到 30 年，作为日本曾经的老师——中国，完全有可能用 30 年时间走完日本明治维新的路。

两千多年前，孔夫子就谆谆告诫社会进步只能循序渐进，欲速则不达。但是中国人始终记不住这个道理，总是期望几步并作一步，毕其功于一役，将问题彻底解决。因此，当统治者同意维新的时候，知识人却提出更多更高的要求。1897 年年底，康有为借着胶州湾事件引发的外交危机，要求另一种政治变革：学习西方，构建自己的议会机构，让治权与议权分离。

在 1898 年的中国，实行急剧的政治变革，势必侵害既得者的利益，势必给统治者一种"不太纯洁"的感觉。用恭亲王、刚毅等满洲贵族的说法，康有为等人政治改革的言论大都属于居心不良，所谓议政与执政分立的建议，不过是"废我军机""谋我大清"的诡计。多少年来，我们站在"公天下"立场上，根本没有弄清恭亲王、刚毅等人的真意，总是以守旧、顽固视之。其实，假如我们设身处地替他们想想，满洲人通过拼命、流血从李自成等人手里夺得的天下，为什么一定要"公之于众"？

当然，即便从"家天下"立场看，政治改革对于满洲贵族来说也是非常迫切的。从1898年往回看不到半个世纪，满洲贵族不是改革，同意向西方学习了吗？在满洲贵族看来，政治改革的根本目标不能将他们对大清帝国的所有权自动取消；相反，在国家强盛的同时，还必须保证大清帝国还是满洲贵族的，还是爱新觉罗家族的。由此，1898年康有为等人的政治改革诉求事实上失去了方向，失去了合法性，即便不发生那一年秋天的"政变"，试图削弱、取消满洲贵族统治权的改革依然注定不能成功。现实的、实际的政治利益，就是历史的局限性，任何人、任何阶级都不可能超越历史局限。这不仅是帝制时代"家天下"的政治逻辑，即便在"公天下"状态下，统治者与被统治者之间其实也一直存在着这样的关系。"公天下"的统治者并不是江山社稷所有者，但只要他们盘踞了这个权力，他们就必然"异化"。这既是人性的弱点，也是任何一个体制都面临的问题，只是有的体制防患于未然，建构了比较有效的制度，让统治者没有办法轻易将"公天下"转换为一个特殊阶级或集团所有。

晚清政治改革的目标，不可能从"家天下"一夜之间变为"公天下"，所有的政治改革都不能存心废止或削弱满洲贵族的政治统治，大清帝国的利益在那个时代就是满洲贵族的最高利益。

皮之不存，毛将焉附？废止了满洲贵族的权力，削弱了他们的政治影响力，他们为什么会支持这样的改革？

这就是"家天下"政治发展的必然逻辑。

二、君主立宪：一个合理的选择

梁启超在 1901 年醒悟过来了。他在那一年明确意识到：世界上的优良政体并不只是废弃君主"家天下"的"民主立宪"，与"民主立宪"相对应的"君主立宪"也是一个极具价值的政治选择。君主立宪改变了"君主专制"体制下的一切布局，既得利益集团不再靠实际的掌控权力去管理社会。社会默认君主及其利益集团是国家、江山、社稷的所有者，君主及其背后的利益集团将国家的"治权"拿出来交给一个更专业的管理团队。

很显然，君主立宪克服了君主专制的弊端，但并没有从根本上侵害既得利益集团的利益，而且实现了秦始皇以来朝思暮想的"万世一系""皇统永续"。从历史主义的观点看，秦始皇一世二世以至无穷世的想法并不是世俗意义上的自私，但是怎样才能让一姓之江山真正万岁万岁万万岁，传之无穷？应该说中国人始终没有找到一条能让各方共同接受的路径。所谓改革共识，就是遵循历史前提下的利益调整，任何一方如果心存企图吃掉另一方，这样的改革注定不可能变成现实。

君主立宪打开了中国人的思路，尤其是西方帝制国家变革成功，特别是日俄两国在那十几年的改革尝试、成就及不足，在事实上教育了中国的统治者及知识精英。因此，中国在经历了适度的思想影响之后，在看到了"不立宪"的"大俄国"不敌立宪的"小日本"之后，中国转身向东，重走日本"君主立宪"道路，不仅与10年前转身向东开始维新相一致，而且由此方能真正实现"东西方各族以平等身份待我"的国家诉求。"君主立宪"在1905—1906年迅即从个别人的超前预言变成一个社会的共识，除了海内外人数并不太多的革命党人，绝大多数中国人相信君主立宪是中国那时的唯一出路。换言之，反对君主立宪的力量是存在的，最不愿意看到朝廷改革，最不希望中国走上君主立宪道路的，就是革命党人。革命党人出于"公天下"的政治考量，一方面不认为"家天下"的君主立宪能够解决中国问题，另一方面则是回应过去10年种族主义的诉求，以为满洲贵族就是一个自私的颟顸集团，他们不可能将中国引领到理想的社会。

1906年清廷宣布实行君主立宪改革，计划用9年时间重构国家制度。在中央政府层面，君主依然是国家威权的象征，是国家权力的体现者、拥有者，负责宣战，负责媾和，负责内外一切关涉国家根本利益的事务。但是，君主已经不再像君主专制体制下的君主，君主立宪架构中的君主不仅拥有一个管理国家具体事务的"专业经理人"队伍，即"责任内阁"，而且拥有一个代表社会各阶层利益、声音的议会机构，先是半选举半钦定的资政院，经过几年过渡进而成为完全意义的中央议会。

在地方，清廷君主立宪规划要求各省尽快通过普遍选举的办法设立谘议局。各省督抚现在或将来的政治架构中可能还是由中央任命，但各省督抚必须接受各省谘议局的咨询、质疑，必须接受谘议局对行政权力的监督。尤其是财政预算、决算等与地方事务、与当地民众关系最大的事务，必须交给谘议局议决。

清廷对君主立宪目标、路径的"顶层设计"应该说是完整的、认真的，也是可行的。按照清廷公布的改革路线图，从1906年算起，到1915年，也就是后来的"洪宪元年"或"民国四年"，中国的政治制度就会根本改观，一个全新的君主立宪架构全面运作，其情形应该类似于我们今天所能见到的英、日、泰、柬式的君主立宪架构。在这样的体制中，最坏的结果是"倒阁"不断，但再也不可能出现君主专制时代"颠覆性"的根本错误——江山易手，改朝换代。

三、既得利益者适可而止

君主立宪是一个共赢的选择，在这个选择中没有真正的输家，即便是革命党人，在真正的君主立宪架构中同样具有合法性，同样拥有选举、被选举的权利。

对于既得利益集团满洲贵族来说，君主立宪更是一个求之不得的政治选择，统治者长年累月的担心害怕必将被制度化的安排予以消解，"皇统永续""万世一系"，江山永远都是爱新觉罗家族的，爱新觉罗家族不论谁出头，都不必再像过去那样提心吊胆，强力维稳。无为的君主换来了永远的江山，对既得利益集团而言，这是最合算的一桩大买卖。

这样一个美妙的政治设计究竟在哪个环节出了问题，导致全盘皆输，甚至将大清帝国送进了历史？

过去的研究给出很多解释，其中最重要的解释是既得利益集团没有适可而止，没有遵守原先的约定。按照1908年颁布的《钦定宪法大纲》，君主在理论上享有任命百官的权力，在废止了满汉身份差异后，除了皇室成员，满洲贵族不再是原来意义上的贵族。今天看来这是非常清楚的政治约定，但在当时，满洲贵族确实滥用了人们的信任，在一定程度上违反了《钦定宪法大纲》给出的政治共识。

1911年5月8日，清廷公布了极具标志性意义的第一届责任内阁名单。这个名单意味着，中国从此进入了一个君主立宪的实际准备期，责任内阁全面代为行使君主的治权，再经过一段时间准备，等到正式国会召集，一个完全的君主立宪架构也就全部完成。

然而第一届责任内阁名单实在有碍观瞻，十三名内阁成员竟有九人具有皇室或贵族背景。对摄政王的解释仍然沿用《钦定宪法大纲》原则，一是强调君主拥有任命百官的权力，他人不得干预；二是强调改革完成后不再有什么贵族、平民，人人平等，人人都有出任阁员的权利和机会。理论上说，摄政王的解释当然自圆其说，有根有据。但是问题在于，既然人人平等，每一个人都有出任阁员的机会，那么为什么不在第一届责任内阁中多选择几个"非军功贵族"出身的呢？

摄政王理论上自圆其说的解释经不起推敲，现实也给了他足够修正错误的时间。但是，满洲贵族统治集团内部似乎太难协调了。经过长达四个月的等待，摄政王没有办法让既得利益集团让步，没有办法改组第一届责任内阁换上几个新人。如果一定要说"国中无人"、非我莫属的话，那么，稍后的"袁世凯内阁"就是"非军功贵族"的"职业经理人团队"。

或许是摄政王缺少慈禧太后、光绪帝那样的政治威权，瞻前顾后，优柔寡断，错过了时机，一拖再拖。不仅给虎视眈眈的革命党人留下了机会，让革命党人借机介入"保路运动"，抽空了满洲人的统治根基，而且，摄政王的拖延战术让原本中立的外国人很不满意。外国人并不在乎中国是君主立宪，还是民主立宪，他们在乎的只是自己的在华利益。

更重要的是，没有经过职业化训练的新军将领觉得自己有话要说，他们认为理想中的君主立宪体制绝对不是这样的皇族内阁、亲贵内阁。大清国的柱石成为颠覆大清的工具，而他们的行动实事求是说并没有受到任何敌对势力的唆使，只是凭着良知、直觉大胆发声。他们甚至觉得朝廷之所以一错再错，就是因为有一股邪恶的势力潜藏在朝廷，他们像帝制时代的忠臣那样希望"清君侧"，原本对外的军事力量转向倒戈矛头对内。继而，这批军事将领认为，既然真正意义上的君主立宪不可能，那就索性放弃这个选择，不得已走向民主立宪，五族共和。

任何改革都是利益分配格局的调整，任何人、任何集团都不能自以为聪明，损人利己垄断一切。退一步海阔天空，适度的让步既是对对手、他人的尊重，也是给自己、给自己所属的阶级、阶层、集团留有机会，是共赢，而不是你死我活，全盘皆输。

（选自《人民论坛》2013 年第 11 期）

辛亥革命何以胜利迅速，代价很小

杨天石

一、胜利迅速，代价很小

辛亥革命在一个幅员辽阔、面积一千多万平方公里的超级大国里，结束了长达两千余年的君主专制制度，使中华大地上出现了前所未有的巨大政治变革。这是十分伟大、十分了不起的事件。但是，从武昌起义到南京临时政府成立，中华民国诞生，前后不过 80 多天，三个月不到。如果从兴中会成立算起，也不过 17 年。当年，改良派吓唬说，中国革命，会像法国革命那样，会动乱百年，"伏尸百万"。当时在清廷内阁承宣厅办事的许宝蘅根据历代江山鼎革的经验估计，中国人口将大为减少。他说："世变至此，杀机方动，非生灵涂炭，户口减去三分之二或四分之二，不能安宁。"孙中山本人也曾估计，革命大约要 30 年才能成功。但是，辛亥革命的胜利却出奇地迅速，而且，代价也很小，并没有出现大量死人、血流成河的恐怖场面。用孙中山自己的话来说，就是

"太过迅速、容易，未曾见有若何牺牲及流血"。这种情况，不仅表现在全国，而且突出表现在武昌起义后的各省，特别是省会城市以及当时中国最大的城市上海的起义和独立中。简述如下：

湖南长沙：10月22日晨8时发动，下午2时成功。未经战斗，仅杀死巡防营统领黄忠浩、长沙知县沈瀛、营务处会办兼提调王毓江、总文牍申绶4人。巡抚余诚格在抚署后院挖洞逃走。28日，革命党人焦达峰、陈作新被叛兵杀害。

陕西西安：10月22日10时发动，10月23日成功。巡抚钱能训自杀未死。起义军进攻满城，守城骑兵伤亡较大。24日，部分起义士兵杀了少数骑兵和家属，迅速被制止。西安将军文瑞自杀。11月1日，革命党人钱鼎被"民团"杀害。

江西南昌：10月30日晚发动，当晚成功。起义警察纵火焚烧了皇殿和抚台衙门两侧的鼓楼和旗杆。巡抚冯汝骙从后门逃走后到九江服毒自杀。

山西太原：新军于10月29日黎明发动，同日晨成功。击毙巡抚陆钟琦及其子陆光熙、协统谭振德。

云南昆明：新军于10月30日夜8时半发动，次日成功。有小规模战斗。击毙队官安焕章、值日队官唐元良、督队官薛树仁、统制钟麟同等。

上海：同盟会、光复会领导的革命力量、军警、商团，于11月3日上午10时发动，次日上午8时成功。道台衙门被烧。道台刘燕翼逃入租界。有小规模战斗，革命党人进攻江南制造局时约死伤50人。

贵州贵阳：陆军小学堂的学生于11月3日晚发动，4日成功。巡抚沈瑜庆交出印信后离开。

浙江杭州：新军于11月4日夜半发动，次日黎明成功，不到40分钟革命党人点火焚烧抚署，巡抚增韫从后院围墙逃走，后被活捉。杭州将军德济缴械投降。

福建福州：新军于11月9日拂晓5时发动进攻，10日晨八旗都统胜恩率骑兵1300余人投降。福州将军朴寿被杀，闽浙总督松寿自尽。

从以上9个城市的情况考察，其起义或独立的过程都进展顺利，没有战斗，或没有激烈的战斗，在一天，至多两天内，甚至在不到40分钟之内完成任务；清廷地方督抚、将军大都处于不抵抗或无抵抗状态。

江苏苏州、广西桂林、安徽安庆、广东广州、四川成都都属于"和平独立"的城市，除了安徽安庆过程复杂，进展反复外，其他几个城市的独立过程都比较迅速，基本上没有破坏和流血、牺牲。苏州独立时，为了表示象征意义，只命人用竹竿挑去了抚台衙门屋顶上的几片瓦。

综观武昌起义至南京临时政府成立的全过程，除了清兵南下，革命党人展开汉阳保卫战，以及江浙联军进攻南京，战斗较为激烈之外，没有发生旷日持久、胶着难分、牺牲惨重的战斗和战役。

何以会出现这种状况呢？

二、原因分析

（一）清政府腐朽顽固，既坚决维护君主专制制度和满洲贵族的核心利益，又为自己培养了大批掘墓人

满洲贵族以少数民族入主华夏大地，靠血腥的杀戮和严酷的压制建立统治秩序，本来就缺乏正当性与合理性。康、乾两代，虽然出现过一时的兴隆，但是，汉族广大人民群众的反抗潜流一直绵延未息。康、乾以后，清廷虽然还维持着强大帝国的架势，但正如《红楼梦》所云，"内囊已经尽上来了"。道光以后，腐朽日甚，加之列强入侵，满洲贵族唯知割地赔款以求苟延，其统治就更无正当性与合理性可言。1898年，康有为、谭嗣同、梁启超等掀起维新运动。这本来是一个挽回人心，重建其统治的正当性与合法性的好机会，但是，维新运动在旋踵之间即遭镇压。这一事件充分表现出满洲集团的腐朽与顽固，浇灭了人们心中的改革希望。鸦片战争前夕的思想家龚自珍说过："一祖之法无不弊，千夫之议无不靡。与其赠来者以劲改革，孰若自改革。"清廷既然拒绝体制内的温和的"自改革"，以强力为特征的革命运动体制外的"劲改革"必然顺势而起，日益发展、壮大。这以后的清政府已如风雨危楼，稍加外力，就会散架垮塌。

在外患内忧的双重逼迫下，清政府不得不捡起为他们所否定过的维新派的改革方案。自庚子回銮起，慈禧太后宣布实行新政，其内容涉及政治、军事、经济、教育、文化等许多方面。较之维新派，新政在某些方面步子更大，走得更远。1905年，清政府派五大臣出洋考察，宣称以君主立宪为改革方向。但是，万变不离其宗，清政府始终力图保持和加强君主专制制度，不肯在关键的政体改革方面迈出实质性的步伐。1908年，宪政编查馆以《日本帝国宪法》为蓝本，颁布《钦定宪法大纲》，规定"大清皇帝统治大清帝国，万世一系，永永尊戴""君上神圣尊严，不可侵"，皇帝拥有颁布法律、总揽司法、统率军队、发交议案、设官制禄等各种权力。《大纲》虽允许议院存在，但召集、开闭、解散议院的权力均操之于皇帝，而且，它还对议员们设了多种"不得干预""不得置议"的限制，使议员们几乎没有多少"议政"余地。它也照虎画猫，做出一副要和世界先进文明接轨的模样，许可"臣民"有言论、著作、出版及集会、结社等自由，但强调必须在"法律范围"之内。此前，清廷即已颁布《集会结社律》，规定凡"宗旨不正，违犯规则，滋生事端，妨害风俗"者，均在取缔之列；凡结社、集会、游行等事，民政部、地方督抚、巡警道局、地方官等均可用"维持公安"的理由饬令解散。《大清报律》规定，报纸、杂志不得揭载"诋毁宫廷""淆乱政体""扰害公安""败坏风俗"等类语言，并均须在发行前一日中午12时以前送"该管巡警或地方官署随时查核"。可见，清廷制定这些法律并没有给人民自由，不是在提升和发展"民权"，而是给予清廷官吏管制、取缔、镇压的最大自由，旨在进一步巩固满洲贵族的专制统治。

1908年，慈禧太后临危。在去世之前，她抢先毒死光绪皇帝，命令只有3岁的小儿溥仪即位，由光绪皇帝的亲弟弟载沣摄政。载沣摄政后，首先致力于集中军权，然后，进一步将政治权力集中到满洲贵族手中。1911年，载沣宣布内阁名单，在13个内阁成员中，汉人仅4人，满族大臣则有9人，其中皇族7人，所以当时被称为"皇族内阁"。

清初，满洲贵族为了拉拢汉人，曾在部分中枢机构实行"均衡满汉"政策，例如：内阁大学士，规定满汉各2人；协办大学士，满汉各1人；吏、兵、礼、户、刑、工等六部尚书，满汉各1人；侍郎4人，满汉各半。然而到了"皇族内阁"，却出现了前所未有的大倒退。这个内阁成立后，立即加强了对立宪派发动的规模巨大的国会请愿运动的镇压，并且取消了原先允许民间集资自办铁路的诺言，宣布"铁路干线国有"政策。倒行逆施激起了社会各阶层的普遍愤怒或愤懑，原来对清廷体制内的改革尚存希望的人士对这个政权彻底绝望，普遍倾向或同情于走体制外的革命道路。

应该承认，清廷实行新政虽然旨在巩固满洲贵族的统治，但其中有两项举措的结果却违反其本意，培养了大批清朝统治的掘墓人。一是向国外派遣留学生，在国内创办新式学堂，培养出数以百万计的新型知识分子。这批知识分子具有与传统知识分子不同的知识结构，自然地倾向或易于倾向民主、共和的新制度。另一举措是训练新军，培养出多达二三十万掌握新式武器的士兵。他们受过新式学堂教育，和传统的旧军不同，易于接受新思想。革命党人利用这一条件，深入军旅，在新军中做了长期、深入细致的宣传和组织工作，借矛夺盾，使这支军队逐渐变质。后来的历史证明，推翻满洲贵族统治的主要是这两种社会力量。

（二）革命党正确对待满人，实现了一次人道主义的文明革命

孙中山为兴中会提出的纲领的首句是"驱逐鞑虏"。明末清兵入关，满洲贵族集团对以汉族为主体的中华各族人民实行野蛮、严酷的残杀和镇压政策，埋下了深刻的仇恨记忆。晚清末年，清政府对外妥协、投降，甚至倡言"量中华之物力，结与国之欢心"，旧恨之外，又添新仇。因此，在整个辛亥革命时期，"排满"一直是最具鼓动性的强力口号。但是，这个口号是有严重缺陷的。第一，它否认满族是中华民族大家庭的成员。第二，它将少数满洲贵族和广大满族一般成员混淆不分。在实践过程中，革命党人逐渐认识并克服了这些局限，制定了正确的民族政策，宽待满人，实行了一次人类历史上少见的人道主义革命。

章炳麟是革命党人中大汉族主义和狭隘民族主义思想突出的人。1900年7月，唐才常在上海召开国会（中国议会），章炳麟撰写《请严拒满蒙人入会状》，声称："本会为拯救支那，不为拯救建虏；为振起汉族，不为振起东胡；为保全兆民，不为保全孤愤。是故联合志士，只取汉人，东西诸贤可备顾问，若满人则必不容其阑也。"这就将满族普通群众完全排斥在爱国运动之外了。1903年，邹容在《革命军》中提出："驱逐住居中国之满洲人，或杀以报仇""诛杀满洲人所立之皇帝"。这就将种族复仇主义发挥到了极致。

1903年4月，蔡元培发表《释"仇满"》，说明当时"满洲

人"保有三种特权：一是君主世袭，以少数人而占有行政官员总额的半数；二是旗人驻防各省；三是不事实业，坐食多数人的生产成果。所谓"仇满"之论，实际上反对的是满人的特权，"皆政略之争，而非种族之争也"。文章指出，应该反对两种人。一种是少数满人，继续高唱"汉人强，满人亡"的种族对立论，密图压制汉人；另一种是汉人中的立宪派，要求实现立宪政体，奉今之朝廷为"万世一系"之天皇。文章认为，当时的世界，民权已如江河奔流，莫之能御，而这两种人却企图"保守少数人之特权"，其结果将使"满洲人"重蹈法国大革命时贵族被送上断头台惨杀之祸。这是一篇跳出种族论而从政治立言的文章。

1905 年 8 月，孙中山在日本东京成立中国同盟会，湖南学生张明夷反对，主张定名"对满同志会"。孙中山称："满清政府腐败，我辈所以革命。即令满人同情于我，亦可许其入党。革命党宗旨不专在排满，当与废除专制、创造共和并行不悖。"对原来要"驱逐"的"鞑虏"，不仅不加歧视，而且许其革命，允其"入党"，划清了和狭隘民族主义的界限，表现出宽广的胸襟和巨大的观念进步。孙的意见得到大家赞成。1906 年 12 月，《民报》创刊一周年，孙中山演说称："民族革命的原故，是不甘心满洲人灭我们的国，主我们的政，定要扑灭他的政府，光复我们民族的国家。这样看来，我们并不是恨满洲人，是恨害汉人的满洲人。假如我们实行革命的时候，那满洲人不来阻害我们，决无寻仇之理。他们初灭汉族的时候，攻城破了，还要大杀十日才肯封刀，这不是人类所为，我们决不如此。"孙中山以上两段话，坚决反对种族复仇主义，规定了革命时期对满人的政策，并为满人参加革命打开了大门。

孙中山之后，《民报》发表的《仇一姓不仇一族论》对于革命党人的民族政策作了更进一步的阐释。该文认为，汉族不共戴天的仇敌仅仅是"满族中之爱新觉罗一姓"，特别是其中"据隆崇之地位，握高尚之特权"的"满酋"，也就是我们今天所说的"满洲贵族"。文章历数明末以来"满酋"的大肆惨杀、蹂躏南疆，滥杀密网，淫刑以逞等种种罪行，又历数甲午以来贡媚列强，输矿献路等卖国行为，认为凡此种种，均是不应忘记之"仇"，必须大兴革命义师，直捣首都，将"满酋"的左耳割下来高挂在太白旗上。文章提出，对于投诚来归的满族群众，应该"释不问，安置郡县，视若汉民"；对于那些未曾与革命军作战的清兵，应该按照"胁从罔问"的原则对待；对于那些无以为生的满族贫民，新政府成立后，还应该首先为他们"谋生聚教训之方，俾无一夫之不获"，和汉族人民"同生息于共和政体之下"。

章炳麟这时也有了进步。他在《排满平议》中指出："是故排满者排其皇室也，排其官吏也，排其士卒也。若夫列为编氓，相从耕牧，是满人者，则岂欲割刃其腹哉！"这就明确指出，对于一般满族群众，不应实行屠戮政策。他还特别指出，应以政治态度，而不当以种族作为排拒的标准："若汉族为彼政府用，身为汉奸，则排之亦与满人等。"1908年至1909年之间，他甚至秘密致函满洲贵族肃亲王善耆，劝他加入同盟会，共谋革命。

这一时期，超出狭隘种族主义界限的革命党人不在少数。

1908 年，同盟会会员张钟端在《河南》杂志载文指出："满人之平民可不排，而满人之官吏则必不能不排。不特此也，汉人中之在政府，其朋比为奸，助纣为虐者，亦在必排之列。盖吾之排斥，非因种族而有异也，乃因平民而有异。孰祸我平民，即孰当吾排斥之冲。故不特提携汉人之平民，亦且提携满人之平民以及蒙、回、藏之平民也。"在一片"革命排满"的呐喊声中，该文作者不以"种族"为标准，而以是否"祸我平民"为标准，将"满人之官吏"与"满人之平民"区分开来，主张"满汉官吏"同在排斥之列，而"汉人平民"与"满、蒙、回、藏之平民"则同应"提携"。作者虽然还不是"阶级"论者，但已经达到了很高的思想水平。

1910 年，另一个同盟会会员赵正平在广西的《南报》载文，提倡推进中国各族人民之间的团结，共同反对帝国主义挽救祖国的危亡。文章号召国人"急扫其此畛彼域之见，激发其吴越同舟之情，联满、蒙、回、藏、苗、瑶为一家，共死生存亡之生涯，以与德、法、日、俄较，则岂只四百兆人人之福"。该文实际上已经提出了中华民族大团结的思想。

在 1910 年的拒英、拒法、拒俄运动中，同盟会负责人刘揆一发表《汉满蒙回藏民党会创立意见书》，号召中华各族人民共同组织政党，进行革命。这是同盟会民族政策史上，也是辛亥革命史上一份有巨大意义的文件。该文指出，在帝国主义侵略的严重威胁下，中华各族已经形成为存亡相系的命运共同体。要拯救国家危亡，必须实行民族团结。文称：

满蒙失，则东北各省不易保全；回藏失，则西北各省亦难支捂，是吾人欲保存汉人土地，尤当以保守满、蒙、回、藏之土地为先务。

文章认为，"满洲皇族"的卖国政策不仅违背了"汉人"的利益，也违背了"满人"的利益，"满人"应该支持革命，参加革命。

使汉人满人而各知爱国家、爱种族也，则是现今之君主政治，无论其为专制，为立宪，皆不足以救危亡，即无论其为满人、为汉人，皆当排去之者也；且使满人而知断送满洲桑梓者为满洲皇族也，知汉族不强满族亦随而亡也，知非建立共和政府，满汉种族之意见终不能融洽也，吾恐汉人虽不革命，满人犹当首先排去其皇族而倾倒其政府矣。

文章号召汉、满、蒙、回、藏各族人民互相通"气谊"，通"学业"，互相交流，互相声援，共同组织汉、满、蒙、回、藏民党会，实即共同组织革命政党。

武昌起义爆发，章炳麟立即致函在东京的满族留学生：

若大军北定宛平，贵政府一时倾覆，君等满族，亦是中国人民，农商之业，任所欲为，选举之权一切平等，悠游共和政体之中，其乐何似！我汉人天性和平，主持人道，既无屠杀人种族之心，又无横分阶级之制，域中尚有蒙古、回部、西藏诸人，既皆等视，何独薄遇满人哉！

章炳麟明确宣示："君等满族，亦是中国人民"，这是对同盟会多年来有关宣传的纠误。他不仅阐述了革命党人的民族政策，而且实际上提出了民族平等的思想。武昌起义后，满族，特别是满洲贵族担心汉族报复，纷纷改姓，或姓金，或姓赵，或姓关，但是，除西安满营因闭城固守，并有千余人自地窖中冲出，夺取军装局，因而被歼灭外，各地满人、旗兵大都并未坚决抵抗，汉人也未如清兵入关时一样大肆屠杀异族。

1912年1月1日，孙中山发表《中华民国临时大总统宣言书》，明确提出"五族共和"论，认为"国家之本，在于人民。合汉、满、蒙、回、藏诸地方为一国，即合汉、满、蒙、回、藏诸族为一人"。

南北议和中，南京临时政府参议院迅速通过《清室优待条件》，规定大清皇帝辞位之后，"尊号仍存不废""岁用四百万两""暂居宫禁，日后移居颐和园""原有之私产由中华民国特别保护"；对皇族，规定"王公世爵概仍其旧""皇族私产一体保护"；对满蒙回藏各民族，规定"与汉人平等""保护其原有之私产""王公中有生计过艰者设法代筹生计""先筹八旗生计，未筹定之前俸饷仍旧支放"以及"听其自由入籍""原有之宗教听其自由信仰"等。

这些规定，条件优厚、宽大，与邹容在《革命军》中提出的诛杀满人，诛杀满洲人所立之皇帝等主张迥异，对于安定人心、安定社会，促进民族团结、和谐起了良好作用。

（三）争取列强中立，避免其直接武装干涉，减少阻力

当时，革命党人的任务是推翻以满洲贵族集团为代表的君主专制制度，建设崭新的民主主义的共和政体。但是摆在中国人民面前的还有另外的敌人，这就是鸦片战争以来长期侵略中国的列强。人们不可能用两个拳头同时打人。假如革命党人在进行反对清朝统治的民主革命的同时，又进行反对帝国主义列强的民族战争，势必两败俱伤，各无所成。因此，革命党人决定争取列强中立，以便集中力量，先行打击并推翻清朝的君主专制统治。1897年，孙中山在伦敦和英国人柯林斯合作发表《中国的现在与未来》时，就向世界宣布："目前我们所需要的援助，仅英帝国以及其他列强善意的中立。"这可以看作是孙中山最早的对外宣言。1905年，同盟会成立，革命党人创办《民报》，将"要求世界列强赞成中国之革新事业"列为"六大主义"之一。这可以看作革命党人正式的对外政策宣示。当然，革命党人明白，要求列强"臂助"中国革命，这几乎不可能，因此，他们退而求其次要求列强保持中立。胡汉民分析美国独立和日本明治维新时期的前例，认为只要革命党人的行动遵守国际法就有此可能。同盟会成立后，革命党人制定《革命方略》，其《对外宣言》声称：中华革命军"对于友邦各国益敦睦谊，以期维持世界之平和，增进人

类之福祉"。《宣言》共七条：

1. 所有中国前此与各国缔结之条约，皆继续有效。

2. 偿款外债照旧担任，仍由各省海关如数摊还。

3. 所有外人之既得权利，一体保护。

4. 保护外国居留军政府占领域内人民财产。

5. 所有清政府与各国所立条约，所许各国权利及与各国所借国债，其事件成立于此宣言之后者，军政府概不承认。

6. 外人有加助清政府以妨害国民军政府者，概以敌视。

7. 外人如有接济清政府以可为战争用之物品者，一概搜获没收。

以上七条，前四条承认列强的既得权益，后三条防止革命发动之后，列强支持清政府。这七条方针后来虽有过某些改动，但始终是革命党人处理对外关系的基本原则。

武昌起义后，湖北军政迅速发布《刑赏令》，规定"伤害外人者斩""保护租界者赏""守护教堂者赏"等条。1911 年 10 月12 日，军政府依照同盟会《对外宣言》的基本精神照会驻武昌各国领事，保证清政府此前与各国所订条约继续有效，赔款外债，继续承担，同时宣布保护在华外人财产。照会发出后，军政府又派人分访各国领事，要求承认革命军为交战团体。这些措施和政策，迅速发挥了使列强安心的作用。在华外国使节和各国政府密切注视武昌动态。10 月 11、12 日，美国驻华代办卫里（E.T.

Williams）连续报告美国政府，"那里的外国人被认为是安全的，因为革命党人有意避免攻击外国人"。13日，美国国务卿诺克斯（Philander C.Knox）向塔夫脱（William Howard Taft）总统报告说，这是"中国发生自太平天国革命以来最严重的叛乱。迄今外国人的利益一直受到悉心尊重，这就将这次革命与以前的革命区别开来，并表明了领导层的智慧，努力避免外国干涉的危险"。14日，美国国务院远东司司长兰斯福德·米勒（Ransford Miller）提出五点政策建议，其中第三条为"在中国各派之争中保持中立"，第四条为"反对各国单方面进行军事干涉"。

在驻武汉各国领事团会议上，法国领事罗氏声称，孙中山的革命以改良政治为目的，不能与义和团一样看待，并加以干涉。领袖领事、俄国领事敖康夫（Ostroverknov）表示，根据军政府照会，观察革命军实际行动，相信革命军没有任何排外性质。10月18日，驻武汉英、俄、法、德、日五国领事照会军政府，同时布告称："现值中国政府与中国民国军互起战争"，根据国际公法，"外国人无干涉权""自应严守中立"。当时，武昌江面有列强军舰20艘，瑞澂要求发炮支援，英国公使朱尔典和驻武汉领事葛福等虽明显地同情清政府，但是，英舰并未发炮，美国领事也拒绝了由外国军舰协助巡护长江的要求。

1911年10月，孙中山于美国接见法国朝日新闻社记者，声称此次革命专对清朝，其思想、理论均来自西方文明，"无论立宪主义、自由主义，皆借取于英、法、意、美诸国"，不会发生外交上的"意外冲突"。此后，他陆续访问美、英、法各国政界人士，如法国参议会议长格利门疏（Georges Clemenceau）、外交部部长毕恭（Stephen Pichon）等，也曾托友人向英国外交大臣格雷（E.Grey）致意，争取理解和同情。11月16日，孙中山致电上海《民立报》，声称"已循途东归，自美徂欧，皆密晤要人，中立之约甚固"。

革命党人一再声明保护列强在华的既得权益，在革命过程中又严格保护外侨的生命、财产，使得列强既觉得没有直接出兵干涉的必要，也找不到出兵干涉的有力借口。1910年7月，美国亚洲舰队司令哈伯特（Hubbard）在分析中国形势时曾经估计："可以肯定的是，在任何一次暴乱中，迟早都会不可避免地危及美国人的生命和财产，各种保护要求会成为我指挥下的舰队的负荷。"但是，在整个辛亥革命过程中，美国政府却始终没有感到这种需要。美国之外，英国在中国拥有巨大的经济利益，但基于与美国同样的理由，也认为没有出兵干涉的必要。日本陆相石本新六及驻清公使伊集院彦吉都主张出兵干涉，但日本政府顾忌英国反对，只同意由商人出面，向清廷陆军部出售武器弹药。后来因担心共和革命对日本天皇制的冲击，日本政府一度怂恿英国政府共同出面，联合美、德、法、俄等国，向革命党人施加压力，令其接受君主立宪方案。但是，英国外交大臣格雷迅速拒绝，声称就政体问题向中国提出建议，或者由列强共同出面，采取哪怕是一点微小的类似压迫的行径，都是重大的冒险行动。日本政府发觉无法改变英国的主意，又不愿因此破坏和英国的同盟关系，便打算采取静观态度。外务大臣内田康哉心灰意懒地电告驻华公使伊集院，声称在此情形下，如"帝国政府不顾两国间之协调关系而单独出面梗阻，亦属无趣"。

革命道路不会是笔直的，也不是在任何情况下都以越坚决、越强硬为好。为了达到革命的总目标、大目标、长远目标，革命党人在某些时期、某些方面可以有某种妥协、让步，提出某些权宜性的政策。以孙中山为代表的革命党人之所以革命，重要目的在于救亡，争取中华民族的独立和自主。他们在辛亥革命时期对列强做了某些让步，但民国建立，时移事迁，条件成熟之后，他们就逐渐提出了废除不平等条约以至反对帝国主义的口号。这说明，他们当初的对外政策是一种"权宜之计"，目的在于减少阻力，而不是革命派软弱性的必然的本质流露。

1906年，革命派与改良派辩论时，梁启超曾提出，民气如火，一旦进行，各地难免会发生闹教案、杀西人一类举动，列强就会出兵干涉，实行瓜分。一旦打起来，列强船坚炮利，中国人不可能和洋人相抗，其结果必然是四万万人被杀尽，至少也将沦为牛马。革命派则认为：当时的列强之间已经形成了一种"均势"，"互相牵制而莫敢先发"。如果革命仅限于国内问题，排满而不排外，或者是一种"正当的排外"，"善守国际法"，列强将会保持局外中立。辛亥革命的事实证明，革命派的估计和分析是正确的。当然，他们不会也没有想到，列强在武力干涉之外，还会采取其他的干涉形式。

（四）团结立宪派和开明官绅，结成反清统一战线，壮大革命力量

戊戌变法失败后，康有为哀悼死友，憎恶慈禧太后，又系情于被软禁的光绪皇帝，曾企图走上武装抗争道路。一是向外国借兵，一是在国内组织力量，发动起义，企图推翻慈禧太后与荣禄的统治，使光绪皇帝复辟，重回政治中枢。他最初寄希望于两广地区的士绅和会党，后来则寄希望于在两湖地区活动的唐才常。从上书、请愿，发展为武装起义，康有为和以孙中山为代表的革命派走近了一大步。但是，康有为感念光绪皇帝知遇之恩，始终不愿和革命党人合作。唐才常的自立军起义失败后，他觉得武装起义的方式牺牲太大，"自是不敢言兵"，一心一意经营保皇会。

梁启超思想较康有为活跃，变迁也快。戊戌变法失败后，他的思想出现向民主共和发展的新趋向。他曾联络部分同人与革命党人合作，从而赢得孙中山的好感。1900年，梁启超访问檀香山和美洲，孙中山热情地为他写信介绍。但是，梁启超求稳怕乱，对光绪皇帝余情难断，又受老师康有为的影响和控制，最终未能走上革命道路。他力图调和革命与改良，民主与"保皇"的矛盾。1902年，他创作小说《新中国未来记》，设想在中国建立"大中华民主国"，以光绪皇帝为第一任总统，然后逐渐从汉族中选举第二任总统。他把这种方式称为"名为保皇，实则革命"，认为这种方式易于实行，事半功倍。在他到檀香山之后，当地兴中会会员受到影响，纷纷改换门庭，加入保皇会。继至美洲，保皇会也大为发展。檀香山和美洲都是孙中山的根据地，兴中会会员大批"变节"的情况使孙中山大为恼火，立即撰写文章，大批"保皇"理论，力图消毒。从此，孙中山将保皇会视为不共戴天的敌人，杜绝了与之合作的念头。

1907年，国内立宪运动兴起，海内外的改良派逐渐掀起国会请愿运动。在这一运动中，逐渐形成以制定宪法、召开国会为主要诉求的立宪派。清政府一面镇压，一面顺应时势，允许各省成立谘议局。这样，国内的政治运动取得了部分合法性，立宪派士绅也取得了发表意见、参政、议政的平台。在这一情况下，部分革命党人遂与立宪派合作，表达政治诉求，借谘议局掩护自身的活动。

权力从来是政治斗争的核心问题。1905年以后，清政府虽然下诏预备立宪，开始实行部分政治体制改革，但是，满洲贵族不想真正让出权力。1911年，清政府宣布成立"皇族内阁"，将权力更多、更紧地控制在皇族手里，同时加紧镇压国会请愿运动。清政府的这些措施暴露了自身改革的虚伪，也激怒了立宪派，增强了部分开明官绅的离心倾向。他们中的部分人由于对清政府绝望而同情革命，甚至支持革命。这就为革命党与立宪派以及部分开明官绅的合作创造了可能。

革命党与立宪派的合作突出表现在1911年年初各地掀起的爱国运动中。1911年1月，英国派兵占据我国云南边境要地片马。同月28日，云南谘议局通电指出，英国此举"势将北进，扼蜀、藏咽喉，窥长江流域，大局危甚"，呼吁各界共同抵制。1911年2月7日，云南谘议局集会，成立中国保界会。此际，英法合办的隆兴公司强索云南府矿产开采权，法国借口保护铁路，而陈兵滇边，沙俄借修订《伊犁条约》之机，企图攫取新疆、蒙古等地的多种权利。因此运动迅速发展为包括拒英、拒法、拒俄在内的具有多重内容的爱国运动。运动得到贵州、江苏、福建、山西、江西等各省谘议局的响应。5月12日，各省谘议局联合会在北京开幕，以湖南谘议局议长谭延闿为主席，湖北谘议局议长汤化龙为审查长，提议编练民兵，保卫边疆。6月24日，联合会通过由湖北谘议局副议长张国溶起草的《通告全国人民书》，全面抨击"皇族内阁"。

留日学界一向是近代中国反帝爱国运动的发源地。1911年2月15日，留日学生1200人集会，同盟会会员刘揆一等提议竭力设法警告内地及各省谘议局，拒绝俄国要求，同时，动员各省谘议局成立独立机关，组织国民军，以防外敌。2月27日，中国留学生总会致电上海《民立报》及全国21省谘议局，要求召开会议，组织国民军，以救危亡。3月5日，留日学生成立中国国民会，推派代表分往21省活动。4月8日，代表陆续归国，联络谘议局及商会等民间合法团体，展开活动。例如，浙江留日学生代表俞景朗等归国后，首先访问浙江谘议局议长沈钧儒，动员他与同盟会会员陈布雷、许炳堃、褚辅成等组织全浙国民尚武分会。在这一过程中，逐渐实现了革命党和立宪派的联合。

四川保路运动的领导者蒲殿俊、罗纶、邓孝可都是立宪派，同盟会会员龙鸣剑、朱之洪等积极参加了这一运动，他们"外以保路之名，内行革命之实"，将各地的保路同志会作为斗争平台，借以发动群众、宣传群众、组织群众，暗中鼓动革命。所以当"七一五"成都血案发生之后，保路同志会立即转变为保路同志军，遍及全川的人民大起义立即爆发。

革命党是革命的倡导者，立宪派是地方开明士绅的代表。二者结合，就构成了足以左右形势的力量。武昌起义，由作为革命党人代表的士兵发动，由作为立宪派首领汤化龙的支持和襄助。嗣后，各省相继独立。在这一过程中，立宪派分子，如湖南的谭延闿，开明的地方官吏，如江苏的程德全等都发挥了积极作用。四川独立后，成都社会秩序一度陷入混乱。自同盟会会员、原陆军小学堂监督尹昌衡被推为四川军政府都督，立宪派的罗纶被推为副都督后，成都局势趋于稳定。

1912 年 1 月，广东曾发生部分同盟会人仇杀"保皇党"事，章炳麟致函孙中山，要求给予当年的保皇党以自新机会。孙中山立即致电陈炯明及各省都督，声称"今兹南纪肃清，天下旷荡，旧染污俗，咸与维新。法令所加，只问其现在有无违犯，不得执既往之名称以为罪罚"。显然，在革命高潮中或在大局底定之后，对旧时的敌对者持"咸与维新"、既往不咎的政策有助于使"海隅苍生，咸得安堵"。

（五）利用袁世凯，"先成圆满之段落"，避免南北相抗，长期战争

在清末新政中，袁世凯卓有成绩。他同时拥有北洋新军，成为清政府中罕有其匹的强人。

1908 年光绪皇帝和慈禧太后相继去世，载沣摄政，为了减少威胁，他突然以有"足疾"为由将袁世凯开缺回籍。袁世凯表面上在家乡养病钓鱼，心中却深藏着对满洲贵族的强烈不满。武昌起义爆发，清政府于窘迫无奈之际，再度起用袁世凯，赋以大权。1911 年 11 月 1 日，奕劻"皇族内阁"总理辞职，袁世凯出任内阁总理大臣。一时间，袁世凯成为一个身系天下安危的重要人物。他一面调派其所掌握的北洋新军三万多人南下进攻革命党人，一面派人到武昌谈判，进行收抚。

武昌的革命派认识到袁世凯和满洲贵族之间的矛盾，一开始就想利用这矛盾动员袁世凯反正。11 月 9 日，黄兴致函袁世凯，建议他以华盛顿、拿破仑之资格，出面建华盛顿、拿破仑之事功，直捣黄龙，灭此朝食。黄兴表示，只要袁做到了，全国各省人民都将"拱手听命"。11 月 11 日，袁世凯的代表刘承恩、蔡廷干到武昌谈判，宋教仁建议袁"转戈北征"，声称"将来自可被举为大总统"。12 月 3 日，到汉口组织临时政府的各省代表决议，如袁世凯反正，当公举为临时大总统。12 月 20 日，黄兴派顾忠琛为代表与直隶陆军学堂总办廖宇春谈判，议决"先推覆清政府者为大总统"。从欧洲赶回中国的孙中山也注意到了这一动向。12 月 21 日，孙中山到达香港，已经就任广东都督的胡汉民偕廖仲恺到港迎接。胡邀孙留在广东，孙则要求胡同赴上海、南京。双方争论了一天。胡认为袁世凯居心叵测，首鼠两端，建议孙留粤练兵，徐图大计。孙中山称，沪宁在前方，自己不可不身当其冲，如不亲到当地，一切对内、对外大计，无人主持，他说：

"今日中国如能以和平收革命之功，此亦足开世界未有之例，何必言兵。"他表示：袁世凯虽不可信，但利用他推翻清廷，"胜于用兵十万"。"纵其欲继满洲以为恶，而其基础已远不如，覆之自易。故今日可先成一圆满之段落。"胡汉民为孙中山的远见所折服，命陈炯明代理广东都督职务，自己随孙北上。

战争是手段，而不是目的。孙中山发动武装起义，目的在于推翻君主专制制度，建立共和政体。倘使和平手段可以达到这一目的，自无使用战争这一手段的必要。在港时，孙中山致电日本横滨华侨，内称："吾党组织之革命军，今对于满朝已经休战，将移而至媾和谈判。吾党之希望虽素不在媾和，而亦并非全不欲和，战亦非吾目的也。吾党素志之共和政体，近已由议和谈判之结果，可见其成立矣。更望诸君大表同情，注视其成行。"

革命、革命战争都需要巨额财政支持。1911 年 10 月 12 日，孙中山在美国得到武昌起义消息。10 月 14 日，德国《每日报》即刊出孙中山给英国金融界的信，企图从伦敦得到大约 500 万卢布的借款。10 月 20 日，孙中山到纽约，除宣扬中国革命，争取美国朝野同情外，另一任务就是力谋借款，支援国内战争。10 月 31 日，他致函美国人荷马李，声称"如得财力支持，我绝对能控制局势""贷款是必要的"。此后，孙中山到英国，到法国，都企图为进军北京和建立新政府筹措经费。在英国，孙中山也曾向《滨海杂志》记者发表谈话，认为中国"恰似一座干燥树木的丛林，只需星星之火，就能腾起熊熊的火焰。这火星便是我所希望得到的五十万英镑"。他向四国银行团主任商量借款，该主任答以在新的中国政府成立后才能开议。在法国，他和法国东方汇理银行经理西蒙会晤，探询以矿税、土地税为担保取得借款的可能，遭到拒绝。这样，他在回到上海，面对以为他携带了大量资金的记者时，只能回答：我没有一分钱，我带回的是革命精神。

孙中山同意与袁世凯和谈，与他权位观念淡薄有关。11月16日，他在致电上海《民立报》时就宣称，总统自当推举黎元洪，如黎元洪推袁世凯，"合宜益善，总之，随宜推定，但求早固国基。满清时代权势利禄之争，吾人必久厌薄"。他在伦敦时也曾发表谈话，表示"不论我将来成为全中国名义上的元首，还是与别人或那个袁世凯合作，对我都无关紧要"。

孙中山到达上海、南京后，一方面准备北伐，一方面同意与袁世凯和谈，并且最终以和议结局。孙中山这样做，固然因为革命军财政困难，无法支持长期战争，但是，也和他的"以和平收革命之功"，尽力减少牺牲、破坏的想法相关。

革命免不了流血、牺牲、破坏，但是，在可能的条件下，要尽可能减少流血、牺牲和破坏的烈度。1911年10月20日，孙中山远在纽约，听说广东革命党人准备进攻广州，为避免大规模的"流血"，就曾致电两广总督张鸣岐，要他"速率所部反正，免祸生灵"。孙中山在这儿提出了一条重要的原则，值得人们尊重、记取。革命的终极目的是解除人民痛苦，为人民造福，自然，在可能的条件下，要尽量减少革命或战争给予人民的苦难。1912年1月4日孙中山复电袁世凯，重申上述原则，电称："文不忍南北战争，生灵涂炭，故于议和之举，并不反对。""倘由君之力，不劳战争，达国民之志愿，保民族之调和，清室亦得安乐，一举数善，推功让能，自是公论。"当年，革命党人与袁世凯议和，迫使清朝皇帝退位，避免了一场旷日持久的恶战，极大地降低了流血、牺牲和破坏的烈度，使中国的政体平稳转型，自然有其积极的意义。

南北议和过程中，曾有部分革命党人强烈反对。南社的柳亚子等人在上海《天铎报》连续发表文章，与当时已成为南京临时政府机关报的《民立报》论战，阐述议和的不当与不智。柳亚子指出："袁之为人，专制锢毒，根于天性，与共和政体，无相容之理。"他又指出：袁世凯"一方面借民军势力逼胁虏廷，而另一方面又挟虏廷名号劫制民军，俾虏廷退位与南都临时政府取消，同时并行，彼得坐收渔人之利，由大总统而进为大皇帝"。柳亚子对袁世凯的上述认识，可谓如见肺肝。为了防止袁世凯"继满洲以为恶"，孙中山等人也曾提出过一些"监控"措施，例如要求袁世凯离开其老巢北京，到南京就职等，然而，在袁世凯略施小计，加以破解后，革命党人就没有什么办法可以控制袁世凯了。虽然袁世凯后来复辟帝制，但他只当了83天皇帝，次年的张勋复辟也只闹了12天，完全应验了孙中山在香港时对胡汉民所讲的那句话："其基础已远不如，覆之自易。"

三、共和告成，完成了一个"段落"，但还留下了许多未完成的"段落"

　　清朝皇帝退位了，民主共和制度建立了，这是辛亥时期革命党人为中国历史所建立的伟大功绩，也是孙中山为中国历史建立的伟大功绩，值得中国各族人民永远纪念。但是，孙中山说得很清楚，他只是"先成一圆满之段落"，"段落"不是文章。孙中山只是为"振兴中华"这篇大文章开了个头写好了第一段。孙中山在他革命的起始阶段，曾经将中国当时的司法比喻为希腊神话中国王奥吉亚斯的"牛圈"，养了三千头牛，三十年中从不打扫，粪秽堆积如山。实际上，中国的皇权专制地主小农社会也是这样的"牛圈"。辛亥革命胜利得快，代价小，自然难以一下子清除奥吉亚斯"牛圈"中的全部"粪秽"，中国的面貌也难以一下子焕然大变。以专制制度为例，有形的皇权专制主义被推翻了，但是，无形的没有皇帝的专制主义却始终是近现代中国史上难以消除的痼疾。人们不再匍匐在皇帝脚下高呼万岁了。回眸百年，孙中山的遗言并没有过时："革命尚未成功，同志仍须努力。"

　　（选自中国社会科学院近代史研究所编：《辛亥革命与百年中国》，

社会科学文献出版社 2016 年版）

辛亥革命与清末"新政"

郭世佑

晚清统治者所主持的"新政"与近代民主革命先驱孙中山所领导的反清革命运动，是发生于同一历史时空中两个水火不容的重大事件，影响及于后世，非同小可。至于怎样看待二者的价值与作用，至今仍然困扰着许多后世研究者，聚讼纷纭。倘若从梳理清末"新政"与辛亥革命的相互关系入手，摒弃那种非此即彼的思维定式，重在从学理上确认"新政"的两难困境以及辛亥革命的历史必然性与历史合理性，对孙中山一代民主革命先驱的历史功绩多一点理解与敬重，也许是必要的。

一

曾几何时，在革命史观的研究视野与价值体系里，我国史学界大都重视破坏而鄙弃建设，强调暴力革命而忽视清末统治者的改革成效，许多辛亥革命史与近代通史论著要么对"新政"不屑一顾，鲜有提及，要么照搬当年革命文豪陈天华或戊戌通缉要犯兼时政批评家梁启超的思路，斥责"新政"为"假维新""伪变法"，充其量把它作为辛亥革命的一个背景，轻描淡写地提一下这个"反动"的"新政"之于近代资本主义经济发展的"客观作用"。近十余年来，基于改革开放的现实感召，加上中外学术交流的顺利铺开与史学研究的深入，以中国早期现代化为视角重新审视清末"新政"的论著不断涌现，错综复杂的历史场景与有关真相渐次浮出水面。

可以说，近十余年来，我国史学界关于辛亥革命史研究的突破，在较大程度上就是得益于清末"新政"研究的突破。不过，在价值评判的层面上，以批判"激进主义"、倡导"权威主义"或"保守主义"的名义，偏爱改革而轻视革命，惋惜"新政"的中断而指责暴力反清斗争乃多此一举，试图从根本上否定辛亥革命的必要性与合理性，此论早在20世纪80年代后期就已出现，至今余音未绝。有关论点或从境外引入，与境外的类似声音相呼应，其中固然不乏"与国际接轨"的架势，却容易从一个极端走向另一个极端，有关学术纷争也就在所难免。

如何直接用西方历史发展过程中所形成或提炼的价值理念来阐释或衡量中国自身的历史实际而不使人产生隔靴搔痒之感，外来的或基于本土的理论模式在千人千面的历史现象面前是否具有万能的功效，这还是一个十分棘手的问题，本文姑置不论。就我国的有关学术状况而言，由否定晚清"新政"、讴歌革命而转为讴歌晚清"新政"、否定革命的学术现象与其说同自然而然的互补性学术反弹或纠偏有关，还不如说与史学研究中存在的方法论误区有关。无论是此前一致否定"新政"而讴歌革命的话语系统，还是近年彻底否定辛亥革命而留恋"新政"的见解，尽管彼此的结论显得南辕北辙，但无论在话语环境之于史学主体的制约上，还是在思维方式上，都具有惊人的相似之处。在话语环境上，有关是非判断都过多地受现实生活与社会主流中的价值体系的制约与影响。现实生活中崇尚革命，鄙弃改革，史学研究者就在自己的研究领域去一味地讴歌甚至神化革命而鄙弃改革，反之亦然，既容易忽略历史与现实的时空差异，也不大注意保持自身相对平静的学术心境与学术中立态度，过于趋时；在思维方式上，二者都是受制于两分法的简单化思维定式，用非此即彼或顾此失彼、厚此薄彼的极性思维，过多地纠缠于是非定性与价值评判，站在要么彻底肯定、要么彻底否定的两极互换角色，却忽视了社会内部与历史事件之间的时空联系，把复杂的历史处理得过于简单化，有关历史结论就真像翻烧饼一样，此也一是非，彼也一是非，史学主体的主观色彩太浓。

应当承认，经过八国联军血洗京师的沉重打击与奇耻大辱，曾经双手沾满"戊戌六君子"鲜血的慈禧太后在逃亡西安途中所宣布的"新政"并非完全没有诚意，也不是没有具体措施和实际投入，不能因为"新政"的目的是维护清朝的统治秩序而否定目的本身。由于历史条件不同，有关改革的深度与成效的确超过了19世纪的洋务运动与戊戌变法，这已越来越成为史学界的共识。正是通过"新政"，从传统的小农社会向现代工商社会转型的迹象才真正出现。经济自由政策的颁发，为资本主义经济的发展提供了良好的制度基础；现代化的陆军体制、教育体制与现代人才培养模式也开始落地；还有，现代法律体系与司法制度已开始成形。除了《奖励公司章程》《商标注册试办章程》《商人通例》《公司律》《破产律》《法官考试细则》《集会结社律》等相继出台外，《大清刑事民事诉讼法》《大清新刑律》《民律草案》这三部大法分别在程序法和实体法领域为中国现代法律体系的确立奠定了基础，其价值与影响也不因清朝的覆灭而消失。另外，从1905年开始，慈禧太后为首的统治者被迫将逃亡海外的政治犯梁启超于1901年所设计的预备立宪方案捡起来，逐渐予以尝试。

不过，"新政"毕竟是在统治者于19世纪接连耽搁几次改革机遇之后开始的。20世纪初年的中国已是危机四伏，百孔千疮。1911年的反清革命高潮是在清朝统治者已无法照旧统治下去时来临的，并非孙中山等革命先驱一厢情愿的结果，不是人为地造势而成。

首先，清政府长期压制本国资本主义经济的发展，民生凋敝与不平等条约所强加的一笔笔巨额赔款与"新政"本身的巨额需求之间形成明显的反差，"新政"雷大雨小甚至空有其名之类现象比比皆是。基于民族危机日益深重，社会各阶层原本就对"新政"期望颇高，也不乏"毕其功于一役"式的渴望，但"新政"的许多方面却是敷衍塞责，不尽如人意，二者的悬殊只能加剧民心的涣散与社会的分化。为了摆脱财政困难，贪污腐败变本加厉的统治者拿出竭泽而渔的旧花样，加倍敲诈人民，结果，自卫性的抗粮、抗捐、抗税斗争此起彼伏，愤怒的下层民众不仅冲击厘卡警局，而且捣毁新式学堂，反而增加了"新政"的阻力。

其次，自康、乾以降，清朝统治者日趋衰败，政治威慑力与治理能力逐代递减，陷入周期性的皇朝衰败危机。但人类历史上的许多改革都是在社会矛盾日趋尖锐时为挽救统治而启动的，任何一场成功的改革之于改革者的政治权威，魄力与技巧要求自然就不低，清末"新政"尤其如此。慈禧太后也罢，载沣也罢，能否驾驭"新政"所产生的那些颇具挑战性的成果，冷静地处理某些突发性的政治事件，维持残局，却还是未知数。以新军为例，既然它属于颇具现代化素质的新式国家机器，而且从筹饷、募兵到编练成军，多由地方督抚直接控制，其独立性较湘军、淮军犹有过之，中下级军官中还不乏留学归来者，军中还有同盟会中人乔装安置切入，倘若指望它始终如一地同一个腐朽皇朝保持一致，赴汤蹈火，那是不切实际的。如所周知，武昌起义爆发时，紫禁城就已无法调动各省新军火速"助剿"，倒是响应武昌起义者的呼声不绝于耳。再以教育改革为例，科举制的废除固然加剧了传统社会结构的分解，士—绅—官三位一体的局面已不复存在，年轻的求学者无论是负笈国内新式学堂，还是浮槎放洋，大都怀抱报效国家之念，潜心救国之道。当他们目睹域外世界经济发达、国力强盛时，其恨铁不成钢的心境便油然而生。他们上下求索，左右对比，一致认为君主专制主义乃祖国积贫积弱的总根源，要么呼吁清朝政府拿出诚意来，实行货真价实的君主立宪制，要么主张用暴力将爱新觉罗皇朝与君主政体一同埋葬，创建民主立宪制。如何把那些见多识广的热血青年召唤在陈旧破烂的龙旗下，就成问题。诚如一向不赞成暴力反清的梁启超所说："必有大刀阔斧之力，乃能收筚路蓝缕之功；必有雷霆万钧之能，乃能造鸿鹄千里之势。若是者，舍冒险末由。"严复有一段评论值得回味："十多年前，先有普鲁士亨利亲王，后有一名日本军官向满族王公们建议，中华帝国的当务之急和首要任务是要拥有一支现代化的军队；其次，将权力完全集中于皇室中央政府。满族王公们努力照此行事十二年，除此之外无所作为。谁能说这些建议是错的？但是前面提到的那两位先生都不知道，他们恰好将一件锋利的武器给小孩玩耍，或拿一块马钱子碱当补药给婴儿吮吸。"

最后，古往今来，政治体制改革的阻力与难度较大，改革者既需要相应的眼界与胸怀，也要具备沉着果敢的魄力与驾驭全局的控制能力。不乏威服群臣手腕的慈禧太后也许还勉强可以苦撑，但由优柔寡断的摄政王载沣和动不动哭鼻子的隆裕太后作为后继者，去继承不无风险的预备立宪的政治遗产，就显得更糟。当载沣等人把席卷全国的保路运动与国会请愿运动镇压下去，又愚不可及地将铁路修筑权强行转让给列强和抛出"皇族内阁"时，他们就把许多积诚謦哀的请愿者踢入革命阵营，反清革命的高潮就悄悄来临了。

二

历史本身既充满矛盾，也不无因果联系，最典型的莫过于革命者与被革命者之间。充满矛盾的一面不难引起高度关注，却容易遮蔽存在因果联系的一面。

不管黑格尔对理性的自我发展之于历史过程的作用以及历史本身的必然性是如何夸张和绝对化，他把历史看作一种必然性的逻辑过程的见解却不无可取之处。恩格斯在《自然辩证法》中指出："我们在观察运动着的物质时，首先遇到的就是单个物体的单个运动的相互联系，它们的相互制约。但是，我们不仅发现某一个运动后面跟随着另一个运动，而且我们也发现：只要我们造成某个运动在自然界中发生的条件，我们就能引起这个运动；甚至我们还能引起自然界中根本不发生的运动（工业至少不是以这种方式发生的运动）；我们能给这些运动以预先规定的方向和规模。因此，由于人的活动，就建立了因果观念的基础，这个观念是：一个运动是另一个运动的原因。"

对于辛亥革命与清末"新政"的关系，我们也不妨作如是观。尽管革命者与"新政"的主持者清朝统治者彼此是不共戴天的，但辛亥革命与"新政"是互相联系和互相依存着的，无法割断彼此之间多方面的因果关系。它至少表现在：

第一，孙中山等人的革命活动逼得清朝统治者加快"新政"，特别是政治体制改革即预备立宪的步伐，统治者已经明白唯有尽快推行"新政"，才能将自身的统治秩序维持下去，使"内乱可弭"。

第二，统治者的预备立宪反而促使不乏依法治国理念的革命者抓紧革命反清的准备，后者试图抢在宪法与君主立宪制确立之前推翻清朝，以免爱新觉罗家族成为宪法所规定的"万世一系"的合法统治者。

第三，"新政"期间，新军的编练与科举制废除之后士人群体的分化，伴随新式知识分子的兴起，为革命阵营准备了可资发动的基本力量。

第四，"新政"期间，资本主义经济的发展与预备立宪的展开，为革命者准备了自己的同盟军与合作者——资产阶级与君主立宪论者。

第五，预备立宪期间，关于民权思想的公开宣传与历次国会请愿运动的实践，为中华民国成立后的民权政治建设提供了一定的条件。

第六，南京临时政府的财政危机与晚清统治者的财政危机一脉相承。革命本身不能迅即生财，革命者只能通过革命的方式去占有革命对象的财源，而清朝政府早已国库空虚，在经济上留下一个烂摊子，这既有利于革命者推翻它，也在一定程度上限制了取而代之的南京临时政府可资利用的经济资源，不利于革命者自身的政权建设。另外，民国初期的军阀割据、混战也与清末中央权力式微、地方督抚专权的趋势有关，任何一场革命对原有社会格局的破坏都是有限度的，都会或迟或早地回到建设的话题中，破坏只是暂时性的"变态"过程，建设才是常态。况且，无论是革命还是建设，任何历史人物对于历史的创造，"并不是随心所欲地创造，并不是在他们自己选定的条件下创造，而是在直接碰到的、既定的、从过去承继下来的条件下创造"。

可以说，就已经成为事实的历史场景而言，"新政"的主持者与革命者之间固然势同水火，谁都希望吃掉对方，但"新政"与反清革命运动之间实际上存在一种谁也离不开谁的相互制约关系。无论是革命，还是"新政"，都不可能凭空发生。既然二者都已发生在同一时空，势必互相影响，互相对立的过程其实也是互相联系和互相影响的过程。假如没有反清革命运动发生，"新政"就不可能是我们所研究和曾经出现过的那个"新政"，反之亦然。对于没有发生过的历史场景，后世研究者设想起来不难，但分析和评判起来就需要在必要性与可行性上严格把关。如果站在理想的真空中憧憬"新政"的未来，埋怨辛亥革命不该发生，指责革命者添乱，不仅无法保证由清朝统治者自编自演的预备立宪之结局能包你满意，也无法回答梁启超、张謇及其身后一批温和的国会请愿者与广大资本家在屡遭羞辱之后纷纷转向革命之举究竟是对还是错。此论的主要失误不仅在于论者对"新政"的前景抱有不切实际的幻想，而且以为革命高潮的到来就是孙中山为首的革命者单方面努力的结果，较之以往那种只承认孙中山等人之于辛亥革命的赫赫功勋却既否定"新政"的历史地位又无视梁启超等人的历史贡献之论，可谓异曲同工。殊不知，1911年的反满大合唱就是在革命的客观条件已经成熟而主观条件还不太成熟的情况下出现的。事过数年后，孙中山回想起当年的情景时，也曾直言不讳地说："武昌之成功，乃成于意外。"当然，这并不影响我们对孙中山作为革命领袖的整体认识。

辛亥革命作为"新政"的替代物，不仅推翻了腐朽的清朝，而且谱写出了中国民权建设的篇章，许多论著已对此做了详尽的阐释，因篇幅限制，兹不赘述。笔者只想补充的是，尽管辛亥革命的历史结局还容易引起纷争，民国的建设也的确难以令人满意，但正是由于辛亥革命推翻了帝制，将"三纲"之首弃如敝屣，人民的思想解放盛况空前，"社会风俗人心，从某些部分看来，辛亥以后和以前大大改变了。所有卑贱、颓废、放荡行为，有些少了，有些完全消灭了……总之，辛亥革命无数头颅换得来的，除推翻封建帝制以外，广大民众的体格、品格相当提高了"。在国内是如此，在海外华人中也大致如此。蒋梦麟在回忆辛亥革命前后唐人街的变化情况时，就深有感慨地说："革命以后，唐人街开始起了变化，而且是急遽的变化，短短几年之内，算命卖卦的不见了。辫子的数目也迅速减少，终至完全绝迹。青年女子停止缠足，学校制度改革了，采用了新式的课程；送到附近美国学校上学的孩子逐渐增加。唐人街虽然想抗拒美国邻居的影响，但是祖国有了改革，而且在生活方式上有了改变以后，这些忠贞的炎黄裔胄也终于亦步亦趋了。"说到这里，我不禁想起曾经对孙中山不无成见的张謇饱含深情的感叹："起而革命者，代不乏人，然不过一朝一姓之变革而已，不足为异。孙中山之革命，则为国体之改革，与一朝一姓之变革迥然不同。所以孙中山不但为手创民国之元勋，且为中国及东亚历史上之一大人物。"反对暴力革命甚力的梁启超也在事后以学者的识力，多次对辛亥革命的历史地位予以充分肯定，容专题另述。如今时过境迁，物换星移，倘若后世研究者连张謇、梁启超的思想境界都难以企及，恐怕就需要回应革命文学家郁达夫早在半个多世纪之前就说过的一句话：有了伟大人物而不知道尊重的民族是奴性浓厚的民族。尽管孙中山不是也不可能是什么完人，在他身上同样存在某些缺陷，既不必神化，也不必掩饰，但称他为近代伟人，当不为过。辛亥革命的发生毕竟与他的名字分不开，辛亥革命的历史功绩将不会因为后世研究者的学术偏见而消失。

（选自《学术研究》2002 年第 9 期）

新政困局与辛亥革命

戴鞍钢

1911 年的辛亥革命，结束了长期统治中国的君主专制制度，开创了中华民族历史发展的新纪元，中外学术界研究成果丰硕；但对辛亥革命的历史贡献，仍有一些模糊认识。本文拟依据史实，重点论述清末新政的困局与辛亥革命发生的内在关联，以期进一步加深对辛亥革命深刻历史进程的认识。

一

20 世纪初叶，民族危机空前深重。1900 年 8 月，八国联军的铁蹄闯入北京，清廷仓皇出逃，黎民百姓饱受战乱之苦。据当时一路西逃的清廷随从记述："此次出京危险已极，沿途居民铺户均被溃勇抢劫一空，俗所谓十室九空，此则室室皆空，真觉不堪寓目矣。"落脚西安，惊魂甫定的清朝统治者却依旧挥霍无度，亦为清廷随从的岳超记述：

从两宫到西安，住了一年多的时间，只见长安东门外的大路上，车辆人马每日早晚不绝于道，都是由各省的大小官吏进供之物品。在西安的行宫地势虽狭小，也照北京皇宫内的御膳房一样的设备，膳房虽说是个厨房，里边的组织分为荤局、素局、菜局、饭局、茶局、酪局、粥局、点心局，每一个局设一个太监专管其事，每局设有厨司十数人不等。

为了宫里几个人吃饭喝茶，膳房里就需要一百多人伺候。到了夏天，太后要吃冰镇梅汤，西安天气很热，没有存冰，当即有本地的人建议，离西安城西南百余里的太白山山洞里有万年不化之冰。因此每日由地方官用大车去太白山拉冰，以备御膳房使用。

1901年9月7日，丧权辱国的《辛丑条约》订立，其中规定北京的东交民巷划为外国使馆区，界内由各国驻兵管理，中国人概不准居住，并增改了北京各国使馆界址章程，制定了使馆界内治安及路面管理规章，旨在禁止"有华人违背各国巡警章程，譬如华兵在界内驰马甚速及华人、人力车等日后行走均不点灯等事"，在清廷的眼皮底下，硬是划出一块"国中之国"。

同年10月6日，慈禧太后从西安动身回京。当时火车只通到直隶正定，其余路途，"皇室一行都乘黄色的轿子旅行，随行人员包括大批骑兵卫士、官员、太监和仆人。行李车队非常壮观，大约有300辆马车，插着旗子，披红挂绿，装得严严实实"。其场面，连见多识广的英国记者莫理循都觉得太过分。他在给《泰晤士报》的电稿中这样描述：

每个亲王都有大批骑兵侍卫随行，人数从30至100人不等。中国北方的道路崎岖不平，结了冰更是难行。装满行李的车队望不到头，在行李的重压下，车辆一路上嘎吱嘎吱艰难地向前滚动。

冬天日短夜长，全部人马昼夜赶路。一到晚上，都要由打着火把的士兵在前面引路，非要赶到指定地点才能歇脚。但是，慈禧太后、皇上、太监总管和后宫嫔妃却一路上舒舒服服，所经之路都整得平平坦坦，路面上所有石块都清除得一干二净，甚至还铺上了一层细土，走起路来软松松的，悄然无声。队伍行进时，前头还专门雇了一班人马用羽毛扫帚来轻扫路面。

大约每隔10英里，就盖一座设备齐全的休息用房，提供各色精美的食品和糕点。这条皇帝的专用道，由本地的一个承包商承建，造价每8码高达50墨西哥元（约每英里1000英镑），铺设路面的泥土都要从远处运来。这种道路，根本不适合中国的普通交通用途。在中国这块绝大多数人还生活在贫困之中的土地上，这是中国朝廷和官员奢侈浪费的一个典型例子。

在正定换乘火车时，也是大肆铺张，共备有头等车10辆，其中"皇车装潢极佳"。对在中国大地上逞威的列强，清朝统治者则是低三下四，曲意逢迎。火车抵京时，"当西太后乘舆经过使馆人员站立的阳台时，她在轿中欠起身来，以非常和蔼的态度向他们回礼"。次年1月28日，各国使节应邀入宫，"召见从头到尾是在格外多礼、格外庄严和给予外国代表以前所未有的更大敬意的情况下进行的。这件事之所以特别值得注意，乃是因为这是西太后第一次在召见中公开露面，而不是在纱幕后面的"。

上行下效，各级官员一意媚外，唯恐惹恼列强，有的并将其视为靠山。1902年2月1日，莫里循不无得意地写道："我们在'暴乱'（诬指义和团——引者注）中并无所失，而事实上我们的威信大增，我敢肯定地说，多少年来我们在北京或在中国的地位，从未像今天这样高，我们与清朝官员的联系从未像今天这样密切。"其中"袁世凯多年来比任何其他官员和我们联系更密切，他跟我们商议之频繁、请教之谦恭，是暴动前不曾有过的"。

很多地方官员依旧闭目塞听，昏聩愚昧。1907年7月，俄国人阿列克谢耶夫到了开封，河南巡抚设宴款待，"席间也谈到了俄罗斯，他们这方面的知识极端贫乏，就连1905年俄国在远东被击败这件事（指日俄战争——引注），看来也没有引起他们特别注意。巡抚只是问我：'西伯利亚还似从前那样荒无人烟？'然后就再没有说别的"。这名俄国人感叹："我已经不是第一次见到这种消极怠惰的愚昧无知了。"

自鸦片战争后，依仗洋枪洋炮和不平等条约的庇护，外国人在华享有诸多特权。1877年10月7日，《纽约时报》载，自长江轮船通航，"当地商人往往将装满货物的商船挂羊头卖狗肉式地'过继'给任何一位欧洲人，佯装货物是他们的，大模大样的欧洲人只要在收费卡子上发点牢骚，就会顺顺利利地通过"。1876年春，一名外国水手搭乘中国货船去宜昌，"货船船主在收费卡子上灵机一动，让这位水手假扮成洋商，而他自己则和底下人一起装扮成洋商的翻译和侍从，很容易就通关了。这位水手以前除了卖过一磅烟草外，恐怕从未做过什么生意，但仅仅因为有一张可爱的洋脸蛋儿就做了一回大亨"。

20世纪初年，清朝政府阿谀奉承，洋人在中国更是趾高气扬，耀武扬威。1907年，俄国人阿列克谢耶夫在华游历时，乘船经大运河从天津去济南途中休息时，"从邻船过来一些人，坐在那里瞪大眼睛盯着我们这两个'洋鬼子'。我与他们攀谈了起来。他们聚精会神地听我讲话，然后起身说道：'太奇怪了！我们见过的外国人要么对你推推搡搡，要么想方设法欺负人，而你这位先生却跟我们好好说话，原来也可以这样呀！'"

只有在罕见人烟的新疆罗布荒原，外国人惊讶地遇到了不知朝廷变故，仍坚持盘查他们的地方官员。1907年，英国人斯坦因经罗布荒原前往楼兰古城。在途中，他的驼队突然止步不前，原来路边出现了两个罗布人的伯克。他们身着大清国的五品官服，衣服破旧，已有补丁，而且并不合身，但漂洗干净，缝补针脚细密，着装中规中矩。他们是清代康熙时册封的世袭官员，闻讯特意前来向这支探险队的外国人查验护照，因为这是他们的职责所在。这令斯坦因大为惊诧，因为此前他在中国所过之处，各级官员无不唯唯诺诺，从不敢拂其意，根本不用出示护照，唯独在这异常荒僻之地，却遇到了恪守职责、维护国权的清朝官员。

二

《辛丑条约》后，清朝政府多方取悦列强，同时想通过推行新政，维持其统治，然而清王朝已病入膏肓，不废弃君主专制制度，只做一些枝枝节节的变革，是无济于事的。1902 年，张之洞照例举行慈禧太后万寿庆典，"各衙署悬灯结彩，铺张扬厉，费资巨万，邀请各国领事，大开筵宴，并招致军界学界奏西乐，唱新编《爱国歌》"。席间，时为张之洞幕僚的辜鸿铭对在座的梁鼎芬感叹："满街都是唱《爱国歌》，未闻唱《爱民歌》者。"梁说："君胡不试编之？"辜当场接招，稍一思忖，就连词成句："天子万年，百姓花钱；万寿无疆，百姓遭殃。"闻者无不愕然。慈禧七十大寿时，有一则流传甚广的讥嘲联语：

> 今日到南苑，明日到北海，何日再到古长安？
> 叹黎民膏血全枯，只为一人歌庆有；
> 五十割琉球，六十割台湾，而今又割东三省！
> 痛赤县邦圻益蹙，每逢万岁祝疆无。

另一方面，新政启动后，看起来似乎颇为热闹，但在实际执行时，各级官员大多敷衍塞责，应付了事。还在 1899 年 10 月 6

日，慈禧召见盛宣怀时就曾抱怨："现今毛病在上下不能一心，各省督抚全是瞻徇，即如州县官，案件尚不肯说真话。"她在世并启动新政时，中央政府的权威尚在；载沣上台后，则大不如前。如果从当时各地督抚的奏折来看，几乎无不表示赞成并认真推行。但事实上，有些督抚实际上并不赞成，曾先后出任广东巡抚、山西巡抚、河南巡抚和两广总督等职的张人骏即是其中的一个。

张人骏之所以对新政多持否定的态度，一是认为推行新政会增加财政开支，势必加重对百姓的盘剥，"然民力竭矣，再加搜括，恐成土崩之祸"，不可收拾；二是认为有些新政措施，如编练新军、成立商会和选派留学等，未必对清王朝有利，称"近日诸如练兵之派，王公铁良之查考，商部之欲派各省商局议员，此等举动，似又欲蹈庚子以前之辙，殊不可解"。

他反对派员留学，认为将败坏人心，助长革命，声称："所谓学成而返，好者不过目的、影响数百新名词，全无实际，否则革命、排满、自由而已。而不惜以数千年圣贤授受之学，三百年祖宗创垂之典，尽弃所学而开辟至今未有之奇祸也。"1907年两江总督端方电告他革命党人徐锡麟在安庆刺杀安徽巡抚恩铭的消息后，他即在家书中说："安徽一案，桥（指端方——引者注）来电，大致已悉。日日言维新，日日言游学，所获效验如此。"

张人骏从守旧的立场出发，不赞成新政，但他久历官场，对各级官吏的昏庸贪婪所知甚多，因而他的一些担忧也并非毫无根据。清末新政的范围很广，包括裁撤冗衙、整饬吏治、修订律例、编练新军、创办巡警、振兴实业，废科举、兴学校等。1905年以后，又增加了许多"宪政"预备措施，如官制改革、设谘议局和资政院、地方自治等。这些举措无不需款，成了清王朝财政的沉重压力。

中央的新政费用向各省摊派，各省的新政费用向州县摊派，最终无不落到百姓头上。一方面是庚子赔款后极严重的财政危机，另一方面则是官吏的津贴、办公费用激增，恣意挥霍享受。以广西省为例：

> 桂省虽库帑支绌，而官场差使薪水极优。各廨署局所总办会办、各学堂监督，每月薪水有四百两、三百两者，至少亦二百两。各局处校所提调科长，每月薪水有一百两、六十两者，至少均百两以上。各项科员股员有一百两者，有八十两、五十两者，至少亦三十六两。各员薪水既厚，复得兼差兼薪，悻入者多，故戏园狎优，酒楼挟妓，宴会征逐。

于是各级官吏上下其手，巧立名目，大肆敲诈百姓，中饱私囊，民众苦不堪言。德国在华传教士卫理贤曾描述："满洲贵族利用当时的混乱为自己谋利益，改革措施争相出台，可是钱花了一大把，却不见有什么实质性的进展。这种状况又在全国内造成普遍的不满，为了对付一个接一个的改革法令，地方官员不得不在当地搜罗钱财。"不仅原有的粮银、盐税、茶税、糖税、鸦片税、印花税等纷纷加重，并且在各省又陆续新增赔款捐、地捐、随粮捐、房捐、彩票捐、坐贾捐、糖酒油房捐、铺捐、纸税、果税、肉税、煤税等名目。"其余各种杂税，省省不同，府府不同，县县不同，名目不下百数千。"

以直隶为例，1903年的《大陆报》上记载："近闻榆关商贾至京者述及滦州、乐亭、丰润等县设立筹款局，将行十五项印花税，并买卖房地税契，应由官纸局购纸，派正副委员稽查。章程极严厉，而蠹役土膏亦因之勾结为奸。无论商农，每以呈验契据为借口，任意搜括。闻有将家长掳去勒赎勒罚者。若此，恐乡民无安枕之日矣。"至于地方官吏的巧立名目、中饱勒索，更是比比皆是，真可谓"豺狼当道，雀鼠为灾，铜山可倾，欲壑无底"。有人描述说："上之人且嗷嗷焉，朝下一令，曰为尔开学堂，暮下令，曰为尔兴商务，彼民者未见丝发加益于吾事，而徒见符檄之惊悒，征敛之无已，房捐、米捐、酒捐、糖捐日加月增，而民已无聊生矣。"

这就使清朝统治者与人民大众的关系，处于更为紧张尖锐的状态。英国外交部档案中的《各驻华领事馆情况报告摘要》载："因兴办和维持警政学堂而增收捐税，显然易使这类革新在许多地方都不受欢迎。"1908年2月28日，芬兰人马达汉在甘肃兰州游历时，明显感觉到当地官民间的对立情绪：

由于害怕引起不满，甚至最有益的改革措施也常常被弃之不顾。例如设想从黄河装一个引水管入城，这是很容易做的事，因为黄河离城很近。但城里约300名挑水工都是四川人，据说四川人比起温顺的甘肃人来说，脾气要暴躁得多。

他们很可能会采取行动来骚扰和攻击衙门。对官员来说，还是避免骚乱为上策。更重要的是，他的三年任期能够平平安安地度过，而不是全省百姓的地位通过有益的改革得到改善。发生一次暴乱，就足以说明他的无能，并毁了他的前程。

户口调查，是预备立宪的基础工作之一，也是现代国家行政管理制度建设的必需。1908 年颁布的《逐年筹备事宜清单》规划：1908 年颁布调查户口章程，1909 年调查人户总数，1911 年调查各省人口总数，1912 年颁布户籍法，1913 年实行户籍法。《东方杂志》刊文指出：

> 清查户口，所以为今日必办之要政者，不仅为教育或禁烟计也，其最大之关系，在使他人编订宪法，组织议会，颁布自治制度之际，预核全国人民，厘定选举区，划分自治制，具权利者几何人，应负担义务者几何人，服役兵事者因是而定，征收国税、地方税因是而剂其平。

各地民众却心存疑虑，"或曰将以抽丁当兵，或曰将以按人勒税"，不予配合并抵制。在推行地方自治过程中，也是弊端重重，有人奏陈："各省办理地方自治，督抚委其责于州县，州县复委其责于乡绅，乡绅中公正廉明之士视为畏途，而劣监刁生运动投票得为职员及议员与董事者，转居多数。此多数刁生劣监，平日不谙自治章程，不识自治原理，一旦逞其鱼肉乡民之故伎，以之办理自治，或急于进行而失于操切，或拘于表面而失之铺张，或假借公威为欺辱私人之计，或巧立名目为侵蚀肥己之谋，甚者勾通衙役胥差，交结地方官长，借端谋利，朋比为奸。"

这就使更多的人从一度抱有某些希望，到希望破灭，从而激起更大的不满。1911年，向来不赞成革命的梁启超感叹："在今日之中国而持革命论，诚不能自完其说；在今日之中国而持非革命论者，其不能自完其说抑更甚！"亲身经历晚清经济、政治变革的辜鸿铭，当时也曾有这样一番耐人寻味的感叹：

窃谓中国自咸同以来，经粤匪（诬指太平天国——引者注）扰乱，内虚外感纷至迭乘，如一丛病之躯，几难著手。当时得一时髦郎中湘乡曾姓者（指曾国藩——引者注），拟方名曰"洋务清火汤"，服若干剂未效。

至甲午，症大变，有儒医南皮张姓者（指张之洞——引者注），另拟方曰"新政补元汤"，性躁烈，服之恐中变，因就原方略删减，名曰"宪政和平调胃汤"。自服此剂后，非特未见转机，而病乃益将加剧焉。势至今日，恐殆非别拟良方不可。

众多爱国者，正是从严峻的现实中进一步扬弃对清朝政府的幻想，进而更积极主动地去探寻救国之路。

综观清末新政的全过程，主政者缺乏通盘考虑，也是败因之一。1902年2月10日，新政开始不久，深知官场实态的清末名士孙宝瑄就在日记中这样写道：

> 夫以数千年弊坏之法，而欲挽回于一日，非有大手段大见识者不能奏功。而今之当轴者，半皆不学无识之徒，所谓力小而任重，鲜不覆也，悲夫！

此番言论，并非虚语。在财政方面，清末新政是一次在国家制度层面涉及广泛的改革，所需费用之巨，不言而喻。御史陈善同当时就曾指出这么多新政改革举措与政府实际财力的脱节："自治，调查户口也，巡警也，审判也，教育也，实业也，何一非亟当筹备者？而按之于势，不能无缓急，即见之于新政，不能无先后。就各事言之，立国以民为本，民有所养而后国本不摇，是最急者莫如实业。实业既兴，必不可不为之轨物以范之，为之保障以卫之，而教育、自治、调查户口、巡警、审判以次兴焉。"同为御史的赵炳麟也直言："从纸片上观之，则百废俱举；从事实上观之，则百事俱废。"他估计，就所需经费而言，巡警费小省200余万两，大省300余万；司法费每省百万两以上；教育费每省百余万两以上。因此他认为推出新政举措，要仔细考虑财政上的实际可行性。力主宪政的端方也在私下感叹："以中国之大，只求一里有两个警察，年已需五万万，以全国岁入，办一警察尚复不够，何论其他！"法国陆军部档案载，当时在北京的法国外交官也提到举措与政府财力的脱节，认为"至少可以说，帝国政府（指清朝政府——引者注）决定速建三十六个师和改组海军，而没有考虑到如何维持每年如此巨大的资金开支，是缺乏一点英明远见的行为"。

一方面是财政拮据，一方面却是借新政想方设法从中牟私利者大有人在。即使是油水不多的办学堂，也不例外。1911年在华游历的美国人罗斯这样记述：

　　没钱请优秀教师，却有钱购买大量昂贵的器材，这看上去真是让人疑窦丛生啊！某所学校的大厅入口处，挂着精致的生物和植物学略图，但是却没有人能讲授这两门课程，也没有人能看懂这两幅图。你还会发现一个物理实验室，里面的设备精良却布满灰尘，老师除了略通电学，对物理的其他方面却一概不知。

　　某个边远省份的省立大学，我看到了好几百个做化学实验用的瓶瓶罐罐，这些都是从东京唯一一家提供这类产品的公司购买来的，然而不到百分之五的瓶子是拆过封的。这些瓶子价值至少1500美元，足以满足我们三个大学实验室的需求。据某些"中国通"说，这种浪费肯定是因为有人在背后拿了回扣的缘故。

　　长江上游某个教育中心，当局以巨大花费跟美国教师签订了一年的合同。合同期满以后，却跟另一个不甚称职的老师签订新的合同，而每次这种轮换，需要发放300美元的旅行补贴。据知情人估计，某些官员从旅行补贴中揩了油水，所以他们才会不停地更换老师。

各地的新式学堂，不乏滥竽充数者。清末曾在成都求学的郭沫若记述，当时他是慕名从家乡来到成都，进入一所很有名气的中学堂，很快大失所望："为我们讲经学的一位鼎鼎大名的成都名士，只拿着一本《左传事纬》照本宣科；国文是熬来熬去的一部《唐宋八大家文》；历史呢，差不多就只是一个历代帝王的世系表和改元的年号表。"西学课程方面，"真是同样的可怜！讲理数学的教员们，连照本宣科的能力都没有，讲浅显的教科书，都读不断句"。他回忆："在当时我们是非常悲愤的，我们当时没有明确的意识，基本上是站在爱国主义的立场。我们自然要痛恨中国为甚么这样的不长进，中国的所谓教育家、一切水面上的办事人为甚么要欺骗国家，误人子弟。"

有人则趁新政各类机构设立之机，想方设法安插亲友，结党营私。即使如留学归来的所谓新派人物唐绍仪也在其列，"一最露骨的假公济私的事，是唐绍仪任命一个康乃尔大学新毕业回国的青年人施肇基为京汉铁路帮办，此人之所以有此际遇，是因为他娶了唐的一个远房侄女。他的岳父是怡和洋行的买办，替他捐了一个道台的官职，因此使他在邮传部里得到了署理参议的职位，他对铁路和铁路管理一窍不通"。曾任沪宁、京汉铁路总办和邮传部左侍郎的唐绍仪，"在海关或铁路或邮传部里的空缺，只要能捞到手的都安插了他自己的亲属或姻亲，或是他的广东同乡。他在邮传部任职期间任命的四百个人中，有三百五十个是他安插进来的"。

新政的实态，于此可见一斑。与此同时，官府对民众的盘剥有增无减。当时许多苛捐杂税是在推行新政的名义下陆续新增的，不少还是由地方官吏以至当地劣绅自行添收的。梁启超曾尖锐地抨击那些贪腐的官员"假新政之名，而日日朘人民之脂膏以自肥"。清廷谕旨也承认："近年以来民生已极凋敝，加以各省摊派赔款，益复不支，剜肉补疮，生计日蹙……省督抚因举办地方要政，又复多方筹款，几同竭泽而渔。"时人感叹："以前不办新政，百姓尚可安身；今办自治、巡警、学堂，无不在百姓身上设法。"正是在这种背景下，各地民众自发地反抗，即习称的"民变"愈益高涨，成为辛亥革命重要的社会基础。

三

应该指出，尽管新政的本意是要尽力维护清皇朝的统治，但在一定程度上反映了近代中国历史发展的客观要求，在社会经济和思想文化教育等方面产生了广泛的影响。

新政期间，由于得到政府的允许和鼓励，各地工商业者具有近代性质的社会组织——商会纷纷成立。以往受传统行会的束缚限制，工商各行之间相互隔阂，鲜通声气，"不特官与商隔阂，即商与商亦不相闻问；不特此业与彼业隔阂，即同业之商亦不相闻问"。1903年，仅上海、开封、芜湖等几个城市组织了商会。1904年年初，商部奏准颁行《商会简明章程》后，规定在各省省城或通商大埠设立商务总会，府厅州县设立商务分会，集镇则设立商务分所。

到 1911 年，除个别偏远省份外，全国各地都相继成立了商务总会、分会和分所。新成立的商会，是工商各业的枢纽性机构。它打破了公所、会馆的行业地域之分，不限籍贯和行业，是联络工商各业的统一组织，亦有助于工商业的发展。以后随着社会矛盾的演化，商会逐渐成为中国资产阶级开展反帝爱国斗争和抗争清朝统治者的重要力量。清末苏州绅商王同愈曾描述："溯查商会之设，始于上海，渐及浙粤，计自设会以来，小而驳斥词讼违章，大而抵制美国工约，皆得收众志成城之效。"

改革教育制度和废除科举后，各地新式学堂纷纷设立。即使守旧者如张人骏等，为其子女的前程计，虽抱怨"允亮中文已成，惜科举已停。不能一试"。也还是接受了新式学堂，先是打算让他的儿子张允亮入学英国传教士李提摩太所办的山西大学堂，认为该校"教习皆系英人，课程虽无中文，而西学普遍似较他处全备"。后因张人骏调任河南巡抚，其子转往北京入了译学馆，学习俄语。

新式学堂在各地发展很快，其中办得较好的几乎都开设了自然科学方面的课程，高等文、法学堂更开设了介绍西方社会学说的课程，这就在人们眼前打开了新的知识天地。清末十年，浙江的新式教育就有明显推进。此前如周作人所描述的："前清时代士人所走的道路，除了科举是正路之外，还有几路岔路可以走得。其一是做塾师。其二是做医师，可以号称儒医，比普通的医生要阔气些。其三是学幕，即做幕友，给地方官'佐治'，称作'师爷'，是绍兴人的一种专业。其四则是学生意，但也就是钱业和典当两种职业，此外便不是穿长衫的人所当做的了。"此种情景，在清末有明显改观。

新政期间，浙江"最低级的学校是初等小堂，每个市镇上都有这种学校，只教中文和简单的算术。进这种学校，必须通过一次简单的考试并保证做个好学生，完成所有的课程。本地还建有高等小学堂，课程相似但要求较高"。夏衍曾回忆他进新式学堂的经过：

> 我八岁那一年（时为1908年——引者注）正月，母亲带我去樊家去拜年，当大姑母知道我在邬家店的私塾读书，就严肃地对我母亲说，这不行，沈家是书香门第，霞轩（我大哥）从小当了学徒，可惜了；又指着我说，这孩子很聪明，别耽误了他，让他到城里进学堂，学费、膳费都归我管，可以"住堂"（住在学校里），礼拜日可以回家。
>
> 大姑母主动提出，母亲当然很高兴地同意了。这一年春季，我进了"正蒙小学"，这是一家当时的所谓"新式学堂"，但是功课并不新。我插班进二年级，一年级学生念的依旧是《三字经》，不过这种新的《三字经》已经不是"人之初，性本善"，而是"今天下，五大洲，亚细亚，欧罗巴，南北美，与非洲……"了。

继高等小学堂后，"接下来就是进入府中学堂，开设的课程有中国古典文学、数学、地理、中外历史、基础科学，此外有英语和日语。从府中学堂毕业后就可进入浙江高等学堂，它设在杭州城，有三名外籍教师任教，课程同府中学堂一样，不过要求更高，而且还附加法语和德语"。当时有人在日记中写道："近来中外学堂皆注重日本之学，弃四书五经若弁髦，即有编入课程者亦不过小作周旋，特不便倡言废之而已。"一些思想守旧者忧心忡忡。1908年夏，时任瓯海关会办委员的李慕勋在一封书信中写道：

> 近见学堂一联，痛切淋漓，足资针砭：大学堂小学堂无分大小；中学堂，学改装，学剪辫，学得不男不女；东教习，西教习，不是东西；华教习，教革命，教流血，教成无父无君。

浙江高等学堂等各级新式学校的设立，为年轻的学子们打开了一个崭新的世界，也为他们提供了较之前人更多的人生和职业选择。陈布雷回忆，1902年他13岁时，在浙江慈溪董宅私塾读书。"其时大哥提倡新学，以自然科学之研究相倡导，又同情于颠覆满清之革命思想"，陈布雷深受其影响。主持私塾的当地名士董子咸、董子宜兄弟亦倡新学，"是时子咸、子宜、去矜、红伯诸先生及大哥等经营出版事业于沪上，输入新书及报纸杂志甚多，董氏斋中堆积盈架，暇辄往取读，尤喜阅《新民丛报》《新小说》《警钟报》《浙江潮》等杂志，有时于夜课向子咸先生借读，翌日午前尽一卷而归之"，思想渐趋激进。曾与同学"组覆满同志社，辟一密室。请画师绘一墨笔黄帝像悬室中，相率礼拜之，且习为革命之演说"。

1904年始，陈布雷先后入学慈溪县中学堂、宁波府中学堂、浙江高等学堂，见识愈广，愈倾向于反清革命主张。他在浙江高等学堂就读时，"以性情气谊相投合者，则为绍兴之沈柏严、吴县之邹亚云、兰溪之胡心猷诸君。常以民族革命之义相勉，而陈君君哲尤激昂，时时以鼓吹种族革命之刊物假阅焉"。该校国文课教员沈士远，"乐与学生接近，同学时时往其室谈话，沈先生常以《复报》《民报》及海外出版之《新世纪报》等，密示同学，故诸同学于国文课艺中，往往倡言光复汉物，驱逐胡虏，毫无顾忌，唯有时以□□字样代之而已"。1911年夏，陈布雷从浙江高等学堂毕业，即去上海任《天铎报》撰述，结识宋教仁、于右任等革命志士，"过从甚密"。武昌起义爆发后，陈布雷"意气凌厉，曾撰《谭鄂》十篇，鼓吹革命"，自此名声大振。

民国年间曾任北京大学校长的蒋梦麟，追忆他在20世纪初叶入学浙江高等学堂，"眼前豁然开朗，对一切都可以看得比较真切了"。他开始读包括英文原版的世界史在内的各类书籍，"所接触的知识非常广泛，从课本里，从课外阅读，以及师友的谈话中，我对中国以及整个世界的知识日渐增长"。时值革命思潮日渐高涨，"浙江高等学堂本身就到处有宣传革命的小册子、杂志和书籍，有的描写清兵入关时暴行，有的描写清廷的腐败，有的则描写清廷对满人和汉人的不平等待遇。学生们如饥似渴地读着这些书刊，几乎没有任何力量足以阻止他们"。

各种新知识的接受，促使这些学生更多地去观察和思考社会、时局。当时杭州"大部分湖滨地区均被八旗兵军营所占，旗营一直延伸到了城内半英里之处"。这些所谓的旗兵，"实际上绝对不是兵，他们和老百姓毫无区别。他们在所谓'兵营'里娶妻养子，对冲锋陷阵的武事毫无所知。唯一的区别是他们有政府的俸饷而无所事事，他们过的是一种寄生生活，因之身体、智力和道德都日渐衰退。他们经常出入西湖湖滨的茶馆，有的则按当时的习尚提着鸟笼到处游荡，一般老百姓都敬而远之。如果有人得罪他们，就随时有挨揍的危险。这些堕落、腐化、骄傲的活榜样，在青年学生群中普遍引起憎恨和鄙夷"。于是他们更倾向于革命，"我们从梁启超获得精神食粮，孙中山先生以及其他革命志士，则使我们的革命情绪不断增涨。到了重要关头，引发革命行动的就是这种情绪"。蒋梦麟追忆："就是浙江高等学堂的一般气氛，其他学校的情形也大都如此。"

高一涵也回忆说："在那时，凡属于小资产阶级家庭的，多借科举为进身之阶。他们都是为应科考而学习，考八股则学八股，考策论则学策论。自废科举设学堂之后，他们进身的道路由科举转到学堂，在学堂中所学的课程则是西学重于中学，科学重于经史。他们看到清廷腐败，国势危急，瓜分惨祸迫在眉睫，非变法不能图存，非科学不能救国，因而都迫不及待地走出私塾，进入学堂，弃八股，废策论而学西方科学，想从西方的自然科学和社会科学中找到富国强兵之道。"一些归国留学生成了新式学堂的教师。据统计，在1907年至1909年江苏省的专门及实业学校的教师中，海外留学归国者有180多人，占教师总数的22%，如果加上中小学和师范学校等，数量则更多。

不少中国同盟会的重要成员，多有这样的经历：先在日本东京参加了中国同盟会，有些还在日本的军校学习了军事，回国后就以各类新式学堂为基地，在这些学堂的教员和学生中发展同盟会会员，再组织和推动这支扩大的力量到新军和会党中开展革命活动。1907年在广州的法政学堂求学并从事革命工作的邹鲁忆述：

当时法政学堂的教员，有几位是日本人，其余却是留日回国的。其中加入革命党的不少，可是实际上始终参加革命运动的，教员中只有朱执信先生，同学中只有陈炯明是同志。因此我三人暗中往来甚密。

我的革命工作，是宣传和联络并重。宣传的对象注重知识分子，联络的对象注重军队，企图把满清政府的武力，化为革命的武力。查那时驻在省城里的清军，分新军和防营两部分。新军驻在城郊附近的嘉塘，里面有赵声同志任标统；下级干部多属小东营陆军速成学堂出身，对革命多表同情，还有新招的学生营，都是富有革命精神的知识青年。所以新军方面，革命情绪颇为浓厚。

我常常利用傍晚憩息的时间，步行十余里到新军营去宣传和联络。当晚上赶不回来，就秘密住在营里，第二天清早再回学校。每逢星期天或假期，便预先约定聚会的地方，绝不放弃一个机会。

至于防营，则分驻于广东各地，官兵多属会党分子，而下级干部中许多是虎门陆军速成学堂的学生。当时会党有一位首领，名叫谭馥，系同志。他在防营里组织了保亚会，用以团结士兵。我结识了谭同志，更去联结士兵。该营长官中如曾传范、何秉钧同志等，都跟我联成一气。所以防营的革命空气，益为高涨。

与此同时，也有一些人回国后，直接到新军会党中从事革命活动。武昌起义发动者之一的刘公，先在日本学法律，后来又学军事。他忆述："革命党派回国的代表，在全国各处的军队里都有朋友当军官，所以他们很容易和士兵接触。即使这些军官拒绝协助，也不出卖朋友，他们和我们代表的友谊很好，因此各省督抚很难抓到革命党人。"武昌起义后，四川宣布独立，各界人士聚会庆祝，当时正在成都求学的郭沫若目睹："校场正中搭了座临时的舞台，舞台上簇拥着不少的革命党。革命成功以后的革命党人真是不少！平常我们时常看见的官班法政的教习、绅班法政的教习，乃至有许多穿军服、带指挥刀的，原来都是革命党人。"

前已述及，清朝政府为了编练新军，曾在国内举办了一批新式的军事学校，包括陆军小学、陆军中学、讲武堂、军官学堂等。有学者指出，清末各省练兵给有志有才但家境清寒的青年带来了上进的机会。于是他们投入新式的陆军学校，例如陆军小学、速成学校之类，有一些去日本军事学校留学。"不久，在中国的新军中有了两种军官：行伍出身甚至连字也不认得的军官；军官学校训练出来的军官。一般说来，在北洋军系之中，留日的军官比较少，留日而升为师长旅长的更少。在各省的新军之中，留日的和留日军官训练出来的学生比较多。"据新近披露的清末"某军官才学证书"载，该军官"数学特彼之长技，理化学之素养亦不浅"。

北洋新军则有所不同，"袁世凯所练北洋陆军，其干部培育与训练，皆出自己部队之内，不用外来之人，故其陆军中鲜有革命党人渗入"。当时归国的同盟会会员中，有不少是日本士官学校毕业的学生，也把各省新设的一些军事学校及组建的新军，作为其活动基地。如辛亥革命后曾任浙江都督的蒋尊簋，"自日本学陆军归，成立新军二标，蒋为标统，二标之官兵皆征自民间，多识字受教育者，亦有塾师投笔应征，甚为当时所重视，二标成立之日，杭州各学校学生齐往梅东高桥举行盛大之欢祝会"。

当时国内新式学堂包括新式军事学校的大量建立，新式学堂学生人数的迅速增长，使得革命派在国内的社会基础大为扩大。他们逐渐成为一股新的社会力量，在革命斗争中扮演着相当活跃的角色，发挥了重要的先锋冲击作用。这些却又是清朝政府所未曾料及的，也令它追悔莫及。1903年，清廷曾惊呼："据称有上海创立爱国会社（指蔡元培主办的爱国学社——引者注），招集一群不逞之徒，倡演革命诸邪说，已饬查禁密拿等语。朝廷锐意兴学，方期造就通才，储为国用。乃近来各省学生潜心肄业者固不乏人，而沾染习气肆行无忌者正复不免。似此猖狂悖谬形同叛逆，实为风俗人心之害。著沿海沿江各省督抚押将此等败类严密查拿，随时惩办。"清廷的这种对外卑躬屈膝，对内凶相毕露与人民为敌的基本态度，始终顽固坚持。越来越多的爱国者，包括那些最初并不主张革命而倾向于改良者,硬是被它推到了对立面。

另一方面,官场腐败愈演愈烈,清末大臣那桐曾负责监修某项工事,与他共事的同僚对公然收受贿赂尚有顾忌,那桐竟反加嘲讽,自称:"你是个大姑娘,贞节要紧,我则早非完璧,不在乎此矣!"难怪在武昌起义后,清廷行将崩溃时,隆裕太后面对众王公大臣哀叹:"予三年中深居宫中,不预外事,一般亲贵,无一事不卖,无一缺不卖,卖来卖去,以致卖却祖宗江山。"言至此,失声大哭。

广大民众的生存状况,则普遍窘困。新政期间,货币超量发行,全国范围内银贵钱贱,物价连年上涨。清末十年的海关报告载:"1904年各省铸币厂开始铸造'当十钱'铜元,但这些铜元的含铜量很快就不足它最初标记的标准,加之大量超额发行,不久就贬值了。现在这种铜元已经是当地人民实际使用的货币,只是支付价值仍然用铜钱计算,但它的价值已经远不足最初10两上海申公砝平银额定铜元枚数的价值了。1905年1月,申公砝平银每10两1158枚'当十钱'铜元,12月每10两1440枚了,1910年则不少于1847枚。"并指出:"可患的是各省铸币厂纯粹为了增加收入还超量发行银辅币,结果同样严重贬值。"

在苏州,"从1902年起,无论本地铸造或进口的铜元,都严重贬值。1902年,88枚铜元兑换1银元,1911年时,1银元则可兑换132枚铜元了";在西南边陲的思茅(即今普洱),1904年,880枚铜钱兑换1两思茅市银,此后则一路攀升,"直至达到了1911年的最高值,2300枚铜钱兑换思茅市银1两";在云南的腾越，"铜钱贬值非常严重，1905 年，980 枚铜钱兑银 1 两，而目前（指 1911 年—引者注）则是 1700 枚铜钱兑银 1 两"。铜钱是当时广大民众日常生活中通用的主要货币，它的一路贬值，意味着百姓日常开支的陡增，生活愈加艰难。他们所受的各种压榨，却有增无减。1910 年 9 月 1 日，素来谨小慎微的天津各行商直言痛陈：

> 自我国厘定捐税以来，所有税则捐例，时时更张，日日增益。其尤最者，由庚子至今，无而有之，轻而重之，或加倍蓰，或加十余，世之所有，人之所需，无一物而无捐税者。于是税法纷纭，捐章扰攘，捐税日巨，货价日昂，人民涂炭，商贾咨嗟……近今各行省之变乱，几于再厉再接，而湖南之长沙，山东之阳，或饥民求食而酿成地方之剧变或苛捐激变，而致成烈火之燎原，此等之恶剧，尚不知伊于胡底也。

1911 年的辛亥革命正是在这样的社会背景下发生发展。它深刻地反映了清皇朝统治的总体危机和民众对它的失望、怨恨和唾弃。包括新政在内的其种种"自救"举措已无力挽回大局，而代表着当时中国社会前进方向的辛亥革命，就在这一历史过程中孕育、生成和爆发。无视或曲解这些史实，都是不可取的。

（选自中国社会科学院近代史研究所编《辛亥革命与百年中国》，

社会科学文献出版社 2016 年版）

王权衰落与地方主义

金观涛　刘青峰

地方主义的兴起

晚清地方主义最有代表性的事件是 1900 年庚子事变时的"东南互保"。

戊戌变法失败后，义和团反洋教运动是儒臣意识形态认同危机大爆发的导因。这在儒臣对中央和地方关系上表现得最为急切。当时，八国联军攻势凶猛，而慈禧太后草率对外宣战，她相信中央致各省督抚"保守疆土，接济京师，联合一气，共挽危机"的通谕，可以调动地方勤王之旅。但是，两江总督刘坤一收到勤王救驾命令后，却先去和盛宣怀及居住在南通的状元张謇商量。张謇认为保国必先保东南，即保家乡，刘坤一大为赞同。接到盛宣怀电报后，张之洞、刘坤一决定东南互保。这种做法立即得到十三个省的响应。刘坤一（两江总督）、张之洞（湖广总督）、李鸿章（两广总督）不但不挥师北上护驾，反而协商与各国签订

"两不相扰"的互不侵犯条约。这种在国防军事行动上抗拒中央指令，在外交主权上擅自做主的非分之举，在传统政治体制中是不可思议的。用胡春惠的话来讲，"这些省份俨然已非清帝国辖下省份，而是各自独立的列邦"。在儒家国家学说中，保国与维护大一统在意识形态上是画等号的，当中央皇权受到威胁时，发兵勤王、保卫中央就是保国。儒家社会观受到冲击，儒臣所认同的中央与地方关系就处于混乱状态。张謇和刘坤一的思想反映了意识形态认同危机使他们做出和历代儒将忠君勤王完全不同的举动。

张謇认为爱国应先爱其家乡，家乡不能自保时就不能发兵勤王。当时这样的思想十分普遍。1902 年欧榘甲在《新广东》一文中就这样论证："爱国者，不如爱其所生省份之亲，人情所趋，未可如何也。"杨守仁 1903 年在日本印行的《新湖南》中，更是慷慨陈词："湖南者，吾湖南人之湖南也。铁血相见，不蹩不竦，此吾湖南人对于湖南之公责也，抑亦吾湖南人对于汉种之公责也。"从爱乡推及爱省，然后才是爱国的思想方式，正是大一统国家学说认同被破坏、儒生从儒家亲情出发来理解新的中央与地方关系之表现，它无疑是地方将领在中央危难时发动各省自保的基础。因此，意识形态的认同危机，使地方主义成为清末普遍潮流。正如胡春惠所说："省已成为牢不可破之地域意识。"当时梁启超大力鼓吹湖南自立，认为在大清帝国无法抗拒列强瓜分中国的条件下，"腹地一二省可以自立，然后中国有一线之生路"。孙中山认为中国面积相当于有众多国家的欧洲，各省也应有独立的自主权。所有这一切都证明意识形态认同危机虽推动清廷新政，但两千多年来牢不可破的大一统信念却在瓦解之中了。

一体化上层组织是以皇权为核心的大一统中央政府。意识形态认同破坏在打击大一统中央政府的同时，也削弱了皇权的合法性，中国出现日益严重的权威危机。王亚南在对中国官僚政治的研究中指出：封建社会皇权有三大支柱，第一个是亘古不变之天道（它基于哲学观）；第二个是大一统思想（它是社会观）；第三个是儒家纲常教义（它来自把国家看作家庭同构的意识，即儒家伦理的延伸）。哲学观和社会观发生认同危机，皇权意识形态支柱由三条减为一条，权威合法性基础大大减弱。即使儒家伦理继续成为皇权合法性的基础，但清朝是一个少数民族政权，它能否代表儒家伦理纲常所说的道统是可能发生争议的。自1901年意识形态认同危机摧毁皇权在社会观和哲学观上的合法性支柱后，认为清朝无权代表中国道统的观念便抬头了。很多知识分子已经不再相信盛行一时的"保种必先保教，保教必先保国""保国必先保大清"的说教了，以孙中山为代表的革命派应运而生。1905年8月，孙中山领导的同盟会在日本东京成立，明确提出"驱除鞑虏，恢复中华"，不承认清朝在道统上的合法性。当时梁启超办的《新民丛报》和同盟会机关报《民报》展开大论战，争论的实质正是清朝在道统上是否具有合法性的问题。梁启超持立宪派主张，认为中国的危机在于社会制度，而不在于满清统治，因此主张进行政治、经济制度的全面变革，而不提倡推翻清廷的革命。《民报》的汪精卫、朱执信认为：自满清入关后，中国已亡，清王朝不具有道统上的合法性，而且清廷为贵族政府，满人没有立宪能力，中国要推行社会改革，就必先进行种族革命。1902年4月26日，为纪念南明永历帝覆亡242周年，著名知识分子章太炎、秦力山等人发起大型纪念会，在日本留学生中引起巨大震动。邹容更明确指出"欲御外侮，先清内患"，以极大的热忱写了《革命军》，呼唤推翻清廷的天翻地覆的大革命。陈天华则斥清政府为"洋人的朝廷"，并以自杀来抗议清廷卖国。

我们可以看到1901年后有一种有趣的文化现象：宣传西方政治哲学、文化学说的名著，如卢梭的《民约论》（通译《社会契约论》）、赫胥黎的《天演论》居然与鼓吹反清复明和抵抗外族的民族英雄史可法、郑成功、文天祥、岳飞的书刊同时风行。它十分形象地反映了意识形态认同危机是如何消解皇权三个基础的。西方学说可以作为中国正统意识形态的社会观和哲学观受动摇后的替代品，并进一步消解皇权的两根柱石。而当儒家伦理纲常仍作为皇权的第三根支柱时，能动摇它的只能是排满种族主义和传统汉民族正统观念。将排满种族主义与西学结合的代表人物是章太炎。虽然宣传排满复明、以汉民族为道统和推崇新的西学如此不协调，但它们却能随意识形态认同危机扩大而兴起，与西学互相激荡，成为冲击清王朝统治合法性之潮流。我们可以用革命社团发展为指标，来刻画意识形态认同危机如何动摇以皇权为核心的一体化上层组织。革命社团随意识形态认同危机的出现而产生，在意识形态认同危机发展中不断高涨，它如同越来越多的小地震，震撼着一体化上层组织的大厦。

旧体制的自我摧毁

仅仅用意识形态局部认同危机动摇了一体化上层组织之基础，并不足以证明王权必然被推翻。因为，局部意识形态认同危机仅波及哲学观和社会观，尚未触动意识形态的核心——儒家伦理，纲常名教仍作为皇权基础，一体化上层组织虽被削弱，但还没有到非推翻不可的地步。排满革命派只是少数，社会组织者的绝大多数是立宪派。立宪派多达数十万人，他们要求清王朝雷厉风行地推行新政，承认清廷道统的合法性。一体化的解体，主要是因为学习西方社会政治经济模式被纳入官方指导改革的蓝图，造成了一体化结构的第一重调节机制的破坏。本来，清政府对社会的调节方向是由历代太平盛世经验概括而来的"仁政"模式所规定的，而现在新的社会政治经济模式进入官方意识形态，一体化调节方向不再服从"仁政"，而由向西方学习的目标所规定，调节方向来了个一百八十度转向，这才是加速一体化组织自身解体的主要原因。

如果我们去分析 1905 年前后清廷实行新政的各方面内容，确实可以看到，在经济意识形态和政治每一个领域中，它和传统"仁政"方向恰好相反。"仁政"对经济结构的调节是重农抑商，这不仅是控制商品经济发展防止土地兼并之措施，还使社会组织者儒生尽量少受商业污染，而他们的社会生活主要领域在农村则是一体化上层组织和中下层组织能有效接口的保证。现在，以小农经济为基础的传统耕读社会，不再是意识形态所主张的理想模式，中国必须学习西方发展工商业，重农抑商一下子转变为鼓励新式工商业。1903年4月，清廷派载振、袁世凯、伍廷芳制定商律，俟商律编成即设商部。各大中城市纷纷成立商团、商会。1903年年底，商部奏准颁行《奖励华商公司章程》。清末的重商主义在中国历史上是史无前例的，从它对商人的奖励政策就可见一斑。重商主义运动在1906年10月达到高潮。清廷商部（一个月后改名为农工商部）颁布了勋商章程，依据投资现代新型工业的数额大小，分别封授不同等级勋号和官阶品衔。凡投资2000万元以上者，不但可以被封为一等子爵，还可以当农工商部的头等顾问，并赏一品顶戴及双龙金牌。投资在80万元以上、30万元以上、10万元以上者，分别授予三品、四品、五品衔。当年曾国藩以平定太平天国之功，只不过封了个一等侯；李鸿章办了半辈子洋务，仅仅是一等伯。可见，传统的以官抑商，一下子转变为以官位等级奖励商人投资了。这与历史上封建王朝末期盛行的卖官鬻爵根本不同。卖官鬻爵是商人把钱给国家以交换官位，以解决国家财政危机，而清末新政商人的投资仍属于他们私人，它是一种鼓励商业资金向新型产业转化的重商主义政策。

一体化调节方向之转向在意识形态方面的表现就是兴办新学堂。众所周知，"仁政"在思想意识上的表现除了表彰孝子、节妇外，主要是重视以儒学为内容的传统教育和对社会的教化。据张玉法统计，19世纪末以前山东省各县的私塾达数千家。农村历来是培养中国知识分子的基地，现在必须在城里办新式学堂。据说戊戌变法时光绪皇帝提出改寺观为新学堂，结果连北京菜市口卖菜的老头儿都破口大骂："自古的寺观如何能改为学校？"其实，改寺观为学校大约是康有为等知识分子煞费苦心想出来的。熟悉十三经、背诵孔孟圣人之言的儒家文化教育是可以通过私塾来实现的，但教授科学、经济等分科甚细的专业知识则必须把学生集中到新学堂去。学堂一般只能设在城里，利用寺观或其他公共场所。

20世纪初清廷新政的一个重要内容就是兴办新学堂。清廷规定每个省府一定要有中等程度的新学堂，凡县城必设初等程度学校。在传统体制中，也存在为儒生进一步深造而设立的书院及其他教学机构，但它们的数量不多，只是分散于广大农村儒学教育之点，整个意识形态教化、精英分子的培养都以农村为中心。现在一切都倒了过来，新式教育变为以城市为中心。

政府调节方向逆转最重要的表现，就是1905年正式废科举。本来科举制是以儒家意识形态为标准选拔社会精英的制度化保证，它是维系一体化组织以乡村动员（组织）为中心的重要制度。当儒家文化教育基地以农村为中心，知识分子由私塾、家庭教育培养时，以乡试作为考试基本单位的科举制是完全与这种教育制度配套的。意识形态的哲学观、社会观发生了改变，西方科学知识社会政经制度成为培养精英的重要内容，知识分子是由城里新学堂培养的，清廷虽然坚持选拔具有统一意识形态知识分子为官员这一原则，但是以会试、乡试为制度，以八股为内容之科举制明显地不能与此配套，也不再适用。科举制的废除势在必行。

分析废科举的过程，可以看到意识形态内容和选拔意识形态精英的方式存在密切的对应。早在1822年，龚自珍就撰文攻击科举制是"万喙相因"的鹦鹉学语式的教育，使天下读书人"心术坏而义理锢"。鸦片战争后，王韬、郭嵩焘等有识之士提倡西学，但对科举制不可能有丝毫触动。王德昭指出："大抵初期的主张改革者所注意的不在制度本身，而在考试的内容。"只要一体化组织存在乡村组织中心，科举制就不可能改。就连李鸿章这样举足轻重的大官想对科举制做点滴改良都行不通。当意识形态发生变化、知识分子由城市新学堂培养时，为了建立以新学堂培养人才为国家官吏的制度，废科举的改革就势不可当。1903年清廷颁布了张之洞拟定的《鼓励游学毕业生章程》，将中西混杂的近代教育制度中的学生、留学生等与科举制下的功名一一做出对应。如在外国读到博士学位的可得到翰林阶，大学学士与翰林相当，大专文凭相当于进士，高中毕业相当于举人，普通中学毕业相当于拔贡……到1905年9月2日，"清廷接受袁世凯等人的吁请，谕令立即停罢科举。此一立停科举之诏……最后结束了中国漫长的科举取士的传统"。

　　我们看到，在一体化组织方式中，意识形态是政治结构设计的蓝图。一旦出现意识形态认同危机，西方哲学和社会制度模式进入原有意识形态的社会观和哲学观，就会导致一体化结构调节方向的巨大变化，产生一系列不可估计的社会影响。

绅权与王权的对抗

绅士城市化带来的两个长期效应，并非当时就显示出来了。我们之所以勾出其主线，是便于读者理解一体化解构造成中国 20 世纪最初二十多年社会变迁的背景，和超稳定系统在对外开放条件下的进一步行为模式。现在我们要回到本文的中心，讨论绅士城市化如何在短时间内表现出最强大的冲击力，这就是绅权进城后和官僚机构相对抗，它成为推翻清王朝、瓦解一体化上层组织最重要的社会势力。

今天人们一提起推翻清王朝，就会想起孙中山一次又一次锲而不舍的武装起义。人们常常会感到奇怪，为什么孙中山多次组织严密的举事全部失败，被清廷轻而易举地镇压，但和同盟会中央领导组织关系不甚密切的武昌革命却推翻了清王朝？一些历史学家认为，革命团体的增加和对新军渗透是辛亥革命成功的重要原因。但是，这个因素并不一定是关键性的，相反，1908—1910 年革命团体组织数反而比 1907 年有所下降。实际上，清王朝瓦解的一个重大原因是 1909 年在全国各地成立谘议局。

表面上看，各省地区的谘议局是清廷新政中模仿西方政治制度成立的地方议会组织，但很大程度上它却是城市化绅士把原来乡自治那一套传统带到城里。按照谘议局章程的规定，凡属本省籍贯、二十五岁以上的男子，符合下列条件之一即有选举权：（一）在本省地方办学务及其他公益事务满三年以上并卓有成绩者；（二）在国内外中等以上学堂毕业并获文凭者；（三）有举贡生员以上之出身者；（四）曾任实缺文七品、武五品以上未被参革者；（五）在本省地方有五千元以上之营业资本或不动产者（非本省籍贯，寄居满十年以上，如有一万元以上的营业资本或不动产者亦得有选举权）。这些条件固然使受过新式教育的知识分子与资产者得以参政，但更主要的还是为那些拥有功名的绅士大开方便之门。据张朋园对全国21省的1643名议员身份的统计，约80%的议员具有传统功名，其中进士占4.35%，举人占21.27%，贡生占28.73%，生员占34.78%。当时全国绅士总数为145万人，正好与有资格参加选举的登记选民167万人大致相近。而选民占总人口的比例仅为0.42%，与历史上绅士总人口比例十分相近。清廷决定谘议局议员名额时，也是以科举取进学额的5%为标准。选举过程与公民投票不同，更像传统的推举。很多地方是指导投票，"名为民选，实自官派"。由此可见，充当清末立宪运动的发起者、参与者大多为绅士。正如李国祁所评价的那样，这种现象本质上是中国传统社会绅权之扩张。谘议局实际上是城市化绅士建立的组织，他们企图把原来在县以下乡村的官绅合作自治的模式搬到城里，建立自己的政治共同体。

要知道，在一体化结构中的上、中、下三个层次组织中，上层官僚机构一般不代表地方利益，皇帝对县官有任免调动权，县官的高度流动和不在原籍做官的回避制度，是防止官僚机构变为地方利益代表的措施。而一体化中层乡绅自治从来都是代表地方利益，并与中央国家利益尽可能协调的。在绅士城市化之前，即使地方利益和中央利益发生冲突，绅士自治只能代表县以下地区，组织程度也不高，地方利益不可能和中央利益直接对抗。绅士城市化则把绅权扩展到府城和省城，在各地建立的各级谘议局，马上使得有个机构来代表各地地方利益。有些学者把谘议局看作地方利益的具体化。其实称其为地方利益的组织化和扩大化也许更为妥切。它带来两个后果：首先，原来潜伏在民间没有组织的地方利益和中央政府之矛盾转化为一种体制内的对抗——谘议局和政府机构冲突；其次，一旦中央政策损害了一省或数省绅士的利益，谘议局就会带动社会掀起反中央政府的群众运动；它和革命党配合，摧垮本来已十分脆弱的中央政府。辛亥革命之所以成功，并很快得到各省响应，正是绅士城市化后，地方势力合法化并在体制内和中央王权冲突的符合逻辑的展开。

谘议局一成立，我们就可以看到它经常和政府意见不一致。谘议局是由传统官绅合作模式改进而来的，官绅合作基础是意识形态认同，意识形态认同遭到破坏，谘议局只有在地方利益与一体化官僚机构所代表的中央一致时，才会与各级政府机构合作。耿云志考察了山东省谘议局第一届常委会后议案的执行情况。在被调查的六项议案中，只有维持银号钱业案执行得较好，其余议案执行情况都很差。很明显，执行较好的议案正因为是维护了地方绅士的利益。在大多数场合，地方绅士和中央政府利益并不能一致，冲突越来越厉害。

1910年，浙江省铁路总理汤寿潜因维护地方利益被清廷下令革职。浙江省谘议局便以"停议待旨"的方式上书中央，与中央抗争。理由是，"事关本省权利存废事件，应在谘议局权限之内"。这种由谘议局出面为地方利益向中央抗争的局面，是中国历史上极为罕见的。谘议局与清政府不合作甚而抗争分权的行动，刺激了清廷在立宪改制名义下加强中央集权。1910 年 11 月各省督抚与谘议局联合吁请中央尽速颁布宪法，组织内阁。1911 年 5 月，清廷匆忙推出满八汉四（另有一蒙古人）的"亲贵内阁"，6 月谘议局联合会便呈请另组内阁；7 月，更指责皇族内阁不符合君主立宪公例。中央与地方的矛盾白热化了。正好在这种关头，中央政府将原来决定官督商办修建铁路事业的权力收回，改作国家办理，它一下子触动了全国绅士的经济利益，辛亥革命爆发了！

只要我们去追溯 1911 年武昌起义整个过程之因果链，就可以发现它起源于 5 月的铁路风潮。其原因是绅权与中央政府因经济利益冲突出现了全国性对抗。在推行新政中，清廷要修建铁路，而国家又无经费，不得不允许绅商投资商办。1904 年四川总督锡良奏请清廷批准绅商自行筹资修建自成都到宜昌的铁路。但 1911 年清廷决定向英法德美四国借款来办川粤汉铁路，把原来批准由四川商办的铁路，收归由国家兴办。消息传到四川，顿时群情激愤，全省绅士大哗。像修建铁路这样大的事业本非个别绅士所能投资，因此四川官督商办建铁路，已由绅士按占田多少强迫认购铁路租股，即凡有一亩田能收租的人全是股东。铁路国有化立刻造成了四川全省绅士和中央对抗。省商会联名公开发布通电，宣称清廷如不废除借款合同，路事风潮"万无有或息之一日"。

据亲自经历这一事件的周善培回忆，铁路公司召开会议商量对策时，到会的有千余人，人们流着眼泪说"铁路完了，四川也亡了"，连维持会场秩序的警察也丢了警棍，伏在桌子上大哭不止。各地纷纷成立保路同志会，四川地方政府准备服从中央决定，但绅士一致认为"本省权利兴废事件要交谘议局通过"，没有谘议局认可，四川铁路收归国有便不合法。一时间，四川绅士派代表到北京，跪在地安门外要求和摄政王对话。中央政府拒绝对话，将代表解回原籍，四川绅士商人以罢市抗议，引发了轰轰烈烈的保路群众运动，家家户户供光绪皇帝牌位。四川绅民准备宣布独立。中央政府极其惊慌，派端方带湖北驻军入川镇压，造成武汉空虚。结果出现连锁反应：农历八月十九日武昌新军起义，九月初一日，湖南、陕西独立，初二日，九江独立；初四日，广州将军凤山被刺；初八日，山西独立；初九日，云南独立，初十日，江西独立……

辛亥革命之所以能够成功，其关键不仅在于革命党人奋不顾身的武装起义，更重要的是它引起各地地方政府的连锁响应，否则单单一个城市或省份少数革命党人的武装起义以及少数新军反中央，是很容易被镇压下去的。我们如果不囿于具体事件细节而宏观分析清王朝被推翻机制，就可以看到革命党起义只起到点火作用，而使火势蔓延最后成燎原之势的则在于城市化绅士领导和推动的城市群众运动。当时除少数省出现军事冲突外，大多数省均"和平独立"，脱离中央政府控制。在最早宣布独立的12个省中有10个省的谘议局都担当了发动、组织者的角色。因此，辛亥革命的本质是城市化的绅士与革命党人联合摧垮王权，也是一次地方分权运动。

从 1900 年庚子事变后清王朝不得不实行新政开始，到 1911 年清王朝灭亡，整个社会结构演变虽然复杂，但我们却可以看到一条主线，这就是历史变迁遵循着意识形态认同危机和经济政治改革在互动中破坏一体化结构之逻辑。由意识形态认同危机而触发的政治经济改革，虽然促使了经济的现代化、大城市的兴起、自由资本主义的出现，但就社会整合而言，只能带来一体化上层组织的解体，它使得社会整合危机在社会初步显现，并反过来再次推动意识形态变迁，促使全面意识形态认同危机爆发。这正是从辛亥革命通向五四新文化运动的道路。

（节选自金观涛、刘青峰《开放中的变迁：再论中国社会超稳定结构》，法律出版社 2011 年版）

被误读的晚清改革

【澳】雪　珥

一、地方离心造成政权瓦解

几乎所有的史料都证明了：清王朝、几千年的帝制在那武昌城头一声炮响，在几个潜伏在军队当中的会党一闹事之后就土崩瓦解了，王朝就毁了。

为什么几个潜伏在军中的帮会势力一闹事儿，一个王朝就垮了？因为国家本身已经四分五裂。清王朝这么庞大的一所房子，它的基础已经被掏空了。不用强烈的地震，只要稍微有点风吹草动它就有可能垮掉。造成这一切的原因，并不是我们一直说的其改革不彻底，恰恰是因为它改革太快了，超速翻车。传统史家通常不认可这种观点，或者说有意回避这种观点。

政治体制改革的核心是什么？是权力的再分配。大家都认为，当权的人应该把权力释放出来，但权力分解后是不是就能出现彼此制衡、大家都有发言权呢？未必。

放权有两个不同的路径，一是中央政府向地方放权，一是对过度庞大的行政权力进行约束，将其中的司法权、立法权剥离出来，互相监督。晚清的立宪改革，思路是非常清晰的，它的目标是建立三权分立。中国最大的特点，就是行政权一权独大。地方的知县、知府，所谓的父母官，既掌握行政权，又掌握司法权，甚至某种程度上有一定的立法权。宪政改革就是要对这种行政权进行约束。但在实践过程中，其日益成为中央政府向地方的放权，从一个中央政府的"大集权"变成18个行省的"小集权"，行政权还没有受到足够的监督，反而造成了行政权上的一种分离主义倾向，地方日益离心，最为宝贵的中央政府权威就这么丧失了。

二、保路保的是什么

在当时大清国那样的财政状况下，一穷二白，改革和发展都需要国家有相当程度的集权，中央财政、地方财政、民间财富不应该再分散。在这点上，最典型的就是铁路的建设。到了1909年宣统年间的时候，所有的人都意识到要想富先修路，这个富既是带动地方的富裕，也是带动建设者自己的富裕。中央政府此前就顺应民意，允许铁路大量民营。但事实证明，铁路的民营造成了国家财富巨大的浪费，出现了很多"死路""僻路"，更关键的是造成了效率低下、贪污盛行。

引发辛亥革命的导火线就是四川的保路运动。保路运动喊的口号是不让路权流失给老外，实际上它真正和中央政府争执的是：民营的四川铁路公司有300多万被老总拿到上海炒股票亏了，他们要求中央政府在收回铁路时，拿财政来补贴这个损失。盛宣怀坚决不同意，反驳的文书中就说，中央政府拿的钱是全民的钱，我们没有能力、没有权力来补你的窟窿。民营的17个铁路公司基本都是乌烟瘴气，都比原来的国有企业更腐败，因为没有人监督它。国有企业至少还有官方的纪检机构盯着，虽然它形同虚设，但"有一点"总比"什么都没有"要好些。民营企业什么监督机构都没有，就是那么几个领头的人说了算。

四川公司和中央政府谈不拢，董事会就要折腾，他们高高举起民族主义的大旗，骂中央政府卖国，把路收回去是卖给老外。其实中央政府是借外资来推进铁路国有，但这就成了卖国。川路的股东很多是地方的小地主，不明真相，为自己的血汗钱着急，加上革命党利用这机会，派人到四川去把水搅得更浑。朝廷只好从武昌把端方的新军调到四川去镇压，造成武昌空虚，暴动就成功了。

三、权力下放要刹车

清代的放权是从什么时候开始的呢？是从太平天国运动开始的。当时所有的人都认为，大清王朝这下子可能撑不住了，南方有太平天国，北方有英法联军，真的叫"内忧外患"。咸丰皇帝又死了，两个寡妇加一个年轻的亲王，三个年轻人，恭亲王最大，也才 28 岁，慈禧 26 岁，慈安 24 岁，三个年轻人顶起了整个王朝的基业。他们最终把内忧外患都处理好了，还开始洋务运动，把政权巩固下来。

但是在镇压太平天国的过程中，中央政府除了权力外别无资源，只好放权让曾国藩他们自己征兵，就地筹粮筹款，这就造成太平天国打完了，军队方面尾大不掉的局面——大量财权下放后，中央政府手里的砝码严重不足。

到了 1909 年的时候，中央政府一方面继续下放权力，另一方面在地方搞分权，把司法权、立法权从原来的省长手中分割开，在各个省建立谘议局，选举产生一些地方领袖来与地方官员形成制衡。各省谘议局成立之后，不断与地方衙门闹矛盾。当时中央政府是一边倒地支持议会。地方的长官也是人精啊，混到总督巡抚的，那都是人中龙凤，他们马上就看明白了，纷纷向议会靠拢，宪政的旗子举得比谁都高，民主的声音喊得比谁都响。于是各省行政长官开始与议会"共和"，这下子中央政府就被动了。这就像《三国演义》一样，中央政府是一方，地方行政长官是一方，地方议会是一方。地方行政机构和议会合流后，不断向中央政府要政策。

在这样的情况下，中央政府权力越来越分散。改革和革命最大的区别就在于，改革需要有权威的保障，如果没有有力的行政资源去保障，你这改革措施怎么推行啊？晚清政府用自己权威资源的放弃来换取改革的推进，最后事与愿违。中央政府放了很多的权力给地方，最终地方拿这些权力进行富国强兵的改革了吗？

最终的情况是 18 个行省变成 18 个独立王国。所以我个人相信，晚清的改革失败恰恰不在于国民党后来所说的太慢了，而是太快了，导致失控。

四、知识分子的救国方案

1840 年之后，很多知识分子孜孜不倦地探求救国的道路。魏源和他的《海国图志》，我们现在都知道，但是，在当时的中国，《海国图志》根本就不是畅销书，很多人都没听说过。日本有一个改革者叫作高杉晋作，是明治维新时著名的骑兵队队长。这个人 23 岁时（1862 年）第一次到了大上海，逛书店要买魏源的《海国图志》，书店老板没听说过。《海国图志》当时在日本是畅销书。他又要买陈化成、林则徐的兵书，也没有。老板给他推荐《佩文韵府》之类。人家要买救国救民的书，我们却推荐那种高考指南、公务员指南之类。于是高杉晋作又对书店老板谈起国家大事，老板依然表现出对任何夷狄很不屑。这事对高杉晋作刺激很大，他感叹中国知识分子陶醉于空言，不尚实学，"口头尽说圣贤语，终被夷蛮所驱使"。而他的使节团中的下层武士峰洁，在沪上目睹清军状态后，便声言："若给我一万骑，率之可纵横南北，征服清国。"

大清国的知识分子的确提出了一些救国的方案，但中国人的特点就是药方满天飞、神医遍地走、谁也不服谁。

在那样巨大的外部压力下，中国知识分子本应该成为社会的稳定力量和引导者，却全然乱了阵脚，非常浮躁，搞什么都是"大跃进"。每个人都宣称自己找到了真理，只要听我的，中国就立马得救。这样浮躁，相互就开掐，救国的路线之争最后成了野心和权力之争，雅的、俗的，无一例外地成了痞子。

五、康梁式的"改革派"

主流史学家都认为康梁二人是改良主义者，而主导晚清改革与开放事业的恭亲王却在临终前再三叮嘱光绪皇帝：要远离康梁。

有关康梁的早期改革，我们得到的材料很多是假的，是康梁出国后伪造的。

康梁为了在海外获得市场，刻意将慈禧太后和光绪皇帝描写成后党与帝党的对立，一个是保守的、腐朽的，一个是改革的、进步的，以便为自己加分。在他们逃亡初期，日本、英国的外交官就向国内报告，康有为没有他自己说的那么重要，基本是忽悠。两国当时的态度无非就是先收留，不定哪天就能作为对中国政府打出的一张牌。

康梁到了海外不稼不穑，那就想办法圈钱。康圣人就伪造了一个衣带诏作为道具，高喊勤王，动员华侨捐款。当然，也动用帮会手段，比如，当时两广在吸纳华侨资金回国投资，但华侨回国投资必须先获得康有为的同意，"未入党不准招股"。只要没经过保皇党的认可，任何人回国投资就成了"叛逆"，而不给保皇党上贡则会被当作"入寇"。他的同志叶恩后来就公开揭发他，"视美洲之地为其国土，美洲华侨为其人民，华侨身家为其私产"。

筹到的钱都拿来干什么了？我们只知道康有为逃亡出去时身无分文，后来就成了富豪，在全球到处投资地皮。他在杭州西湖边买下地皮，还娶了一个年龄足以当他孙女的小姑娘做妾。我不想评论他的感情生活，我只是关注：这些高级爱好都是十分花钱的，这些钱是哪里来的呢？

六、读书人的出路问题

大清国绝大多数的知识分子，最大的理想依然是挤进公务员队伍。

晚清改革失败的原因之一，在于它没有给大量的知识分子留后路。寒窗十年，忽然"高考"被取消了，"公务员考试"也没有出现，大家最后要凭推荐函——原来还是科举面前人人平等，现在只能去找关系。

有条件的就去日本留学，几万人。当时的朝廷有政策，你去日本多少年，得一个什么文凭，回来就对应一个什么级别。留学成了就业的捷径，加上成本低、路途近，就一窝蜂去了。日本人也很聪明，办了很多速成的赚外汇的野鸡学校。一个奇怪现象是，很多留日学生从日本回来后还是不会说日语，学会了什么呢？学会了喝酒，学会了穿马靴配剑、口口声声闹革命。不大会念书的留日学生回来后，成了职业造反派；会念书的留美学生回来后，都成了建设者。还有一点值得注意，留美学生的选拔门槛很高，要考试，除了汉文一门，其余数学、化学、物理全部用英文考，清华大学就是留美学生的预科学校。

科举之外，知识分子进步的另一条路线也被堵上了，那就是捐官。捐官当然不可取，但有其政治方面的作用。雍正皇帝就讲得赤裸裸，读书人那么多，公务员岗位就那么几个，国家就必须给那些落榜者留条补救的路，至少在金钱面前人人平等，这样才能减少在社会上积压大批有文化的失业者。有文化的失业者，当然是社会不安定的最可怕因素。洪秀全就是这样，读书读成半吊子——看他写的那些敕令就知道他的水准，但高考落榜后没有出路，于是弄出一场惊天动地的大事件来。

晚清政治体制改革，大家都说卖官不好，朝廷就下令停了。早期捐官只是虚衔，给个级别，给个政治待遇而已，到公堂不必下跪，不会被脱了裤子打板子。但后来就开始卖实职，那就成了生意了，买官不是富豪们的业余爱好，而成了将本求利的生意，负面作用就很大。政改开始，要建立廉洁高效政府，一刀切，把这个给停了。

按下葫芦起了瓢。科举和捐纳两条路都停了，一大堆知识分子或准知识分子下岗失业，郁闷在胸，成了社会的不稳定因素。幸好此时要建有文化的军队，新老文人都很欢迎，这群心怀不满的知识分子就又握上了枪杆子……

这就是社会的失控，改革者自己走得太快、太猛了，改革力度过大，实际成了革命，改革代价的承受者们就成了社会的离心力量。

七、历史的审视

晚清改革最终失败，演变成了革命，乃至绵绵不绝的革命。这样的结局对我们究竟有什么样的启示呢？辛亥革命十分伟大，因为它居然在王朝崩溃的废墟上实现了民族和解和政治宽容。中国人骨子里有一种改朝换代的意识，如同项羽看到秦始皇威武的仪仗过去，就觉得做男人应该像他那样，要取而代之。在环境允许的时候，特别是晚清改革之际，政治宽容度是很大的，很多人的欲望被激发出来了。这种欲望不像西方那种经过很多很多年的积累以后，它有边际。这种欲望是没有边际的，它是建立在你死我活的基础上，它是踩着别人的尸体、鲜血，至少是肩膀上，建立在这样一种基础上，它就会导致不断地折腾、喊口号，大家是跟着行情在变。这会儿流行宪政，我们就拼命喊宪政，共和时髦，就拼命喊共和，都在变。万变不离其宗，以知识分子为主，核心的目的就是夺权，我来坐皇位，我来坐领导者的位置，我坐了是不是比他做得好，那是下一步的事，等我坐上再说。到我上去一看，哎呀，好像是比较困难嘛！

改革被革命中断后，就开始"鹿鼎记"。革命是什么，革命就是解决政权归属的问题。这个问题当然重要，但更重要的是民生问题。什么医疗、住房、教育、社会保障等，这些问题不是靠革命就能解决的，也不是靠革命就能消除的，最后还得靠改革，靠建设。

（选自雪珥《辛亥：计划外革命——1911 年的民生与民声》，中国画报出版社 2011 年版）

民初国会存废之争与民国政制走向

杨天宏

一、国会政治昙花一现与"代议然否"讨论的兴起

近代国人追求西方观念与制度，不惜流血牺牲。然而，被视为自由民主"制度化建构"的代议制机关国会在中国却命运多舛。从 1913 年 4 月 8 日建立到 1925 年 4 月 24 日段祺瑞临时执政府下令取消"法统"，致使国会失去法律依据而不复存在，仅断断续续运作了 12 年。若将不被承认的第二届国会即段祺瑞于推倒张勋复辟之后组建的"安福国会"排除在外，并不计 3 次在不足法定人数情况下召开的"非常国会"，再将袁世凯及张勋解散国会之后暂告阙如的时段扣除，则民初国会只有一届，存在时间与《国会组织法》规定的任期相差无几。

中国国会存在时间如此短暂，与移植代议政制的主客观条件不成熟有关。例如代议制运作所需要的社会基础、政党条件、选举机制发育不成熟，人民的民主政治意识淡薄，加之国家与社会

权势重心失缺，从基础政制到思想意识形态均无稳固的支撑点，民主机制暴露出诸多弊端，因此遭到国人唾弃。同时，需要注意的是，国会政治昙花一现也与国际局势变化有密切的关系。中国建立代议政制是在第一次世界大战前夕，此时正当世界政治思想转变的关键时刻。虽然战后民主主义思潮复兴，但对形式为"间接民主"的代议制的批判也进入较深层次，"直接民主"成为重要的思想理念与政治诉求，而苏俄这一新兴国家的建立及其对中国表示的"友善"，则向国人提示了一个改良政制的可能方向。受西方及苏俄新兴政治思潮的双重影响，尽管民国以后效仿西方实施政制改革逐渐成为近代中国的政治潮流，但是质疑之声也时时响起，不绝于耳。

有关"代议然否"的讨论最初系由有着"金兰之交"的两个重要政治思想家——章太炎和章士钊先后发起。二章的讨论遥相呼应，开启了近代中国议会批判的先河，在20世纪20年代初激起一场激烈的思想政治争辩，对国人认识代议政制的正负价值产生了重要影响，并与现实的中国政治产生互动，于1924年北京政变之后直接影响政治家对国会的处置。结果随着段祺瑞临时执政府宣布废除"法统"，现存国会寿终正寝，而被认为体现直接民主的"国民会议"开始时兴，并于南京国民政府时期在国民接受"训政"的前提下酝酿以"国民大会"的组织形式付诸实践。

二、"代议然否"论并非否定民主

1926年初，许仕廉在《东方杂志》撰文对光绪三十四年（1908）颁布钦定宪法大纲以来18年间中国移植西方政制的过程做了一番总结思考。他说：这18年间中国至少产生了7份宪法性文件。在政体选择上，最初仿用英国君宪政体下的责任内阁制，学之未成，又去学普国式、日本式的军阀化中央集权，接着效法法国式的多党议会政体，不久有人主张采用美国联邦制，现在又有人试验采用俄国式的委员行政制。短短18年间，世界各种政体几乎用尽，"结果一样都没成功，样样变成人类最野蛮最原始的酋长式军阀独裁"。他认为中国移植西政失败有两大原因：一是所采纳的各种制度没有一种符合中国的现实国情与历史背景；二是中国的宪法学者和政治家趋赶时髦却尽买陈货。这些人好出风头，今天提出政府组织大纲，明天建立政党政系，但对世界宪政内涵及其变化趋势却无真正的研究。许氏所言，道出了近代国人在学习仿效西方政制时急于求成却又一事无成的尴尬与难堪。

不过应该指出的是，民初国人虽不断在政制上作翻新追求，但大多是沿着技术路线进行，非尽关乎"价值"层面的取舍，在国会问题上尤其如此。

最早对国会制度提出质疑的章太炎，其心营目注者，只在"代议"是否可以真正实现"民主"。虽然在阐释政见过程中曾出"共和之名不足多，专制之名不足讳"这一惊世骇俗之语，然而从章氏对总统制及联邦制的极力主张可知，他并不否定现代民主制度的价值。后来响应章太炎参与讨论"代议然否"的学者和政治家，无论是走传统路线的章士钊、瞿宣颖，走自由主义路线的胡适、高一涵，走折中路线的梁启超、潘力山、楼桐孙，还是走苏俄路线的陈独秀、李大钊，基本是在"间接民主"与"直接民主"即民主的形式上进行选择，并未站在民主制度的对立面。因而近代中国代议政制的失败，似不能简单归纳为民主政制的失败，而只是"代议"这一间接民主形式的顿挫。在有关代议制度的讨论中，国人大多否定的是现存国会，根本否定国会制度者只占少数，可以印证这一判断。

三、从代议民主到直接民主的探索

不过事情往往有违行为者的主观愿望。民初国人放言无忌，却忽略了在客观效果上，即便是对民主政制运作形式的批判，也可能危及这一制度本身。盖在实践效果上，一些看似技术路线上的改造（如被一些人在"非议会主义"选项下划归"议会改造"一脉的苏维埃政制改造路线），其实无异颠覆性质的革命，而一些本来只能划归技术改造路线的否定（如"二章"看似复古的路线以及孙中山以国民会议部分取代国会立法功能的路线），却很容易被误认为是价值层面的杀伐。清末民初国人对代议制的批判以及对"直接民主"的提倡，导致了"国民会议"这一政制形式在20世纪20年代中期被提上中国政制建设日程，又在南京国民政府建立之后写进宪法草案，并在同一政权运作下逐渐演变成被当初同样否定代议制、主张直接民主的共产党人称为"伪国大"的政治实践，这是否已背离"二章"及响应他们参与"代议然否"讨论者建设"直接民主"的政制初衷呢？

这个问题回答起来或过于复杂，但至少从理论上观察，在没有理清国会与国民会议性质与关系的认识前提下，将"国民大会"这一标榜"直接民主"的政治形式付诸实施是存在问题的，其潜在危险在于容易导致立法的不稳定性。托克维尔曾在《论美国的民主》一书中提出"多数的无限权威"会"增加民主所固有的立法与行政的不稳定性"的思想。他认为，"立法的不稳定性，是民主政府必然具有的一个弊端，因为它来自民主制度要求不断改换新人执政的本性。但是，这个弊端是随着授予立法者的权限和行动手段的增减而增减的"。托克维尔虽然承认一切权力的根源存在于多数的意志之中，但他同时认为，"人民的多数在管理国家方面有权决定一切，这句格言是渎神的和令人讨厌的"。由于多数人实施的直接民主在操作上比代表制间接民主更加困难，因而在实践中常被政党假借或"僭代"，畸变成新的"狄克维多"（dictator）政制形式，这是民初多数国人在批判代议制间接民主时没有意识到的。

然而，在经历执政的国民党强调须按《建国方略》逐渐过渡到"宪政"的十年"训政"之后，已有国人意识到，基于卢梭"人民主权说"产生的"直接民主"也存在问题。1937 年 4 月费巩撰文指出：第一次世界大战之后，受卢梭"主权在民"，人民"总意"不可代表思想的影响，各国新宪法均有主权在民，政府一切权力授自人民的原则性表述。费巩认为，此说实卢梭《民约论》的致命伤，于事实为不可通。卢梭所谓的"国家"为小国寡民的古代罗马、希腊城邦，但近代以来，此类城邦国家不存在，所存在者多为"地大人众"的民族国家，实现"总意"的办法，只有代表制度与多数同意。故近代成立的"民主国"莫不以议会为民意代表机关，而赋以立法监督之权。但战后各国新宪法的规定却反其道而行，对"议会专制"设置种种限制，尽管用意甚好，却无法实施。致使政党揽权、议会跋扈有增无减，复决创制如同具文，至于行政部门之无力与不稳，更是创立新宪之国的通病。结果，"直接民主"变成了执政党打着民意招牌实施专制的工具。对此费巩感叹说：制宪诸国为求宪法之"彻底民主化"而实施标榜"直接民主"的政制改革，殊不知"流弊所至，反使国人怀疑民主主义，反动以起，民主主义适以此自焚"。

鉴于国民党统治标榜"直接民主"而民主制度却遭到严重威胁的严峻现实，正面肯定代议制价值的声音重新冒了出来。在这类声音中，邱昌渭的意见最值得重视。邱氏1928年从美国哥伦比亚大学获博士学位回国参政并致力研究议会政治。在对中外议会政治历史做了研究后，他指出，议会政治在中国失败并非由于议会政治本身的罪恶，而是由于行使议会政治的国人缺乏应当具有的民主性及良好且永久之文官制组织。他告诉在政治上已极度浮躁的国人：议会制度并不是最好的政治制度，而是比较易于运用，较富有伸缩性，比较容易趋向民治途径，以及比较容易使各个利害不同的阶级能够得到平等发展机会的政治制度。议会政治并不是比其他政治制度优点多，而是比其他政治制度缺点少，易于补救。值得注意的是，邱昌渭的思想多少结合了苏俄议会改造的政治元素。他强调指出，议会制不是为"资本阶级"特设的政治制度，不过在议会政治国家中，"资本"势力偏大，足以垄断一切而有余。因而在工业发达的国家，劳工阶级只有通过增强自身力量取得对"资本阶级"的优势，才可能运用选举投票的方式，将"资本操纵的议会政治"变为"劳工阶级的议会政治"。邱昌渭坚持维护议会民主的政治立场却不排斥苏俄政制中的建设性因素，这对致力于政制改良的近代国人是个重要的政治提示。不过他在参与南京国民政府带有苏俄色彩的政制改造的同时似乎也意识到国民党政治路线可能存在的专制集权倾向，认为国民党统治下标榜"直接民主"却践踏民主的原因在于效法苏俄实施"党治"，即在排斥其他政治组织参与情况下的"一党专政"。在国民党以孙中山"训政"思想作为理论依据将党放在"国"与"民"之上的情况下，"国民大会"不可能真正实现"直接民主"，而只能沿着相反方向，渐行渐远。

（选自《社会科学文摘》2016 年第 1 期，原文刊《近代史研究》2015 年第 5 期）

第二篇

新世纪的宣言

近代民权政治的起源

郭世佑

迄今为止，中外学界对辛亥革命的破立事功与成败得失还存在不少认识分歧，连晚清预备立宪的前景与辛亥革命的必要性问题也在近年的多学科对话中被重新质疑。这也难怪，清末民初近二十年毕竟是中国历史上最为复杂的时段。再说，后世研究者对某些复杂的历史问题研究得越深，见仁见智的分歧也就越大，中外学界对法国大革命与俄国十月革命的研究就是如此。倘若对清末新政的来龙去脉多一份切实的了解，则不难发现，清朝统治者利用义和团对外宣战与八国联军攻占京师的血腥厮杀把多灾多难的中国拖入 20 世纪之时，狼狈西逃的慈禧太后与光绪帝再次丢失皇权的神圣光环，人心思变就在所难免。包括预备立宪在内的清末新政对清朝政府与皇统来说，那是一个不改不行，改也未必奏效的窘境，如果能对孙中山等反清革命先驱"毕其功于一役"的激情与承诺多一点同情与理解，则不难承认，就推翻清朝腐朽统治而言，辛亥革命肯定是成功了；就建立民权政治（即民主立宪制）而言，革命的结局虽然未必令人满意，但并不等于说就是失败，在成功与失败的两极之间，还有一片建设者各显身手的广阔空间。在衡估辛亥革命的成败与价值时，革命者的政权得失只是一个方面，政制变革与秩序重建尤为重要。法学、政治学等多学科的视角与方法不可或缺。

1939 年，中华人民共和国的缔造者毛泽东在《青年运动的方向》中说："中国反帝反封建的资产阶级民主革命，正规地说来，是从孙中山先生开始的"，次年在《新民主主义论》里还说，只有辛亥革命才是"在比较更完全的意义上开始资产阶级民主主义的革命"。半个多世纪以来，中国内地学者与广大民众都是以毛泽东的这个论述为基本前提，来肯定辛亥革命的贡献与历史价值，百年庆典的理论依据与褒奖基调也不例外。姑且不说"反帝反封建"的具体含义是什么，也不管辛亥革命算不算"资产阶级民主革命"，孙中山等人同资产阶级究竟是什么关系，毛泽东等人同无产阶级又是什么关系，这些表述在中外历史学界还存在较多的争议，但有一点大致没有疑问，毛泽东对孙中山一代革命先驱与辛亥革命之于近代中国民主革命的首创意义已经说得很清楚，而且予以充分的肯定。的确，辛亥革命的核心价值与历史贡献不仅在于推翻了一个腐朽的清朝，还结束了延续中国两千多年的君主制，开启了中国民权政治的新时代。不管人们是否重视那场革命，是否感恩于辛亥先驱，海峡两岸乃至天下华人都是辛亥革命的消费者和受益者，这是没有问题的。正是因为辛亥革命，中国人的脑袋和双腿才不再为磕头而准备着，而是可以为思考和走路而准备着。用孙中山的话说，辛亥革命的价值有二：

> 一为荡涤二百六十余年之耻辱，使国内诸民族一切平等，无复轧轹凌制之象，二为铲除四千余年君主专制之迹，使民生致治，于以开始。自经此役，中国民族独立之性质与能力，屹然于世界，不可动摇。自经此役，中国民主政治，已为国人所公认，此后复辟帝制诸幻想，皆为得罪于国人而不能存在，此其结果之伟大，洵足于中国历史上大书特书而百世皆蒙其利者。

孙中山的政敌梁启超也承认，正是通过辛亥革命，唤起了中国人两个方面的自觉：一是觉悟到凡不是中国人，都没有权来管中国的事；二是觉悟到凡是中国人，都有权来管中国的事。他还说，前者叫作"民族精神的自觉"，后者就是"民主精神的自觉"。至于"辛亥精神"，除了为国为民而屡败屡战的进取精神与赴汤蹈火的牺牲精神，还有不畏内外强权、不做内外奴隶的自主精神，舍此辄无法从根本上说明问题。

毋庸讳言，对于民权政治的实效与历史贡献，还不能估价太高。许多教科书与论著至今常说，经过辛亥革命，"民主共和思想深入人心"，至于究竟深入了多少人的心和哪些人的心，其实还缺乏确证，相反的例证却俯拾即是。1922年，以治训诂学闻名的同济大学首任华人校长沈恩孚在为《申报》的特刊《最近之五十年》撰文时，就一针见血地指出："新纪元以来，中华民国之名，既为世界各国所承认，主权属国民全体，载在《临时约法》，然而十年之间，有二次之革命，有八十日之帝制，有八日之复辟，有国会之中绝与解散，有旧约法新约法之争持，有非法国会非常国会及两总统之对峙，南北分裂，宪法未告成，纲纪荡然，府院之命，悬于军人之手，所恃者，国民拥护共和之心，翕然一致而已。"同为《申报》特刊《最近之十年》撰稿的孙中山也感觉到了革命的失败，甚至说："十二年来，所以有民国之名，而无民国之实者，皆此役阶之厉也。"他还说过，"现在的中华民国只有一块假招牌，以后应再有一番大革命，才能够做成一个真中华民国"，中华民国"有国家共和之名，无国家共和之实""尚未见享有真正共和之幸福"。后世学者的许多论著都乐于把当时的中华民国描述为一块"空招牌"或"假招牌"，其实就是出自孙中山本人的原话。

孙中山是心怀历史责任感的辛亥革命的先驱，他带着恨铁不成钢的心境来抱怨革命的挫折，不等于说满族贵族所把持清末政局就比民国政治要稳定和干净，辛亥革命就真的搞错了。如果新生的民国就真的只是一块"假招牌"，那么，像袁世凯这样的强人伸手摘下这块假招牌就是举手之劳，结果反而身败名裂，前功尽弃。窃以为，就反满而言，革命的客观条件已经成熟，而主观条件并不成熟，清朝的垮台就只能借助于多方的力量，包括梁启超、张謇为首的君宪党人与伍廷芳等已对清朝失望的赋闲绅士的加盟，还有北洋统帅袁世凯的临门一脚，并非革命党人的包场所致；就建立民权政治而言，中国的主观条件与客观条件都并不成熟。若以客观条件论，民权政治的建设就需要安定的环境，一旦发生内忧外患，党权、国权就会拿出种种理由来挤压民权，强化专制与极权。以主观条件而论，民权的主体人民不仅民主素质还不够，甚至连民主诉求也很少，即便是民权政治的主导者，包括辛亥革命的先驱孙中山，还有多数议员、归国留学生、学报人，整体性的民主素养也比较欠缺，司空见惯的是党派利益高于国家利益，拉帮结派，党同伐异，朋党意识络绎连绵。人民的民主素质不高固然属于客观存在，却需要具体措施予以切实提升，总不能当作延缓民主进程的托词。除此之外，国民的民主意识也需要加强，既要开民智，也要开绅智，更要开官智，一代英才梁启超的先见之明可以穿越时空，至今一点都不过时。

1906 年，梁启超在与同盟会的干将汪精卫等《民报》作者群体笔战时，强调今天的国民还没有达到可以"行议院政治之能力"，即便是按照他主张的实行君主立宪制，也得通过 10~20 年"开明专制"作为预备。救国的方案并非只有一种，国家与国情却只有一个。有的学者注意到了梁启超的"预备"之说同孙中山的"革命程序论"的一致性，说，"作为近代思想史上先后问世的两种学理，它们之间却有着一脉相承之处"，而实际上，早在梁启超强调"开明专制"之前，孙中山的"革命程序论"就已初具规模，而且革命程序的主导者与梁启超所期待的"开明专制"者并非一回事。

还在论战之前三年左右，孙中山就提出了"军法—约法—宪法"三阶段，即"革命程序论"。他说：约法乃军政府与地方政府互相约束之法，为期五年。军政府约地方自治，"所约如地方应设学校、警察、道路诸政如何，每县出兵前敌若干，饷项若干""地方有人任之，则受军政府节制，无则由军政府简人任之"；地方则"约于军政府，有战事则各出兵饷赴前敌，战毕除留屯外，退兵各地方。军帅有异志，则撤其兵饷，地方有不出兵饷者，军政府可会合各地方以惩之。此地方自治约军政府者也"。

孙中山之所以设计约法程序，如同他主张共和制本身一样，一个重要的考虑就是担心革命军兴之后，群雄互争权位，重蹈洪杨、洪石之覆辙，这是他谈得最多的。至于怎样先训练民众的国民资格，提高民主素质，在他看来还是次要的问题，未免遗憾。反满之后不搞民权政治不行，重建帝制既不可能，也没必要，但推行民权政治却未必条件成熟，可谓两难。

为了回答反对暴力革命的梁启超，孙中山等人强调文明的革命不会招惹列强干涉，革命之后推行共和制，就会防止因为革命者的争权而导致的内乱，在回答梁启超关于人民素质不高而不能搞共和制的诘难时，孙中山说，"我们人民的程度比各国还要高些"，这样的回答显然有些牵强，被梁启超抓住把柄。

长期以来，对于孙中山的"革命程序论"，尤其是其中的"训政"理论，许多论著一般持批评态度，认为"训政理论的消极因素是低估了人民群众的力量与智慧。对此，大家认识是一致的"。近年来，明确坚持此类论点的著述已不多见，但清理此类论点的专题论述亦属阙如。建立共和制要不要相应的民众素质来配合，这些都是不能回避的实际问题。近百年的历史进程表明，人民素质不够就是一个客观的存在，它在较大程度上制约着民国法治与宪政的成效。民权建设毕竟不同于暴力革命，不能快刀斩乱麻，也不需要煽情，它需要理性。

民众素质其实还是一个跨越民族与国家的普世话题，意大利学者古斯塔夫·勒庞的《乌合之众》与法国学者塞奇·莫斯科维奇的《群氓的时代》，都是当代学人无法绕过的智慧。勒庞对群体的盲目性就说得很清楚："因为引起群体兴奋的原因是如此繁多，群体又总是随着这些原因而变化，因此群体的情感是极其易变的。这就说明了为什么我们会看到他们在瞬间从极端的残忍变为极度的宽宏大量和英勇无比。一个群体很容易就扮演了刽子手的角色，但同样也很容易扮演殉难者的角色。"莫斯科维奇也认为，"一个群体或者一群民众就是摆脱了束缚的社会动物。道德的禁忌松弛了，人与人之间的差别消失了。人们通常都在暴力行为中表达他们的梦想、他们的情感，以及所有的英雄主义、野蛮残暴、稀奇古怪和自我牺牲。一个骚动的、情绪高昂的群体，这些就是人群的真正特点。它也是一股盲目的不可控制的力量，能够移山倒海，克服任何障碍，甚至摧毁人类一个世纪所积累的成就"。

其实，岂止一般民众，即使那些自喻"精英"或"知识分子"的群体，在民权政治的游戏规则中，能否摈弃拉帮结派、党同伐异的朋党意识，适当来一点自律，恐怕还是未知数。莫斯科维奇也谈道，"我们这个时代的特征之一就是：即使在传统的精英群体中，往往也充斥着大众人和粗俗鄙陋的庸人；甚至在本质上要求某种资质并以之为前提的智识生活中，我们也会注意到'伪知识分子'（pseudo-intellectual）的势力正在逐步上升，所谓伪知识分子，是指那些不合格的、低劣的以及依照智力标准来看不具备此种资格的人"。

就近代中国的民权政治而言，不仅一般民众的素质还不够，即便是反清革命的领袖孙中山本人，只要不是必须为尊者讳，他在这方面的缺陷恰恰很明显。他是一个容易生气的领导者，听不进不同意见。由他领导的同盟会从1907年暑期开始，直到武昌起义的爆发，一直是一盘散沙，这在很大程度上影响革命高潮到来时同盟会以整体实力同袁世凯的政治较量。宋教仁、谭人凤等人组建的同盟会中部总会固然对推进武汉、上海等地反清革命的高潮做出了杰出的贡献，但这份贡献与同盟会总理孙中山并无直接关系，这既是客观事实，也不失为同盟会的一大悲剧。

以1911年武昌起义为标志的辛亥革命成为推翻清朝的总动员令，民权政治的契机就在南方革命党人的矜持中匆匆来临。面对突如其来的南方兵燹，曾经自信地敢用"皇族内阁"来羞辱国会请愿运动的摄政王载沣一班人也乱了方寸，一边起用已被开缺近三年的袁世凯，一边下罪己诏，开放党禁，匆匆抛出求饶似的"十九信条"，却为时已晚。连稳健的旁观者严复也注意到，"10月30日的诏书，皇上发誓要永远忠实服从不久就要召开的国会的意愿，他发誓不让任何皇室成员进入内阁；他同意对所有政治犯甚至那些反对皇上的革命者实行大赦；宪法由议会制订并将被无条件接受。如果一个月前做到这三条之中任何一条的话，会在清帝国发生什么样的效果啊！历史现象往往重演。这和十八世纪末路易十六的所作所为如出一辙。所有这些都太迟了，没有明显效果。所谓的宪法十九项条款在我看来根本不是宪法。它不过将专制政权从皇帝转移到未来的国会或现在的议会。这种事绝不会持久、稳固，因而不是进步的"。

孙中山为首的同盟会原本设想通过军政、训政，臻于宪政的程序，完成革命建国的任务，武昌起义的骤发使反抗"皇族内阁"的各路政治力量汇聚起来，匆忙着手建立民主宪政制度，省略了训政一环，由临时政府组织大纲，到临时约法，再到参议院法、国务院官制、国会组织法、众议院议员选举法、参议院议员选举法等的制定，加上吵吵闹闹的两党制，没等中华民国宪法制定完成，民主制度就已经建立起来。包括临时约法在内，制度设计上的诸多弊端还是一个被长期忽略的问题，值得专题探究。

随着袁世凯的专制独裁与军阀混战，民权政治举步维艰，社会动荡，辛亥革命也为袁世凯的倒行逆施陪绑，备受诟病，孙中山本人在投身"二次革命"和护国、护法运动的过程中，也没少说话。在他看来——

由军政时期一蹴而至宪政时期，绝不予革命政府以训练人民之时间，又绝不予人民以养成自治能力之时间，于是第一流弊，在旧污未由荡涤，新治未由进行；第二流弊，在粉饰旧污，以为新治；第三流弊，在发扬旧污压抑新治。更端言之，即第一为民治不能实现，第二为假民治之名，行专治之实，第三则并民治之名而去之也，此所谓事有必至理有固然者。

至于为何不曾实行训政，孙中山在担任临时政府大总统期间就没有动议过军政与训政的程序规划，这恐怕不仅是时间仓促的问题。清朝皇统的颠覆原本就不是革命党人单枪匹马的武功所致，是南方革命党人与君宪党人的联手推出了反满的高潮，还有袁世凯的临门一脚，才把清朝统治者送进坟墓。既有军事实力又享中外众望还能纵横捭阖的袁世凯顺理成章地成为新生民国的第一发言人，如果指望他来听从同盟会当年的训政设计，就无异于与虎谋皮。正如顾维钧所看到的，袁世凯"对于民主的内容则是一无所知的。我想，他的思想状况可以代表当时几乎所有中国领导人的态度"，颜惠庆则补充说，"袁是当时中国政界举足轻重的人物之一。虽然他后来抛弃了共和观念，但人们不应忘记，他完全是一个出自旧中国历史背景、并且受其支配的人，况且，聚集在他周围的是群专事谄媚的食客。他恢复帝制，当起了封建王朝的皇帝，成为历史的罪人，对于这些愚蠢的妄为，那些食客应该说难辞其咎"。

辛亥革命距今已整整百年了，江山依旧，物是人非，我们既没有理由高估百年来民权政治的成就，也没有理由无视辛亥革命的开启之功，那些抛开复杂的历史场景而偏爱清末预备立宪文本的过度诠释都是基于丰富的想象，没有必要。遥望辛亥先贤的亡灵，我们理当珍惜和自省。诚如湘籍老同盟会会员林伯渠70年前就感叹的："对于许多未经过帝王之治的青年，辛亥革命的政治意义是常被过低估计的。这并不足怪，因为他们没看到推翻几千年因袭下来的专制政体是多么不易的一件事。"抚今追昔，恐怕还不能白费辛亥先驱的心血，尽快弥补民权政治之课，向法治目标迈进，臻于国家的长治久安。

（标题为编者所改，原题《辛亥革命的核心价值与近代民权政治的艰难》，

选自《史学月刊》2012 年第 1 期）

民国初年政治结构和文化初探

张亦工

辛亥革命推翻清王朝以后，许多人为中国成为亚洲第一个实行共和制度的国家感到欣慰或自豪，梁启超却有一种不祥的预感："我国由五千年之专制一跃而进于共和，旧信条横亘脑中，新信条未尝熏受，欲求新政体之圆满发达难矣。"这个预言很快就被日渐混乱的政治证实了。

梁启超说："政治信条者由政治习惯涵养而成，非由法律拘束力而生也，故不必以宪法规定之，然其影响之及于政治者，效力更强于宪法。"他讲的政治信条，即国民对政治的态度、信仰、价值观和约定俗成的习惯、程序，也包括某些政治技能，这些主要是政治的心理方面，即现代政治学所说的政治文化，与此对应的是政治的法定制度方面，即政治的结构。任何一种政治结构，都有与其相应的政治文化，或者说没有相应的政治文化，政治结构就不能稳定和顺利发展。民国初年的政治混乱，共和代议制度和袁世凯的君主立宪制度先后失败，一个重要的原因正是政治结构缺乏相应的政治文化的支持。

一

民国初年的政治结构，是推翻清王朝的各种势力仿效西方先进国家建立的。中国政治的结构仿效西方逐步实现近代化的过程可以追溯到19世纪中叶，海关、总理各国事务衙门、总理海军事务衙门等机构的设立，都是政府职能专门化、区分化的表现。就政治结构的民主化而言，也可以追溯到清末的宪政改革，各省谘议局、资政院成立，地方自治机构的推广，以及司法机关独立的酝酿，都是移植西方民主制度的表现。清王朝被推翻以后，整个政治体系改弦更张，中华民国的政治结构完全是仿效西方国家制度建立的，其中最具代表性的是共和代议制度、政党政治制度和三权分立的国家体制。根据《临时约法》的规定，国家权力名义上由总统、国会和司法机关共同掌握，由于司法机关始终没有形成有影响的独立系统，一直附属于政府机关，所以国家权力实质上由总统代表的政府和国会分享，前者握有行政权，后者则掌握立法权。这两个权力机关自民国成立后一直互相争夺权力，可以互相制约，但没有形成稳定和有效的权力制衡机制。就两者的关系看，一方面是政府通常可以影响甚至控制立法机关的某些活动，所以政府的重要主张基本可以实现，南京临时政府和袁世凯政府都有迫使立法机关服从政府主张的记录；另一方面，则是立法机关极力扩大自身权力，力图控制政府，这种努力往往不能达到预期的结果，反而招致政府的不满和压迫。在南京临时政府时期，临时参议院以同盟会人士为主体，通常是服从或配合政府的活动，但也受到过政府方面指责，认为是"狃于三权分立"，对政府掣肘甚多。在讨论建都问题时，参议院第一次议决建都北京，与孙中山建都南京以钳制袁世凯的主张不合，黄兴因此大不满意，甚至考虑派兵到参议院胁迫议员改变态度。国会成立以后，进步党议员在宋案、借贷案等争论中，曾经与袁世凯政府合作以压制国民党人，但各党议员在实行责任内阁制度、扩大议会权力等方面认识基本一致，从而形成国会与政府互相对抗的局面。《临时约法》和国会起草的宪法草案都有弹劾、审判总统和总理的条款，却没有政府可以解散议会的相应规定，以致政府指责国会实行议会专制。这样的制度显然不利于两个权力机关互相制衡，立法机关得不到社会民众的支持，所以只能希望用法律规定保障自身权力和扩大政治影响力。而政府握有实际行政权力，只在形式上遵从立法机关的决定，遇到利害攸关的矛盾冲突时，宁可兵戎相见，也不肯轻易服从立法机关。总而言之，总统、总理、总统制、内阁制、国会、三权分立等，这些名目是从西方国家制度中移植而来，实质上并不能发挥同样的角色作用。

政党政治同样只是徒具形式。政党是以不同阶级、阶层和利益集团为社会基础的政治团体，不同的政党自然政治立场不同，政治主张不同，但就运用西方民主制度而言，政党都是在现行政治体制内部运用合法手段和程序从事政治竞争的政治团体（传统的帮会、会党和近代的革命党都不利于或不适于西方的代议民主制度，不是通常意义的政党），因此政党政治必须依托社会民众的政治意识和政治行为，才能正常运作和逐渐发展。

民国初年的政党曾经经历了小党林立到大党对立的发展过程，各党派都曾经积极从事合法的政治竞争，就此而言，民初各党派基本上可以称之为政党。但是民初的社会环境不适于政党政治的正常运作，各党派也得不到正常发展以至成熟的机会。据梁启超当时观察，第一届国会选举时期，"未闻有一党发表政纲建旗帜以卜人民之祈向，又未闻有一选举区焉，开政党演说之会，此普天下立宪国所无之现象，普天下政党所未睹之前例也"。由此可知民初的政党并没有也不可能发挥民主政治中政党的角色作用。二次革命失败后，孙中山着手重建革命党，第一届国会停歇后，进步党名存实亡，中国的政党政治基本上可以说是寿终正寝了。此后，重要的党派扮演的已经不是西方那种政党政治的政党角色，而是以武力夺取政权，坚持一党专政为政治信念的革命党的角色。

就民主政治的结构而言，民初的政治结构不单是机制不健全，其角色设置也是不完善的。在西方民主政治中有重要作用的二级政治组织，即各种利益集团，在民初的中国几乎是绝无仅有。当时仅资产阶级的主体有一批带有不同程度政治色彩的商会，知识界的团体如教育会等为数不多，影响有限，其他社会阶级基本上没有带政治色彩的合法团体。由于缺乏二级政治组织，民初政党和一般民众隔离，影响所及只是少数知识分子和政客官僚，不可能对政府形成压力，政党政治因此近乎空谈。

二

民初政治结构出现缺失和变异，直接的原因在于民初政治文化存在内在缺陷。在20世纪20年代以前的中国，各个社会阶级都对政治没有多少兴趣。

工人、农民与政治完全隔离，对政治没兴趣，也没有影响力。资产阶级当时正处在政治启蒙时期，大多数资本家信奉的是"在商言商"，并不与闻政治，一部分资产阶级的领袖人物和骨干分子开始关心政治，但是态度比较消极，而且缺乏从事近代政治的知识和技能，其典型表现是厌恶政党和政党政治，资产阶级还没有作为一个阶级投身政治。辛亥革命期间，各地普遍出现的群众性政治行为基本上类似于历史上的造反和起义，没有转化成为持久的政治积极性。在推翻清王朝以后，国民迅即对政治索然意尽。换言之，当时的国民只有在被政府逼得走投无路时才铤而走险，并没有近代国民所应具有的政治权利意识，所以没有政治责任感和政治积极性，当然也就没有持续的政治影响力。在1919年以前，国民与政治局势的变化基本上没有直接关系。从政治文化的角度看，当时的绝大多数国民基本上属于村民文化的范畴，即对政治不闻不问；一部分资本家和知识分子则属于臣民文化的范畴，即关心政治决策的结果，而不大关心政治决策本身。民初商会吁请政府和国会削减苛捐杂税，保护发展实业，反对商会法限制商会活动等都是奉行臣民文化的表现。在这样的环境里，能否逐步实行民主政治，主要是看当时积极参与政治的少数人的政治文化是否有利于民主政治的正常运作。然而具有公民文化素质的只是极少数人，他们是当时参与政治的少数人中的少数。

民初政治的一个重要特点是，关心和从事政治的主要是城市中的一批知识分子、士绅、个别资本家和相当数量的官员、军人。他们的政治观念和政治行为受到西方近代政治的影响，但更多是受到传统和封建政治的影响。南北统一后不久，《时报》发表文章评论政局动荡的原因，认为是"此次革命未尝革心""我国此次革命成功太易，满清数百年来遗传之各种恶果依然残存，虽曰革易，不过国旗改变颜色，政界上改变数人，而于政治毫无关系，即吾所谓未曾淘汰未曾革心也"。积极投身于民初政治的这少数人，虽然政治立场不同，政治主张不同，但是其中多数人的政治文化基本上都是不利于实行民主政治的。

以袁世凯为代表的旧官僚势力，把持了中央和多数地区的政府机关，对民初政治有重要的影响，他们本质上倾向专制独裁。梁启超在袁世凯称帝失败后分析其恢复帝制的原因，认为关键在于袁世凯本质上是旧式人物，"其头脑与今世之国家观念绝对不能相容"。他能够理解和运用的只能是封建专制政治。他对政党、政党政治、国会、三权分立一概毫无兴趣，认为只是应付时代趋向的形式。他的政治手段与历代专制君主完全一致，不外是王霸之道，利诱威胁。民初大多数官僚和旧军人的政治文化与袁世凯相同，他们把持了多数政府机关和军队，不允许其他党派和团体染指他们的权力，为了维护自身的权力，无所不用其极。在他们当政的环境里，民主制度显然只能成为一种形式。

当时对西方的民主制度有所了解、极为渴慕的是一批青年知识分子。他们分别隶属国民党和进步党等不同党派，主要是过去的革命派和立宪派人士。各党派虽然互相对立，但是大多希望循着西方政党政治的道路，在中国实现民主政治。然而他们的政治文化同样不利于实行民主政治。

反映各党派政治文化的理论主张的主要是各党派领袖和骨干分子的认识，这些认识基本相同，都得之于西方民主政治理论，因此可以认为这些党派领袖的政治文化基本上是有利于民主政治的公民文化。但他们的人数有限，影响有限，他们的主张往往没有被多数党员接受，所以这些党派和党派一般成员的政治文化往往不利于民主政治的正常发展。在西方，公民文化指积极参与政治，所以又称为参与型文化。但在近代中国，特别是民国初年，积极参与政治的意识不能简单等同于公民文化，因为许多人参与政治的认识和方式不利于民主政治，这种参与往往带有封建政治的严重影响。

三

政治文化的内容非常宽泛，就民初政治的演变而言，其中尤为不利于代议民主政治的政治文化，是极端敌对的党派意识。

一定的党派意识，即公民和党派成员对于不同党派的同情、支持或反感、反对，是政党政治运作的必要条件。但是党派意识的极端敌对却不利于政党政治正常发展，容易导致政治竞争逸出法律范围，而采取非法的甚至暴力的手段。

在民初政党勃兴时期，主要政党的领袖人物都期望归并小党，形成类似于西方的两党政治。梁启超是对政党和政党政治研究阐发最为精当的一人，他对"真政党"的定义是："政党者，人类之任意的继续的相对的结合团体，以公共利害为基础，有一贯之意见，用光明之手段为协同之活动，以求占优势于政界者也。"除了没有认识到政党的阶级性质之外，这个定义基本上适用于民主政治的政党。梁启超还认为，"欲行完全政党政治，必以国中两大政党对峙为前提"。这是当时典型的民主政党政治模式。

这种两党对立、公平竞争的政党政治也是中国各党领袖的共同理想，梁启超对此有稍嫌粗糙的说明："两党各标一反对之政见，而各自谓国利民福，此疑于甲是者乙必非，乙是者甲必非矣，而不知两皆是焉。国利民福本多端，且其道横相反而相成，譬诸寒暑，皆足资生，而四时之运，成功者退。故凡国中有健全之两政党，任行一党之政策，皆必其有利于国家者也，然天下虽有大利之事，终不能无小害与之相缘，一政策行之既久，非变通无以尽利，……故甲党与乙党代兴而国利民福进一步焉，及乙党与甲党代兴，而国利民福又进一步焉。如果相引以至无穷，治之所以蒸蒸也。夫非政党内阁，则安得有此。"梁氏认为对立政党"各皆代表国利民福之一部分"，从而肯定了对立党派从事政治的正当动机，这是政党政治的基本信念之一。如果对立党派互相否认对方具有正当的政治目的，当然也就不会遵守法定的竞争程序，以至不择手段进行对抗，最终不免诉诸武力，从而超出政党政治的范畴。

当时，原革命党的领袖人物也同样极力推崇两党公平竞争的政党政治。孙中山认为："政党均以国利民福为前提，政党彼此相待应如兄弟。要知文明各国不能仅有一政党，若仅有一政党，仍是专制体制，政治不能进步。吾国皇帝亦有圣明之主，而吾国政治无进步者独裁之弊也。故欲免此弊，政党之必有两党或数党互相监督，互相扶助，而后政治方有进步。故政党者虽见之不同，行为之不同，要皆为利国福民者也。"黄兴、宋教仁也都曾经认真宣传这种理想的政党政治。

而在民初中国，国民普遍缺乏政治意识，政党竞争不可能真正由选民裁决，甚至也没有有效的公民监督和制约。政党之间的竞争既然没有民意的约束，就可能恣意进行，甚至求助于民意之外的力量，例如借助政府和军队的力量压制反对党。在民初中国，政府乃至军队往往是凌驾于政党之上的特殊势力，政党和政党竞争不能决定政府，反而政府影响制约政党和政党竞争。当时的政府掌握在没有多少近代民主意识的军人政客手中，他们对政党和政党政治抱敌视态度，在这样的环境里，要实现各党领袖所倡导的理想的政党政治当然是不可能的了。

南京临时参议院时期，各党派还处在初创阶段，人们注意的是推翻清王朝和南北统一问题，党派斗争很少表现，没有明显的敌对情绪。自1912年5月参议院迁到北京以后，党派斗争逐渐激烈，敌对情绪越来越严重。

章太炎是与孙中山有芥蒂的革命党人，辛亥革命后退出同盟会，组织统一党，"集革命、宪政、中立者诸党而成，无故无新，惟善是与"。这样不偏不倚的党在中国很难发展壮大，与革命党人或立宪党人都不容易相处。章太炎虽然是革命党人，但对同盟会多所批评，以至同盟会中有人主张暗杀他。到1913年4月，章太炎对统一党和国民党之间的敌对情绪非常担忧。他认为，两党都有不纯分子，也都有"革命健儿"，"所惜两党寻仇，无商量余地。他日魁首相处，能复旧交，则或容和合耳。舍此以外，无可望者"。可惜章太炎的愿望始终没能实现。

　　革命党人和立宪派人士之间由来已久的敌对情绪就更难以调和。在戊戌变法以前，革命党人与立宪派人士原都是投身于救国救民事业的爱国志士，互相之间往还不绝。戊戌变法失败后，两党之间逐渐产生恶感，其初始的原因是康有为等人"目革命党为大逆不道，深恐为所牵累""革命党目康徒为汉奸，斥之为忘亲事仇，残同媚异，海内外两党机关报遂大开论战，势同敌国，至辛亥民国告成而犹未已"。孙中山等人曾经希望联络流亡海外的维新派人士共同推翻清王朝，梁启超等也一度倾向革命，但康有为不愿与孙中山联合，仍然幻想实现君主立宪制度。后来的事实证明维新派的政治主张是行不通的，但革命派人士不承认维新派的爱国主义，两派之间在互相辩驳政治主张的同时，又都否认对方有正当的政治动机，因而两派人士之间的敌对情绪日益严重，甚至发展到进行人身攻击。孙中山对立宪派人士的政治动机的看法，一直有革命党的排他意味，其他许多革命党人也持类似态度。在民国建立以后，他们仍然不信任过去的立宪派人士，而立宪派人士也始终看不惯革命党人，梁启超一直把革命党人视为暴民，认为与旧官僚同样是不利于民主政治的恶势力。这种互相不信任的态度，显然只能不断激化两党的敌对情绪。

民国建立以后，各省时有革命党人因为积怨仇杀原立宪派人士的情况，也有袁世凯政府和原立宪派人士杀害国民党人的情况。在参议院和国会内，党派竞争往往成为党派成见和个人私利的斗争。梁启超批评各党"以蹙灭他党为惟一之能事，狠鸷卑劣之手段无所不至""乃各杂以私见，异派因相倾陷破坏，而同派之中，亦往往互相忌刻，势若水火，率致以主义目的精神思想丝毫无区别之人亦复分相抗，不欲联合，此种现象实非好兆，亡国之根，即在此耳"。孙中山、黄兴也多次告诫各党注意党德、党义，不可徒为意气之争，不可采用卑劣手段，而要以英美的政党为模范。他们的告诫没起多少作用，章太炎在1913年5月国会召集不久，就对各党一概失望，认为"中国之有政党，害有百端，利无毛末"。

四

处于这种极端敌对情绪下的各党，自然缺乏妥协意识，容易陷于意气之争和执迷于党派的利益，常常忽略和影响了重要的政治事务。国会曾经因为选举议长问题发生两派哄争，两个星期之久不能选出议长，因此成为袁世凯政府指斥议会的口实，也招致国人对议会的批评。由于各党派缺乏妥协意识，也妨害了在反对袁世凯政府专制倾向斗争中的联合行动。以立宪派人士为主体的进步党人把国民党人看作危害大于旧官僚势力的危险分子，在政治斗争中有意识地配合政府势力打击国民党人。最典型的表现是，二次革命失败后，进步党人支持袁世凯政府撤销了国民党籍议员的议员资格，幻想借此组成进步党人居多数的国会，结果是袁世凯政府完全取消了国会。这是极端对立的党派意识被专制势力利用而坐收渔利的典型事例。

极端对立的党派意识不只表现为政党之间毫不妥协的政治对立，其他社会生活领域中各种表达政治见解的场合都弥漫着这种互相敌视的气氛。互相敌视导致政治竞争中的暴力事件增加和升级，由议会中的大打出手到政治暗杀屡见不鲜，暴力事件又增加互相敌视的情绪，形成恶性循环。章太炎曾经讲到新闻界受极端党派意识影响的情况："逢迎者被美誉，质直者处恶名，斯非舆论所成，而起于一党之私见。若夫实录不污，或遭攻毁，正言匡世，指为汉奸弹丸匕首之威，又自旁震慑焉。"他劝告新闻记者，不畏强御，不务谄媚，同时警告当局者"假令当轴复以为忤，阴遣私人，有所贼害，是亡清之续耳"。这里讲的当局者是指孙中山担任临时大总统的南京政府。章太炎发表此文后一周，1912年1月24日，陈其美谋划刺杀了陶成章。陶成章是独立意识较强的革命党人，他创立的光复会加入同盟会后，在同盟会中始终自成一派，而且颇有影响。辛亥革命时期他招兵买马，自成势力，因此招人忌恨，终被革命同志暗杀，光复会和同盟会从此更加离心离德。同年8月，黎元洪设计诱骗对他形成威胁的张振武、方维到北京，然后密电袁世凯以莫须有的罪名将二人秘密处死。黎元洪向以宽厚被称为"黎菩萨"，但在利害攸关时也毫不犹豫地采用这种无视法纪、舆论的阴谋手段杀害政敌。同年底贵州省军务司长刘显世派人暗杀到当地组建党组织的国民党特派员于德坤，孙中山对此大为愤怒，称"似此野蛮举动，为全世界对于异党人之所无"。并以国民党理事长身份致电袁世凯等，要求彻底根究，惩办凶手，政府方面当然只是应付了事。不久，袁世凯政府又暗杀了宋教仁，国民党人对此极为愤慨。当时有人怀疑梁启超与谋其事，梁氏因之著文《暗杀之罪恶》反对政界暗杀，但他和进步党人对于袁世凯政府的卑劣做法，并没有采取特别的反对态度。当时多数政治家和党派主要是反对政敌杀害本党同志，而不是从维护民主政治程序，坚持合法斗争的一般原则出发反对政治暗杀。所以这种反对往往被看作党争的一部分没有广泛的影响，更不可能动员各党派和民众一致制裁政治暗杀行为。

政治暗杀在中国由来已久。在封建专制统治下，政治反对派常常不能合法存在，党锢和"君要臣死臣不得不死"等，都是从肉体上消灭政治反对派的表现。在这样的环境里，政治暗杀是一种不得已的斗争手段。到清末，革命党人因为缺乏反对清政府的有效手段，一再实行政治暗杀，徐锡麟、汪精卫因而成为反抗暴政的革命英雄。二次革命开始后，陈其美等革命党人刺杀了上海镇守使郑汝成，后来陈其美又被袁世凯派人刺死。这两次暗杀是以暴力对抗的双方使用的斗争手段，与此前各党和平竞争时期发生的政治暗杀有所不同。当时中国建立了代议制度，各党派都主张实行政党政治，但是各党派都不愿容忍反对党合法存在，希望用武力禁锢、抑制政敌，甚至从肉体上消灭政敌，这样的环境显然不利于民主政治的养成和发展。政治暗杀可以有一时的明显效果，但不能解决政治分歧，反而使政治竞争逸出民主政治的常轨。西方民主制度下也有政治暗杀，但在近代中国这样频繁发生政治暗杀却基本不受到法律制裁和民众抵制的环境里，显然不可能实行民主政治。

对于极端对立的党派意识引起的混乱党争，如何救治，当时没有行之有效的办法。梁启超曾经提出系统的实行民主政治的预备办法，如确立政治信条，厘正政党观念，牖进国民政治程度，激励人民政治道德。他认为，"非有健全之国民，安得有健全之政党"，但国民的普遍进步有赖于社会经济文化的发展，不能很快见效，所以梁氏又寄希望于少数优秀党员。然而，团体的政治文化基本上是受多数成员制约的，领袖人物的政治文化只能顺应多数成员，否则就难以维持领袖地位。所以，少数真正信仰和遵循民主政治文化的党员并不能约束、改变大多数党员，梁启超的办法显然有点理想主义。孙中山的主张较为实际，当黄远庸请教纠正中国政党弊病的方法时，孙氏以无可奈何的局外人口吻答称："这个一时是没有法子的。让他们自己闹闹，闹过几年，自然明白。"事实上，后来注重中国实际的政治力量都明白了，在中国不可能实行西方那种和平竞争的政党政治。中国政治不能离开武力，而在近代中国，武力政治最有效的政治工具是革命党，而不是通常意义的政党。

袁世凯建立专制统治以后，除命令解散国民党外，并没有解散各种政治党派，名义上也并不禁止政党存在，但各党派与民众隔绝，面对强大的专制政府，只能销声匿迹，名存实亡。到袁世凯称帝失败，国会恢复以后，原来的政党领袖大多主张不党主义，认为中国没有实行西方那种政党政治的条件。这种认识虽然消极，却合乎中国政治环境的实际情况。在民众政治觉醒以前，面对拒绝政治进步的专制政府，中国政治的民主化只能依靠少数政治先进分子，他们只有首先集结为革命党而不是通常意义的政党，才能有所作为。因此，孙中山顺应历史潮流，把国民党重新改组为中华革命党，中国政治民主化的历史进程由此又开始了一个新的篇章。

　　民初代议共和制度的失败，是单纯移植或模仿西方民主制度的失败。袁世凯建立帝制式的专制制度不能成功，一个重要的原因是没有相应的政治文化支持。民国初年虽然没有适于民主政治发展的政治文化，但是支持帝制的政治文化已经影响很有限了，不复存在了。这主要表现为政治合法性的观念改变了，当时多数中国人可能还可以接受一个世袭的皇帝，但是他们并不参与政治，而关心和投身政治的大多数人虽然不大懂得共和制度的实质，不大善于运用共和制度，但是他们主张国家元首不能是世袭的皇帝，而应当是民选的总统，所以袁世凯以大总统名义实行集权统治时几乎可以为所欲为，而恢复帝制名义却招致公开反对，以致众叛亲离，归于失败。

　　适于民主政治的政治文化，只能随着社会经济文化的逐步发展，在国民中逐步养成，逐渐成为多数国民的政治意识和政治行为准则，这显然需要一个长期的过程。梁启超在民初总结中国民主制度失败的原因时，反复说明中国政治进步的关键在于中国人的政治意识和政治行为方式。他对政治结构的移植、变换感到失望，寄希望于国民的觉醒："共和政治的土台，全在国民，非国民经过一番大觉悟大努力，这种政治万万不会发生；非继续的觉悟努力，这种政治万万不会维持。倘若国民不愿管政治，或者不能够管政治或是不会管政治，那么这种国民只好像牛马一般，套上个笼头，教人处分，碰着个把圣君贤相，大家便过几年安逸日子，碰着那强暴残忍的人压在头上，只好随他爱抢便抢爱杀便杀；凭你把国体政体的名换几十趟招牌，结果还是一样。"这是当时追求民主政治的中国人的普遍认识。经过新的一代知识分子的不懈努力，这种认识逐渐被越来越多的民众所接受。民众的政治觉醒和政治参与意识逐渐蔓延，并且与革命党团体汇合，从而使中国的民主化进程出现前所未有的新面貌，最终形成革命政治所特有的政治文化和政治结构。这种结果，对于民国初年那些把西方民主政治的结构移植到中国，却不可能移植西方民主政治文化的人们来说是始料不及的。

（选自华中师范大学中国近代史研究所编：《辛亥革命与 20 世纪中国：1990—1999 年辛亥革命论文选》，湖北人民出版社 2001 年版）

"梁启超之问"

——略论中国思想界对于"革命不得共和而得专制"问题的论争

邓丽兰

　　思想史上的一些重大问题，常因跨越了人为的历史分期，而未被历史学者作贯通的研究与考察。例如，关于君主立宪与民主共和的论战，实际跨越了辛亥年（1911），但学术界的研究多不从此着眼。近年的研究从一些新的角度揭示清末两派论战的若干特征，表现出认识上的深化。不过，清末大辩论中潜伏的一个关键性问题，本文称之为"梁启超之问"或"梁启超式预言"的革命后"民主专制"的可能性问题，基本未被作为严肃的学术问题加以探讨。

　　事实上，"革命不得共和而得专制"不仅仅是梁启超在清末反对共和的重要理由之一，也是民初以降，复古派、君宪论者借以反对共和的法宝。因此，跨越辛亥年的"梁启超之问"，应是辛亥百年之际，值得重新思考的重大思想史问题。

　　梁启超有关"革命不得共和而得专制"的论说，在《政治学大家伯伦知理之学说》一文中提出后，在《开明专制论》一文中进一步地展开，并在与革命党人的论战中，以往来辩驳的方式逐步阐发。革命党人回应的文字，主要有汪精卫的《民族的国民》《驳〈新民丛报〉最近之非革命论》《再驳〈新民丛报〉之政治革命论》《驳革命可以生内乱说》，朱执信的《论满洲政府虽欲立宪而不能》，陈天华的《论中国宜改创民主政体》等。

本文力图追溯"梁启超之问"的由来，分析当时梁启超与革命党人围绕这一问题的相关争论，进而探讨民初以降中国思想界对"民主专制"是否成为政治现实的各种解读，以及从学理上探讨化解"民主专制"之道的思考。

一、波伦哈克与"梁启超之问"的提出

甲午战争后，中国思想界认识到制度变革的重要性。戊戌变法失败，激进的改革者与温和的改革者之间却发生了两条道路的分裂，这就是：改良还是革命？君主立宪还是民主共和？

流亡日本后，梁启超一度与革命党人走得较近，摇摆于君主立宪与民主共和两方案之间。1903年的美国之行，不仅使梁启超对于美国政治有了更为深切的认识，也使他告别了曾经的共和梦。美国之行使梁发现了美国政治的"不可思议"之处，这就是，"美国者，以四十四之共和国为一共和国也"。他认识到，各州是小的独立共和国，远在联邦政府成立之前就存在了，这是美国政治的特色，"亦共和政体所以能实行能持久之原因也"。梁启超还

观察到，美国的市、镇制度，也是贯彻了共和原则的小自治体。也就是说，美国的共和政治，是许许多多小的共和自治体组成。正是在这一点上，梁启超认识到了美国政治的奥妙以及中国政治难以企及之处。

返日本后，重温伯伦知理（J. Bluntschli，1808–1881）、波伦哈克（Conrad Bornhak，1861–1944）反对共和的言论，梁启超更"不禁冷水浇背，一旦尽失其所据"。他开始反思自己一度的共和立场，发出了沉痛的"告别共和"论："吾党之醉共和、梦共和、歌舞共和、尸祝共和，岂有他哉，为幸福耳，为自由耳，而孰意稽之历史，乃将不得幸福而得亡乱；征诸理论，乃将不得自由而得专制。然则吾于共和何求哉、何乐哉？"他已然初步得出自己的结论：革命只能带来形式上的共和而实质上的暴政。

在《政治学大家伯伦知理之学说》文中，梁启超在称赞伯伦知理共和政体论"博切深明"的同时，介绍了波伦哈克《国家论》（*Allgemeine Staatslehre*）中的政体学说。波伦哈克是德国柏林大学的法学教授，1896 年出版《国家论》，1903 年由早稻田大学出版部出版日译本。波伦哈克是著名的君主主权论者，主张"国家即君主说"，以君主为统治权的主体，以人民及土地为统治权的客体。在人民主权说日益盛行的时候，波伦哈克的观点往往被主流法学界看作保守而不合时宜的。

波伦哈克认为，国家具有平衡正义、调和社会利害冲突而融合之的职能。君主的超然地位，使之易于承担国家的这一职能。而在共和政体中，统治之主体"国家"与统治之客体"人民"同为一物。人民因社会上、种族上、宗教上产生种种冲突，如让人民自行调和，是很困难的。因此，共和政体需要国家有特别的结构，这就是：同一宗教、同一民族，社会各种利益关系不甚冲突。否则，贵族与平民之间、资本家与劳动者之间、种族之间、省与省之间相互争斗不已，"于此之国，而欲行共和政体以图宁息，是无异蒸沙以求饭也"。这里，波伦哈克强调了共和政体的特殊性。

在波伦哈克看来，"夫共和国者，于人民之上别无独立之国权者也"。不因为人民之上没有超然的调节者，不得不由人民自身承担调和各种利害的责任，以保持利益关系的平衡。而这种政体只有富于自治传统与公益心的盎格鲁-撒克逊人民才能行之而有余地，"若夫数百年卵翼于专制政体之人民，既乏自治之习惯，又不识团体之公益"，无法平衡相互之间的利益冲突，社会秩序破坏后更难以恢复，"其究极也，社会险象，层见迭出，民无宁岁，终不得不举其政治上之自由，更委诸一人之手，而自贴耳复为其奴隶，此则民主专制政体所由生也"。这里，波伦哈克将国民的自治能力、公益心当成共和政治成功运作的必要条件。

"民主专制"的起因在于革命后社会平衡被打破，出现下层社会冲击上层社会的情形。大暴动之后，人民四分五裂，社会势力之平衡被打破，率先破坏之"无资产之下等社会"必定触犯上流社会，而富豪阶级必定起而捍卫其生命财产安全，"不惜出无量之代价以购求平和"。且社会动荡后，需要更强大的主权者奠定国基，但复活君权还是另立新君也有无数弊端，"于是乎民主专制政体，应运生焉"，如古代之罗马，近世之法兰西。

梁启超也转述了民主专制政体具体的演化过程，即篡夺者以军事起家，"民主专制政体之所由起，必其始焉有一非常之豪杰，先假军队之力，以揽收一国实权"，但这种新主权者较之神圣君主之权根底浅薄，不得不借选举与法律的名义奠定合法性基础，"彼篡夺者，既已于实际掌握国权，必尽全力以求得选，而当此全社会渴望救济之顷，万众之视线，咸集于彼之一身，故常以可惊之大多数，欢迎此篡夺者"。最后，是人民为秩序而将自由拱手相让，"芸芸亿众，不惜举其所血泪易得之自由，一旦而委诸其手，又事所必至，理所固然也"。在这样的民主专制体制下，宪法上明文规定的议院与行政权对抗的权力，也成为"猫口之鼠之自由也"。

借波伦哈克之口，梁启超也道出了这种"民主专制"的最大害处是，它无须对任何具体的人民或机构负责，人民也无法追究其责任。在君主专制国，大臣对君主负责；在君主立宪国，大臣对国民负责；而所谓的"民主专制国"，却缺乏对于国民负实际责任的主权者。"要之此专制民主犹在，而欲与彼立宪君主政体之国民与纯粹共和政体之国民，享同等自由之幸福，势固不能。"这种政府的变更只能通过再起革命、建立新法统的方式才能实现。这样的"民主专制"之下，其国民是没有自由、幸福可言的。

总之，从波伦哈克那里，梁启超直接接受了"因以习惯而得共和政体者常安，因于革命而得共和政体者常危"的论断。梁开始坚定不移地相信，民主共和政体是有相当苛刻的条件才能成功运作的，只有自然生成的民主共和，才能运转自如，而人为的革命造就的，只能是"民主专制"，其有害更甚于君主专制。

论战过程中，梁氏认为论战对手并没有圆满地回应他有关革命后不得共和而得专制的问题，因此反复提醒对手："于吾所谓内乱时代不适于养成共和之义讳而不言，何其规避若是！"在他看来，自己立论的重心在"今日不能行共和立宪，革命后愈益不能行共和立宪"，论战对手对于问题的态度是"支离躲闪，而要害处全不能解驳"的。

事实上，虽然革命党人的反驳不尽完善，但汪精卫等人也作了相当的回应，双方所论之点，涉及法理学理、中西历史、中国现实，既涉及当时亟待厘清的实践问题，也不乏跨时代的思想意义追问。

二、民初以降有关"民主专制"的讨论

辛亥革命爆发，中华民国建立，中国成了名义上的共和国，临时约法规定了人民法律上的应有权利。一时间，国会选举，政党林立，制宪工作也依次推进。但很快，国会运作不灵，政党之间的政争暴力化，制宪工作也屡番陷于顿挫。

梁启超尖锐的问题意识使他触及了历史深处的玄机，他仿佛成为一个先知先觉的预言家。种种迹象表明，辛亥革命后，在这亚洲第一个共和国当中，"民主专制"似乎真的出现了，呈现出如康有为所说的"慕美利坚而得墨西哥"的乱象。

对于共和试验的怀疑，不仅仅来自上层知识精英，甚至弥

漫至初具政治知识的普通民众。一位《甲寅》杂志的普通读者表示，"民国成立以来，上自政府，下至民间，号称共和，求一稍与共和性质相近之事而无有乎？"困惑地发出了"共和政体果足以救中国否也？"的质疑。

这时，革命党人中的激进者重新回到武力政争的立场，无暇对共和政治的失败作理论上的反思。能够起而思考者，是一些两大阵营之外的知识精英。思想界集中讨论的主要问题是：（1）民初以来的政治乱象是否是"共和"之过？民主专制是否成为"事实"？（2）出现"民主专制"或"假共和"的责任何在？（3）化解"民主专制"或"假共和"之道何在？等等。讨论以两度复辟论的兴起而形成高潮。

（一）民初以来的政治乱象是否是"共和"之过？"民主专制"是否成为事实

筹安会诸人相信共和政体的选择是仓促而不适合国情的："我国辛亥革命之时，人民基于情感，但除种族障碍，未计政治进行，仓卒制定共和政体，国情适否，不及三思。深明之士，明知隐患方长，而委曲附从，以免一时危亡之祸。"

杨度的《君宪救国论》也将民国以来的乱象，归为共和之弊。在他看来，中国人民并不具备共和政治所需要的普通政治道德与政治常识，"多数人民，不知共和为何物，亦不知所谓法律，以及自由平等诸说为何义，骤与专制君主相离而入于共和，则以为此后无人能制我者，我但任意行之可也。其枭桀者，则以为人人可为大总统，即我亦应此权利，选举不可得，则举兵以争之耳，二次革命其明证也"。在他眼中，"中国之共和，非专制不能治也。变词言之，即曰：中国之共和，非立宪所能治也"。在杨度看来，中国的国俗民情使共和在中国弊端丛生。贸然由专制直接进入共和，富国无望、强国无望、立宪也无望，只能成为一种病态的"共和专制"。

康有为的《共和平议》共计三卷二万四千余字，发表于1917年《不忍》杂志。康的主要看法是，当前中国之武人专政，国民无力实行共和，徒慕共和之虚名，必致召乱亡国。他将所有中国丧权辱国、兵争民困等一切政治上的不良现象，皆归罪于共和政治。民主共和政体，不能造成强大国家，不能适应国际竞争，康有为对于中国"望共和而得专制""求共和为慕美国，适得其反而为墨西哥"的悲剧性结局所震撼，甚至绝望地推论"中国必行君主，则国不分裂。中国若仍行民主，始于大分裂，渐成小分裂，终遂灭亡"。

无论是杨度的谆谆之言，还是康有为的痛心疾首，似乎都预示着"梁启超之问"正在一步一步地演化为现实。

针对普通读者"共和政体不足以救国"的想法，章士钊表示，民初国人之过于重视"共和"二字，与"厌恶共和，今日为最"的心态，皆源于不解共和之真义。"共和"在形式上表现为选举元首有定期，在精神上表现为多数参政的原则。中华民国的建立，只建立了形式上的共和，"不知尔所得者，仅为形式，精神之养成，本别为一事，而又非一朝一夕一手足所能为功"。在他看来，国人之狂赞共和或痛诋共和，皆非理性的态度，真共和是一定能救国的，共和政体之外符合多数政治精神的政体，也未必不能救国。

而当复辟之说喧嚣一时的时候，章士钊认为，复辟之说，起于伪共和。"伪共和者何也，帝政其质而共和其皮者也"。"共和有名有实。以共和名，行无道君主之实者，不得蔽罪共和"，种种乱象，罪不在共和本身，"由于有大力者利用国民之弱点，从中颠倒，不得以为共和本身之罪也"。他分析了共和之失败两方面的原因，"一由于国民责望之过奢，一由于当局成心之无对"。

虽然没有明确承认中国出现了"民主专制"，学理上章士钊并不否认"民主专制"的存在与危害。假如共和名存而实不具，"民主专制，其弊较之君主专制尤深"，因为"盖以名为共和国，则止能听其共争共乱，并不能专制而为治也"。在他看来，"君主专制可以数百年而不乱，民主专制近则一年数年，远亦不过数十年，势不能不乱，且一乱之后，相与循环不能自己"。

章士钊还从法国革命的实例中，分析"民主专制"产生的原因。他咎于革命领袖的唯我独尊、一般社会心理对于人民主权论的误解，以及群众乱极思治而在自由与安全之间选择了后者。章士钊认为，法兰西的共和之所以被人厌恶，就在于流于"民主专制"，"法国大乱八九十年，其间不外有数人焉，以一己之权力，视为绝对不容异己、不受调和，以至干戈相寻，祸败相续"。无论罗伯斯比尔还是路易 – 拿破仑，皆是唯我独尊，无法容忍政治反对派，而导致法国数十年政治动荡。这一点，章士钊认为民国的政治家应该深以为戒。

章士钊还注意到了法国革命中的民粹主义倾向，他称之为"'民王'之义"。"民王者惟民为王，主权在民之意也。此其义初不为恶，而用之者乃昧于全称偏及之分，而大祸作矣"。他引用黎白（Francis Lieber）的话"每次革命之所得，惟余专制，且每进益上，愈后起者专制乃愈酷焉，此即其理由之一也"。也就是说，人民主权论只能作为抽象的学理，一旦落实到政治运动的实践中，或者将人民作部分化的处理，"民主专制"也将产生。

章士钊还研究了"政治学中最有深求潜玩之值"的一派心理，即在秩序动荡的环境中，民众为生命财产安全而甘愿牺牲平等自由，服从专制者的社会心理，即"惩民政之弊，乃至思与专制为邻"。但专制者运用专制之量与方法大大超出社会心理所承受的范围，由此再次滋生政治上的反动。因此，民主与专制之间反复对决，循环不已。

陈独秀反驳的则是康有为的观点。在他看来，"夫民国六年操政权者，皆反对共和政治之人。共和名耳，何以责效？即令执政实行共和，国利民福，岂可因之立致？美、法、瑞士之兴隆，更非六年所可跻及（美、法无论矣，即日本之改革，内无阻力，尚辛苦经营数十年，始有今日）；共和虽善，无此神奇"。他认定中国并没有实现真正的共和，共和也不可能速成。

当然，陈独秀并不否认"求共和适得其反"的现象的存在。在他看来，求共和适得其反，是在别的共和先进国家也出现过的现象，"何独以此归罪于吾国之共和耶？"共和出现反复，非共和本身之罪，更非改革者之罪。共和政治最强的阻力，就是北洋派军人张勋之流的守旧武人、保皇党人康有为之类的学者。然而，黑暗时代终将是短暂的，"此反动时代之黑暗，不久必然消灭，胜利之冠，终加诸改革者之头上，此中外古今一切革新历史经过之惯例，不独共和如斯也"。陈独秀表示："康氏所举事实，虽不尽诬，使民国字样，悉易以中国，则予固无词以驳之。若其归罪于共和，则共和不受也。若其归罪于伪共和则可，而真共和不受也。"在他看来，康氏所痛恨的政治乱象，只能寄希望实行真共和来补救，而不是由复辟君主制来补救。

　　总之，对于"民主专制"是否出现于民国，当时的思想界并未达成一致的看法。君主立宪论者，基本认定辛亥革命以来的政局混乱是共和的弊端；而共和政治的拥护者则认为，不能将出现的所有政治乱象，由"共和"来担当。中国的共和只是有名无实的，"共和"不当其罪。但即便不承认共和之罪者，也不否认出现了"民主其名，专制其实"的政治局面，或者说"假共和"的事实。章士钊则从学理上对"民主专制"现象作了较为深入的分析。

（二）出现"民主专制"或"假共和"的责任何在

　　杨度将民初共和试验失败的原因归罪于革命党以"共和"为借口，行"革命"之实，与袁世凯抢夺总统大权。康有为将民国发生的一切不良现象，认定为共和政治不合于中国国情。章士钊认为，北洋政府派的责任为主，革命党人的责任在次。在他看来，民国之初，革命党人委屈迁就旧派的心还是到处可见的，温和派党人也主张"先国家而后政治，先政治而后党"。但袁世凯不以党人流亡为止。时至如今，革命党原以"暴民"为恶谥，转而以"暴民"为自豪，"使革命党尽为暴民，民国何至有今日"。在章氏看来，袁世凯抱大权独揽主义以安一时之乱，对政治反对派斩草除根，是民初政治调和失败的关键，也是共和失败的关键。

"中州退叟"则认为，民国政治走入绝地的根源在"未曾有一适当之构造，合法之组织"。作者认为，国体变更非意外不测，而是当然应有，"民国向来之构造与组织，皆为不适当不合法，而政治不良、国体变更皆为当然发生之事"。这一点上，他认为民初"立法无当"是有责任的："而吾国不幸当革命时，乃未著一想及国基如何，地盘如何，惟袭取欧美国体政制之皮毛，以快其一时好高骛远之虚荣心，以至立法无当，引起野心家非分之想。"在这种凭虚架设、东涂西抹式的政治改革不成，转而倒行逆施、重蹈覆辙的政治大失败当中，他深入体会到："一国政治之大改革，非仅以一场扰乱之革命，荡除前朝之污秽，袭取他国之文成规而已。要在能善察国情，为国家谋大建设，以导发本国固有之精神，与人民以自由发展之便宜。"这里，作者所持的是一种制度追问的立场，这种制度追问一定程度触及民初政局的根源性问题。

陈独秀认为，民众政治素质、政治经验的缺失是共和失败的重要因素之一，"共和立宪而不出于多数国民之自觉与自动，皆伪共和也，伪立宪也，政治之装饰品也，与欧美各国之共和立宪绝非一物"。这里，陈独秀希望人们放弃"希冀伟人大佬建设共和宪政"。到1919年，陈独秀反思中华民国变成了中华帝国、中华官国、中华匪国时表示，"一是中国创造共和的岁月，比起欧、美来还是太浅，陈年老病哪有著手成春的道理。二是中国社会史上的现象，真算得与众不同：上面是极专制的政府，下面是极放任的人民；除了诉讼和纳税以外，政府和人民几乎不关系……三是中国人工商业不进化和国家观念不发达……"这是陈分析共和由真变假的更深层次的原因。两年后，他成了中国共产党的创始人。

总之，对于共和试验失败的责任，有归于政府者，有归于革命党者，有归于共和制度本身者，也有归于制度设计失败，民众素质者，有综合分析者。

（三）化解"民主专制"或"假共和"之道何在

中国思想界为探求化解"民主专制"或"假共和"之道，也给出了各种答案，如培养政治对抗力、建立多数少数之间的转换机制、调和立国论、伸张国民自由、限制公权力、国民启蒙，等等。

清末，梁氏抛出"梁启超之问"时，他自己也是没有答案的。一旦民国真的降临，而且似乎他的预言正在兑现的时候，他的心情不是喜悦而是沉重的。他在思考化解之道，"假共和"变"真共和"之道。在《政治上之对抗力》一文中，梁启超提出一个"政治对抗力"的理论。

梁启超表示："凡国民无政治上之对抗力或不能明对抗力之作用者，其国必多革命……各方面对抗力销蚀既尽之后，全国政治力量成为绝对的，其结果必为专制，而专制崛起之结果，必为革命。任何政府之稳健运行，须两党良性竞争形成稳定的政治对抗力，而两党政治是维持政治对抗力之最佳途径。"这一观点，表明梁启超对于民主共和的真谛有了更深入的理解。

政党之间的对抗力如何产生呢？梁启超强调："曰必国中常有一部分上流人士，惟服从一所信之真理，而不肯服从强者之指命。威不可得而劫也，利不可得而诱也。既以此自励而复以号召其朋，朋聚朋则力，弸于中而申于外。遇有拂我所信者，则起而与之抗。则所谓政治上之对抗力，厥形具矣。"这一时期，李大钊的思想颇受梁启超、章士钊诸人的影响，他也重视"政治对抗力"的养成，以之作为共和建设的关键。在他看来，"欲享治平幸福，斯亦已耳，如欲享之，则不可不求衡平之宪法。然则对抗势力之养成，其首务矣"。他殷切提出"希望"，"希望有力者，自节其无极之势力，容纳于政治正轨内，发生之异派势力，幸勿过事摧残，致政治新运，斩绝中途也"。

章士钊不仅从黎白的书里找到了出现"共和专制"现象的由来，也找到了化解"共和专制"的秘方。他引用黎白解释共和的精义："共和国之安全，与谓基于多数者得其代表，宁谓基于少数者握有运动多数之权。"少数人能够合法对抗多数人，少数与多数之间有转化的机会，多数人的暴政也就不存在，这样"合法反对"的权利，在"民主专制"之国是不存在的。将多数与少数的转化机制，作为保障真正共和国的生命所在，这是章士钊与同时代思想家相异的独特政见。

黎白是一位德裔的美国政治哲学家、律师。他早年曾入耶拿大学就学。作为一位自由派政治活动家，他曾两度被普鲁士政府投入监狱。他先流亡英国，后于 1827 年移民美国。自 1835 年，他在美国哥伦比亚南喀罗利亚学院担任历史与政治经济学教授。在此期间，他出版其两卷本的重要著作《公民自由与自治政府》（*On Civil Liberty and Se- Government*，2Vol.，1853），章士钊翻译为《自由与自治》）。

为阐明立宪共和的真义，章士钊具体提出了"政本论""政力向背论""调和立国论"。

"政本论"即为政有容。章士钊说："为政有本，本何在？在有容。何谓有容？曰不好同恶异。"在他看来，民国以来派系林立、道德沦丧、外祸环迫、武夫横行的种种乱象，关键在于人才之"未得其所"，以及掌握大权者之"好同恶异"。他进而表示，"社会化同以迎异则进，克异以存同则退"，强调了多元性、差异性对社会文明的价值。

"政力向背论"则是章士钊从英国政治哲学家蒲徕士那里借用来的观点，他以物理学上的向心力与离心力运用至政治领域，提出政治也应保持两力平衡的辩证关系，这就是政力向背论的原理。章士钊指出，社会组织、团体靠向心力相维系。而无论何种国家都又必同时共具向心力、离心力。控制离心力的方法不是消灭它，而是将其控制在法律范围内，"欲保持向心力使之足敷巩固国家之用，惟有详审当时所有离心力之量，挽而入之法律范围之中，以尽其相当应得之分而已"，总之，"两力相排，大乱之道，两力相守，治平之原"。

章士钊还鼓吹"调和"为"立国之大经"。在《调和立国论》一文中，章士钊强调重大国事应超越于党争之上，收各派之聪明才力冶于一炉，才能安国本而善国俗。他力排人们通常对于"调和"的误会，"调和者，两利之术也，调和者，两让之谓也"。他借用罗威尔的话，调和乃"政制传之久远必具之性"。调和是怎样产生的呢？"调和生于相抵，成于相让，无抵力不足以言调和，无让德不足以言调和。"他从英、法两国的政治史中发现，前者深得调和之道，为自由之祖国；后者奉行朕即国家，不免于暴乱。总之，调和为立宪之本质，合法之反对为立宪之关键。

因此，章士钊并不认可防止"民主专制"的药方是恢复君主，"共和之下发生专制，其第一受病处，则在不解调和立国之方"。他所主张的调和立国、建立少数转化为多数的机制、容忍合法的反对、"尚异"、言论自由，这些足以防止"民主专制"。

张东荪则从制度与文化的关系入手，谈论"制治根本"。张东荪认为，制度只是"治术"，更为重要的是制度背后之"道"，则为文化。

张东荪指出，从消极方面，"制治根本"在于"国家与国民有严格之分界是也"。国家与国民的关系，如同公司与股东的关系，"国家如公司，国民如股东，凡公司之事，国家掌之。其不涉公司而为各股东自身之事，则由国民为之，无与于国家也"。这样的观念，既非政制，也非国体，"乃制治之根本也"。

张东荪认识到，近代建国之道，不靠伟人、大力，而在国民的自由，"国家有进而无退，民族有兴而无衰，其所以能致此者，即在国民有确立之自由，为国家所不能侵，故得自然发展耳"。反之，专制制度则压制国民天性，导致道德、知识水平的低下，"立国制治，在国民之自由。非特在普汎之自由，尤在间接得致其影响于政治之自由如言论自由、集会自由、出版自由、结社自由、书信自由等是也。吾闻之，一国政治之进，绝非政府自身之力，必有社会之威迫以驱策其政府，然后政府始得入轨道矣"。社会威迫政府之道，就在上述各项国民之自由，"国民之自由者，其反面即为国家之制限。易言之，亦即政府之制限""政权之有制限，乃近世国家之精髓，近世文明之根本也"。这里，张东荪明确认识到，现代政治文明的基本精神，就在于限制公权力，保障公民的自由权利。

张东荪认为，人性本是自私的，"无论何人苟假以威权而无法以督责其后，鲜有不利己害公者"，因此权力必须分散而牵制之，"制治之道，首在分散其权不使凝集于一，各得制限，互相督责，使皆不敢畔其范围以自逞"。他甚至视分权制衡的原则为普适性的，"古今立法建制之精神，皆不外是"。

从积极方面，"制治根本"则在于"国家之机关不容一党一派一势力所永久盘踞也"。否则，国家将由"公有国家"变成"私有国家"。"私有国家"变成"公有国家"的条件，"决非革命所可为功也""亦非专恃较良之政府虚衷退让所可为功也"。"公有国家"之道既不在革命与德治，而在寻求公善之演进。

而寻求"公善"的方法，也就是章士钊的"调和论"。张东荪指出，"所谓调和者，并非无端退缩、相剂于平，而无上下高低之分。乃虽自然竞争，而各不伤其固有之基础。虽互有进退，而不过顺应时代，为隐显之区别。此言一方面也。而他方面，则固各足相安，初无相杀之事，于是由相安而各得自固，由进退而得应乎时运，群治之进端赖此已"。议会政治的精神实质，也在因调和而保持政治流动性，"吾人之所以赞扬议会政治者，其目的即在以社会之写影移置于政治上，而政治乃得由讨论与调和而常自新焉"。

总之，张东荪阐述了共和政治的根本原则。这一原则体现在消极、积极的两个方面。消极方面是指限制公权力而伸张国民的自由，以自由限制政府权力。积极方面是指政治调和与政治竞争，依靠各派政治势力的充分竞争来实现政治上的流动性。积极方面、消极方面也是相互关联、互为表里的。正是个人自由的充分实现，才能保证政治上的流通日新。

而通往自由之路，还有赖于对普通民众的启蒙。陈独秀谈到了"觉悟""自觉"问题。陈独秀分析了政治觉悟的"三步"："国家为人民公产，人类为政治动物""是为吾人政治的觉悟之第一步"；"吾国欲图世界的生存，必弃数千年相传之官僚的、专制的个人政治，而易以自由的、自治的国民政治也。是为吾人政治的觉悟之第二步"；"所谓立宪政体，所谓国民政治，果能实现与否，纯然以多数国民能否对于政治，自觉其居于主人的主动的地位为唯一根本之条件""是为吾人政治的觉悟之第三步"。显然，第一步所指的是国民参与政治的热情，第二步指的是国民对民主共和的政治认同，第三步则是人民的自治、自主意识与能力。

陈独秀尤其重视人的"自主"问题。在他看来，人各有自主之权，"绝无奴隶他人之权利，亦绝无以奴自处之义务"。奴隶就是被强暴者横夺自由权利的人，一部欧洲历史就是奴隶的"解放历史"，"解放云者，脱离夫奴隶之羁绊，以完其自主自由之人格之谓也。我有手足，自谋温饱；我有口舌，自陈好恶；我有心思，自崇所信；绝不认他人之越俎，亦不应主我而奴他人。盖自认为独立自主之人格以上，一切操行，一切权利，一切信仰，唯有听命各自固有之智能，断无盲从隶属他人之理"。

因此，对于辛亥时期革命党人未能深入思考的"梁启超之问"，章士钊、张东荪、陈独秀等人，作了初步的回答。化解"民主专制"或假共和变真共和的关键，梁启超、李大钊提出了养成"政治对抗力"的问题，章士钊重视"少数转化为多数"的机制，并系统提出其"政治调和论"；而张东荪洞悉了制度背后的文化，提出以个人自由作为根基构建真正的共和国；陈独秀则寄希望于国民的"自觉""觉悟"，树立真共和的基础。由此，从制度到精神，从基础到上层，民主共和的真正内涵才得以彰显，"民主专制"才有可能不至于成为中国人挥之不去的噩梦。

三、结论

清末有关君主立宪与民主共和的大辩论中，梁启超的"革命不得共和而得专制"实际上是潜伏于讨论中最强有力的论点，对此革命党并未给予有力的反驳。共和政体的普适性与特殊性、种族革命的自然结果是民主共和还是"民主专制"，是双方论战的焦点。梁启超把丑恶的"民主专制"、革命党人把美好的"民主共和"各自当成了未来新中国的"天定命运"。

民国成立后的种种乱象，似乎证明梁启超真的预言了近代中国在政体追求上，从"处满洲而梦美利坚"到"慕美利坚而得墨西哥"的结局。民初共和试验受到的最严厉的谴责，就是所谓"民主专制"或"暴民政治"。筹安会在公开宣言中也强调要以"君主立宪"取代"民主专制"。共和论者，如果不避实就虚，需要正面回应"民主专制"的指控。

一批立宪派、革命党阵营之外的自由知识分子，对于革命后的所谓"民主专制"问题作了富有深度的学理探讨。限制公权力、伸张个人自由，通过政治竞争与政治调和保证政治的流通性，是真共和的精义；"政治调和论"基础上的"少数转化为多数"的机制，是防止"民主专制"的秘方；而提升国民政治知识与经验，是防止"民主专制"的基础性工作。革命党人未及深入思考的"梁启超之问"，新起的自由知识分子作了解答。

章士钊成为回应"梁启超之问"的主力不是偶然的。清末主笔《苏报》期间，他曾是激进的民族主义者，主张排满革命；但

1905—1911年留学日本、英国期间，他的思想发生了巨大的转折，思想上转而更接近立宪派。尤其留英期间，他阅读大量西方政治、法律书籍，深受英伦自由主义的浸染。正如当年梁启超受波伦哈克的启发而发出革命后"民主专制"的预言一般，章士钊也从黎白那里找到了化解"民主专制"的答案。

当然，某种意义上，"梁启超之问"仍然是"波伦哈克之问"；"章士钊之答"仍然是"黎白之答"。思想上提出的化解方案，最终并未具体转化为政治实践，更面临着其他三民主义者、马克思主义者提出的方案的挑战。中国特色的政治文明的建构，仍是跨越三个世纪的"世纪之问"。中国人民在走向真正共和国的路途中，仍在曲折前行。

（选自郑大华、邹小站主编：《辛亥革命与清末民初思想》，社会科学文献出版社2012年版）

民初有关共和制度的争论

——省思中国初次民主实验

李朝津

辛亥革命成功，创立亚洲以至 20 世纪世界中第一个民主国，当时言必称共和，但共和一词意指什么，除了推翻帝制外，革命成功以前似乎并没有一个共识，亦是民国创立后引起争论的来源。简而言之，辛亥革命所追求的民主，主要是代议政治、选举、宪法创立等各种民主机制，今天称为自由式民主（liberal democracy），又由于它重视国家统治机构，故又称之为形式民主（formal democracy）。但在 20 世纪中国，诸如社会民主（social democracy）、人民民主（people's democracy）等概念均有相当数量的讨论，自由式民主及形式民主相对受到忽视，甚至连正式译名亦阙如，反映出辛亥革命所带来的民主实验并没有受到足够重视，本文希望由此方向做一个了解。

辛亥革命的民主实验为何失败？主流史观向来是从权力角度去了解，亦即革命派在武昌起义后忽视权力，没有牢牢掌握，最后为袁世凯所篡夺。然革命派为何愿意拱手把权力让与袁世凯，这与他们的民主认识有何关系，向来是略而不谈。同时在1916年以后，纵然袁世凯去世，北洋军阀当道，有关宪法与国会的争论并未停息，它与民初之讨论有没有延续地方？此点亦向来为军阀与革命对抗的论述掩盖。总括而言，辛亥革命是中国有史以来首次民主政权的创立，然究竟在这次实验中得到什么教训，影响日后的政治改革，史学界的讨论仍然不十分足够。本文因此希望由民国建立的第一年中有关共和政制的论争，以观察当时的民主认识。

由于篇幅限制，本文将论证集中于民初有关总统制与内阁制的争论，它是1912年间的热门话题。至于争论内容则以章士钊及戴季陶两人之言论为核心。章士钊很早便参与革命，但其后却远离政治，于1907年赴英国留学，1911年辛亥革命成功，章士钊便遽然返国，成为民初英国温和政治理论重要传播者。至于戴季陶，他原来并非革命派，1909年于日本毕业后，曾在江苏地方自治研究所任教，但受到当时革命风潮影响，其后言论日渐激进，最后为清廷追捕，不得不逃到南洋去任孙中山小孩的中文补习老师。戴季陶从此便与孙中山结下深厚关系，虽孙中山如何影响戴仍无具体线索，然光从戴季陶当时以天仇为笔名，便可知其激进。戴的激进性，与章士钊的调和立场是两个不同极端，亦反映革命左右不同路线。

一、温和派之内阁制观

当辛亥革命爆发后不久，政府形式问题便立刻出现。1911年12月25日孙中山回到上海，翌日革命派召开会议，商量武昌起义后的方向，会议中提出问题主要有二：首先是临时大总统人选，会中一致选举孙中山出任；其次则为政府组织形式，参与会议的人有两个不同意见：一个是孙中山主张的美国式总统制；另一个则是宋教仁支持的法国式总统制，亦即内阁制。至于会议在最后决定采取哪一个方式，似乎相当模糊，目前史家仍有争论。然1912年3月公布临时约法时，明显是宋教仁的看法取得上风，约法第34条表明："临时大总统，任命文武官员，但任命国务员及外交大使公使，须得参议院同意"，即由总统提名内阁国务员，经参议院同意，但34条只是笼统提到国务员，并未区别总理与其他阁员地位，以后仍不断引发争议，然议会至上的内阁制路线被确立下来。

由孙中山的总统制转向宋教仁的内阁制，以及日后一连串的争议，是中国建立民主过程中的一个重要经验，但其重要性向来受到忽视。因为主流史观认为民初共和的失败，主要导源于袁世凯篡夺大权，破坏革命果实。反对与不反对袁世凯的争论，掩盖了有关共和政府以至革命派内部中的真正议题。胡汉民在其自传中便曾透露当时情况："宋［教仁］不得志于南京政府时代，然已隐然为同盟会右派之领袖，以左派常暴烈，为社会所指摘，右派则较为稳健，以博时誉。"文中突出革命阵营有所谓温和及激进之不同政治看法，然胡汉民在自传中仍强调其反袁立场，无法摆脱袁世凯议题。因此1911年12月26日上海会议，在民初历史中便变成拥袁及反袁之争，而民国建立时有关总统制与内阁制两个不同民主政制想象的矛盾，反而淹没于历史之中。

在南京临时政府中，支持内阁制最力的是宋教仁，不过宋教仁是个革命实行派，他的共和国建立理论，主要来自章士钊。章士钊在辛亥前后留学英国，在《帝国日报》及《民立报》等报刊发表大量有关内阁及政党政治文章，宋教仁把上述文章收集、剪辑成册，作为其政策之理论根据。事实上章士钊与革命党中的温和派关系较为密切，他之进入《民立报》亦由黄兴引荐，故章士钊可以说是革命温和派之理论代表人物，应无疑义。

章士钊之提倡内阁制，并非针对袁世凯，这点在1912年2月其在《民立报》发表之《复朱君德裳书》中说得十分清楚。朱德裳来信即提及中国历史人物"有帝王思想，无总统思想"，因此"大总统亲揽政权，总理一切，渐积所趋，即无异帝制自为"，故反对总统制。但章士钊对民主却深具信心，认为多数政治已成为世界共同趋势，"无论总统专制达于何点，而欲抹除立法一部，乃绝对的不可能"，章士钊以1912年年初南京临时参议院之经验为例，当时仅只三十多个参议员，便已制衡得政府动弹不得，种种议案均无法通过，因此袁世凯的野心并不足虑。

在此复信中，章士钊明确表明他反对总统制、支持内阁制的做法全基于学理上的认识。他反对总统制，是因为美国总统制"使政府弱而中央集权无由行"，美国国会常掣肘联邦政府，最后

"政府百事不可为而日流于弱"，因此中国应采行内阁制度。内阁目的非以防总统之野心，而在救政府积弱之势。内阁制的优点是在行政、立法两权的互动上，内阁制是弹性，若行政不满意议会，可以解散重选，议会若不满意内阁，亦可以倒阁，因此双方始终能维持紧密关系，有利于国家领导权的巩固。而总统制则相反，总统四年一任，十分僵化，"任期以内国民无如总统何"，根本无责任政治可言。

章士钊支持内阁此种弹性做法，是因为可以避免成文宪法的限制。章士钊非常反对成立宪法，他认为法律若根本规范，"必至异常。万不得已，不欲使之动摇。其流弊不摇动则已，一摇动则必至不可收拾，而全国流血之事，乃至数见不鲜，此征之法兰西而可知矣"。但若无法律规范，则内阁如何能与国会协调，章士钊认为政党是关键，它可以调和立法与行政的隔阂。他又特别推崇英国之政党制度，认为英国政党制度成熟。法国虽行内阁制度，表面上已能建立一个强而有力的中央政府，但仍比不上英国，原因是法国"政党之组织过劣，徒法不能以自行也"。所谓组织，章士钊认为政党最大作用有二，一为提出政策，二是运动选举。只有提出政策，人民才能有讨论焦点，而且因为政党之看法均为相异，人民亦可以有选择余地；政党更重要的目的是赢取选举，不从选举取得政权，其政纲亦无由发挥。总括而言，章士钊是由功能观点看政党，其目的是建立一个有效国家。

另一个章士钊着力颇多的问题是民国建立后之中央与地方关系，在一个强而有力的政府目标下，章士钊是反对地方分权的，他的着眼点是联邦制度，他认为联邦制是一个权力对立架构，故行政与立法分权，中央与地方分权，不但与内阁制之集权性质有异，而且妨害中央政府推行中央政令。然武昌起义之后，省权正张，章士钊此说当然大受时人反对。为进一步推动其立场，他把集权分为立法集权及行政集权，所谓立法集权是指国会万能，如英国，"凡巴力门所通过之案，无论善恶，其效力皆弥全国，各处地方议会虽亦有立法权，而其立法权乃为国会所赋予"，因此所谓统一是统一在国会之立法权底下。至于行政方面，章士钊也许是响应激进派之挑战，他反对废省之议。章士钊认为"统一国立法统一，而行政尽有不统一者也"，因为"中央以集权之故，政务过于繁重而弊"。虽然如此，章士钊对地方自治采取一个开放态度，究竟各省省长应否民选，则要视乎情势而定，与激进派之坚持省长民选有异。

二、激进派与温和派间的争论

与温和派相对的是激进派，他们主张总统制，反对内阁制，其中主张总统制最力的是孙中山，他可以说是激进民主派的代表。孙中山之主张总统制，并非有意制衡袁世凯，其目的在建立美国式民主。孙中山对实行总统制相当坚决，当他 1911 年 12 月 25 日抵达上海，第二天召开同盟会最高干部会议时，在会上即坚决主张实行总统制，反对内阁制。他的理由是"内阁制乃平时不使元首当政治之冲，故以总理对国会负责，断非此非常时代所宜。吾人不能对于惟一置信推举之人，而复设防制之之法度"。在会议进行中，南京在 12 月 27 日派出代表团见孙中山，提出袁世凯代表唐绍仪曾表示有意支持共和，但条件是由袁出任大总统一职。因此当孙中山坚持总统制时，他已经知道袁世凯有可能出任大总统，有关内阁与总统之争，显然无关袁世凯。

孙中山支持总统制之原因为何？这与他倾倒于美国政治制度有莫大关系。当然革命派中有不少是支持美国制度的，但其中孙中山最具代表性。比较常为人所引用的例子是孙中山在道经巴黎返国时，《巴黎日报》记者曾访问他，提及革命成功以后的计划，孙中山便以中国"面积实较全欧为大。各省气候不同，故人民之习惯性质亦各随气候为差异。似此情势，于政治上万不宜于中央集权，倘用北美联邦制度实最相宜"。在道经香港时，美国驻香港总领事安德生访问孙中山，他亦表示"临时政府实施军政制度，但是最后的目标是要以美国的模式为基础"。

然孙中山之所以支持总统制，除国家环境相同外，究竟有何原因要实行总统制，向来很少有人谈及，原因是革命成功后，孙身为领导人，很多事情均采取低调政策，无法批评。故求之于激进民主派的看法，则不得不由戴季陶入手。

戴季陶与章士钊间的龃龉地方很多，不过很多流为意气之争，两者间之深层矛盾反而为人忽略。例如在 1912 年 6 月间陆征祥出任国务总理一事，两人便因此出现严重争议。事情起于袁世凯出任临时大总统后，唐绍仪因其与北洋及革命派均具深厚关系，奉命组阁。但唐绍仪内阁是混合内阁，并非政党内阁，故当唐氏与袁世凯不和辞职时，同盟会便呼吁组织政党内阁，以实践民主。不过同盟会当时并非参议院的多数党，在立宪派的共和党及共和统一党联合支持下，参议院终于通过由原外交总长陆征祥出任总理，组织内阁，内阁成员仍分别由各党派组成。不过当参议院审查陆征祥内阁成员时，因为陆征祥言语不得体，结果所提六名阁员都未获得通过，甚至连立宪派都反对他们，虽然其后在袁世凯的操作下，透过舆论及军警请愿行动，内阁终于勉强成立，但其间已饱经风浪。不少人对参议院功能提出质疑，如名记者黄远庸便讥笑参议员在公共压力下改变立场，章太炎甚至建议以后内阁阁员由总统通过便可。

面对此一难局，章士钊在这问题上采取一个调和立场，从宽解释约法第 34 条有关国务员任命之事，他认为国务员任命有集合及分配两重意思：所谓分配是指内阁国务员单独向国会负责，故须逐一经国会同意任命；所谓集合，是指内阁为一整体，只要国会同意总理一职，则国务员由总理选择，自然向总理负责，与总理共进退，内阁国务员无须逐一经国会同意任命。章士钊之主张，固然是希望打破国会与袁世凯对峙僵局，让新内阁正式上路，但亦与其原来反对法制规范理念相合，即内阁与国会互动是经无数现实与原则之折中及法理上之解释，共和体制才逐步成熟。

但政局发展当然没有如章士钊期待的圆顺，同盟会与袁世凯为陆征祥内阁应否倒台仍然相持不下，章士钊在 7 月 21 日发表《北京政局之大波动》，认为政党政治面临崩溃危机，因为政党政治之必要条件是国内秩序安定，若国内陷入无政府状态，则政党政治无由推动，究其原因，是当时同盟会及共和党外尚有不少政党，且其政治立场不明确，在纵横捭阖中政局自然不稳。章士钊因此提出"毁党造党"策略，要求各大小政党互相商榷政纲后，包括同盟会在内所有政党全部解散，再按照政纲重新组成两个对立政党，中国之民主政治方有步上正轨的可能性。章士钊这项提议可说是石破天惊，更引起同盟会内部各方面的不满意，成为章氏同年8月离开《民立报》之导火线。

对于陆征祥内阁与国会间的对峙，戴季陶完全归咎为袁世凯的阴谋造成。他认为袁氏"欲帝制自为久矣"，袁事前已了解到参议院必会反对陆征祥，却故意提名他出任总理，目的要激成参院第二次之反抗，在全国冲突下，袁将会任命段祺瑞为第三任总理，如此兵权政权悉归其掌握，尔后更仿效拿破仑，拘禁议员，解散议院，以达成其帝制目的。由戴氏对袁世凯的攻击，对袁世凯政策自然又成革命派内部争议焦点，但后面所隐含的相异政党观便很容易被忽视。

假如仔细检查戴季陶对共和政体的看法，他与章士钊并无太大差别。例如有关约法第34条之争议，戴氏反对所谓集合解释，不过其理由则以约法为南京参议院所定，则参议院应拥有解释之权。戴氏认为"吾国共和制度新立，国基未固……宁可议院专制，使法制有可改良之机，绝不能任总统专制，启后世专横之祸"。换言之，戴氏亦推崇参议院地位，与章士钊国会至上看法并无二致。

在政党政治方面，虽然章士钊之"毁党造党说"饱受攻击，但当宋教仁于8月重组国民党，戴季陶仍以两党政治期许，他认为"一国当改进之时，无论其为政治事实，其为学术思想，其间恒有二派，一则主张进步，一则主张保守"，因此戴氏并没有反对两党政治，因为"以其小党之流别论，虽各成一性质，然而其一国之大问题出，终不外两途"。故戴季陶支持保守者合并为共和党，进步者合并为国民党，当然戴季陶对国民党有更大期待，认为共和党"保守之性，已足亡中国而有余者也。此吾所以深望进步之国民结合大政团，以勇猛精进之精神，抗委靡腐败之国家也"。然而整合小党成为两大党的看法，亦与章士钊之毁党造党相似。

因此跳出袁世凯问题，章士钊与戴季陶在政治上的看法并不存在太大差异，所有纷争，似乎都离不开党同伐异的因素。不过若仔细观察，两人虽然同样支持议会政治，同样支持政党政治，他们的出发点却不一样。

三、温和派与激进派之差歧

为何章士钊如此偏好内阁制？这与他的国家观念及民主认识有密切关系。当民国建立之初，章士钊自英伦返国不久，他在1912年2月发表一篇讨论"国体与政体之别"的文章，强调国家体制分为国体与政体两个层次。所谓国体是指国家为"统治权之所在"；所谓政体，即指政府，"领受国家之意思实施统治者也"。至于国家与政府之关系，章氏认为是"国家者立于政府之外而又超乎政府之上"。章氏认为"太初政府即为国家",然由于身为统治者之政府不断变动,故国家与政府渐分开,国家自成一系统。当然国家也有变动时刻,如革命出现,"从前之系统破坏无余"。于是有宪法制定国家之新形式。但章士钊仍强调"国家造宪法者也,宪法非造国家者也",国家仍然是一个不轻易变动的形态。因此国体之于章士钊,是个连续性、超然的实体,它甚至超越人民之上。章士钊把这看法引申为人民并不能拥有国家主权全部的观念,因此反对南京临时约法第二条规定,亦即"中华民国之主权属于国民全体"。章认为此条款纯粹受18世纪卢梭"人民主权说"之影响,他引用黑格尔的说法,以国家为"国民总意之结晶体也",而人民只是国家中一个元素而已。这是章士钊一个颇为特别的看法,亦是他与激进派站于完全对立地位的主要原因。

不过国体是一个抽象观念,在民国建立之初,章士钊无意亦没有时间深入讨论。对章士钊而言,辛亥革命成功,统治权由君主转为人民,国体问题已经解决,无须进一步深谈,更重要的是如何建立统治机构,亦即创造新政体。章士钊强调只要国体属于人民,政体其实可以采取不同形式,所谓君主、贵族以至平民等政体无高下之别,只视其社会环境的需要。故章氏认为极端共和主义者常夸大民政与君政的差歧,其实是错误的,由政体观之,"民主国之职务与君主国之职务毫厘不差",都是执行政府功能。他甚至引用美国政治学者柏哲士之言,认为中国当前最恰当之政体为"以平民之国家而建立贵族之政府"。章士钊之极力抬高君主以至贵族政治的地位有三个原因:首先是中国民智民德仍未足够，根据天演公例，民主必须循序渐进，中国初得民主，要马上实行全民政治，似不可能；其次是革命成功之初，民权平等之说成为社会潮流，章士钊怕支持民主的激进派"骛为玄想，习为放纵，以蹈法兰西之覆辙"；再次是章士钊追求一个强而有力之政府。章士钊鉴于西方经验，认为民主建立之初必然出现立法与行政两权冲突，然在国家富强的要求底下，两权必须互相让步，因此代表民意的立法权绝对不能过于强势，事实上章士钊认为西方内阁制正是此种互动所产生的结果。

因此章士钊对国家的看法，是深受进化论影响的，这种进化论又以历史延续的有机体作为其特色。不过民元时国家新建，章士钊满怀希望，故谈现实层面政治较多，谈国家基本理论较少，直到二次革命后，民主建国希望幻灭，不少革命党人开始怀疑民主建国之可能性，章士钊不得不就此问题进一步说明，其国家观才逐渐披显，其中最重要的文字为1915年8月《甲寅杂志》所发表的《国家与我》。该文响应陈独秀之《爱国心与自觉心》一文，陈独秀认为人人固然要爱国，但若国家违反正义，则爱国仍是否必要？为了回答此问题，章士钊指出国家建立之道有二：首先是根据卢梭所称，国家是由契约所生的一个法律体系，它是人民自由意志下签订的，故人民若不满意，当然有权利解散这国家。对于卢梭契约说，严复当时曾为文反驳，认为完全是卢梭虚构的，因为历史上不可能有人民自由签订成立国家的契约，不过章士钊却认为有存在之可能，它就是民族的成立，民族的成立使国家成为一个生命共同体，不可能解散，否则民族亦随之而灭亡。章士钊所指民族，就是其所言之国，它是各个个体建立国家最基本的共同点，等同契约功能，亦只有在此基础之下，国家才能缓步发展，调和各种冲突。明乎此点，才可以理解章士钊为何把君主、贵族以至民主等政体等同，因为它们都是进化阶段之产物，无法超越历史性国家之范围以外。

假如说章士钊强调一个历史性的国家体，戴季陶的国家观可以说在另一极端，强调国家是人民自由组合体，此观点在其讨论宪法时更为突出。1909 年戴季陶在江苏地方自治公所担任教职，曾发表《宪法纲要》一文，指国家是"以人及我而成"，亦即"人之总体之谓也"，而个人之所以形成，又完全是由于其"自由意力"活动的结果。与章士钊的国家观比较，戴季陶是一个绝对自由主义者，他认为国家只不过是个人之集合体，因此完全否定一个超然"国体"的存在。不但如此，戴季陶更认为国家内之各个个体是互相依存，没有差歧的，因为"我之生匪全不赖乎他人者，于是我之与天之与我，竟成密切不可分之关系，此关系之深而久者，其行几如一天。就生物学言，则谓之曰群，就哲学言，则谓之曰普遍我，就法学言，则谓之曰人格"，因此国家是由一群同构型的个体组织而成，没有章士钊上智下愚的看法，戴季陶亦因此采取一个乐观态度，不像章士钊由冲突层面看国家构成。

至于国家形成方式，戴季陶举出三个学说：以社会为本、以契约为本、以进化为本；但三者皆不为其所认同。戴季陶认为以社会为本过于一般，未能突出国家之特性；以契约为本是卢梭说法，但契约只反映人与人的"相对关系"，非"绝对关系"，不足以说明国家；至于进化说亦过分浮滥，万物莫不进化，亦无法说明国家特性。对戴季陶而言，国家是一个法人，"以法而存在之合成人格者也，故无法则不能存在"。不过戴季陶之所谓法，不单是法律条文，最重要是国民精神的总合表现，故"国家者，由个人而成以最超越之精神存在于特殊地位之自主团体也"。因此法律是人民总体意志的表现，亦是个人自由意志的表现，是人民精神的表现。戴季陶对法律以至宪法高度期待，称之为国家最重要的基础。而法律以至法律精神的刚性特征，亦有异于章士钊之缓步渐进的历史观。

亦因为戴季陶之乐观，他之支持总统制，是因为总统制最能直接反映人民权利，此观点可见之于戴氏的联邦制度观。联邦制度问题向来只被关联到反对袁世凯或反对中央集权问题上。但戴季陶却以联邦制度为其实践直接民权之不二法门。在一篇呼吁省长民选的文章中，戴季陶指出人民常受限于"狭义的参政权之思想"，亦即"以为参政权者，即参与立法之一部为已足，而选举权者亦限于选举议会之议员为尽其责，所谓共和者，以能选总统，即参政权已达其目的，而共和国人民之权利义务，遂于此终矣"。戴季陶在文中主要强调省长民选，并未能完全阐发其直接民权理念，其原因有数个：首先是地方政制是此文要申明之重心，未便偏离主题；更重要的是当时他正攻击总统袁世凯滥权，故未便为总统扩权张目；第三点是当时仍是以间接选举总统为主流，戴氏有没有如此明确的想法仍有待考察。然文中戴氏明确主张人民应全面参政，故云"完全之参政权，即人民有参与立法司法行政之权也"，而且戴氏更间接表达出直接民权的想法，所谓"有宪法之国"，其立法司法行政，皆受宪法之保障，而共和国者，其宪法之根据为人民，故立法司法行政之权，直接受宪法之保障，即无异间接受人民全部之保障。戴氏一切以人民为依归，与章士钊之人民只是国家要素的看法，截然对立，亦难怪孙中山对临时约法表达不满，只承认约法第二条"中华民国之主权属于国民全体"为他所同意，其他一概与之无关。

戴季陶另一个支持总统制的原因是权力制衡形式，此点亦是他与章士钊相异的地方。戴季陶主张政治权力的冲突与制衡常态，无须力求协调。政党是其中一个例子，无论章士钊或戴季陶，均主张政党应有不同政纲，彼此竞争，但章士钊完全由功能角度看党争，仍然反对根本上的对立，因此戴季陶直接质疑章士钊，以"行严先生所持之见，既为应有政党，则不宜开口便说党争亡国"。戴氏认为党争"不特不能亡，且足召国家之发展"，因为"真理以争而愈明"。另一个例子则为三权分立问题，戴季陶支持三权分立的原因有二：其一是防一机关独断专横，总统以至国会互相制衡，不会独断权力；另一个原因则以为国家愈进步，权力机构分科愈发达，故独立机构之形成，为势所必然。

结论

内阁制与总统制之争，在民初政治议题中可说是昙花一现，而当时争议的地方，又多半集中在袁世凯的权力问题，及至袁氏帝制失败，有关总统权力的争议，亦因而告一段落。但正如上文提及，总统制与内阁制争议所涉及之行政、立法、宪法等各种共和制度问题，到北洋政府时期仍引起无数纠纷，直到曹锟当选总统后，各界对共和制度再不抱任何希望，民初的民主争议才告终歇。因此内阁制与总统制之争，在中国的民主发展过程中，是值得进一步探讨的。

总结本文的讨论，民初有关民主论争的特征有三个：首先争论集中在政治结构上，即国会、内阁以至总统的功能与角色，这点以章士钊最为明显，他的政论文章少有涉及政治以外范围；戴季陶讨论范围较广，也许受到孙中山民生主义影响，他对华侨、贸易、民生等问题均有涉及，但很少把政治与社会问题联系起来，更不要说把社会看作政治基础。故无论章士钊或戴季陶，均视政治与社会为两个独立互不干涉的范畴，甚至可以说对政治抱过大希望，认为只有政治上达成改革目标，其他问题才能迎刃而解。这种政治自由主义的倾向在民初十分流行，章士钊及戴季陶可以说是典型代表，它代表了政治个人自由主义热切追求的浪漫思想。

其次是法律观点又在政治方案中占有十分重要的比例。宪法之争是最突出例子，若以章士钊及戴季陶而言，几乎所有争议都可以追溯到他们的法学观点，而两人的看法又代表当时两个主要思想流别。章士钊一直强调法律以至宪法均为历史产物，不应该给予过分硬性的定义，故法律是妥协及调和之结果，这是章士钊备受攻击的原因，因为他经常为迁就现实而妥协原则，故当国会为陆征祥内阁争执不休时，章士钊便放弃其政党内阁原则；与此相对的便是戴季陶，他支持一个刚性法制，法律并非历史产物，而是一个国家精神的表现，不容妥协。然无论是历史观或精神观，两人均以法律为解决政治纠纷之不二法门，法律观点的衰微是民初民主思潮一个重要的转折关键。

再次是中央与地方的关系，亦是两人争执的重要问题。比较有趣的现象是民初力主联邦制的戴季陶，到北伐以后却成为统一派，而力主一统的章士钊，在国民政府时期却成为力挺异议分子的民主人士。两人观点之转变是否能纯粹归因于权力关系的替换，值得深思。论者常以晚清督抚力量的崛起，代表中央政治力量的衰弱，故民初有关联邦问题的争议，事实上是重建中央地方关系的一个尝试。事实上两人均不否认要给予地方相对自主的权力，但戴季陶从势之角度出发，认为以中国地方之大，民主潮流之需要，联邦制度是必然的解决方案；而章士钊则从富强的角度出发，坚持政治上整合的必要性。两种观点其实在整个北洋时期均争论不休，只有在北伐以后才日渐销声匿迹。中国近代的中央与地方关系到今天仍在重建中，双方争论的观点仍然值得我们参考。

（选自中国社会科学院近代史研究所民国史研究室、四川师范大学历史文化学院编：《一九一〇年的中国》，社会科学文献出版社 2007 年版）

政治浪漫主义与中国早期议会民主

萧功秦

在思想文化史上，浪漫主义是一个很难确切定义的概念。然而，如果我们对人类精神生活中被称为浪漫主义的思潮现象作一大体的概括，还是可以发现，这一概念实际上具有两个相互关联的意义层面。首先，它指的是一种潜含在人类精神深处的特殊心态、倾向。它崇尚主体自发的冲动，独特的个人感受，以及人在冲决世俗生活中的规范、信条和习俗束缚时产生的高峰生命体验。浪漫主义者认为，人们在冲破世俗罗网时所感受到的生存意义和价值远比这样做可能导致的功利上的实际后果更为重要。人类各时代的浪漫爱情即属此类。用罗素在《西方哲学史》中的话来说，"浪漫主义者在推开对人性的种种约束时，往往会获得一种新的元气、权能感和登仙般的飞扬感"，这会使他觉得即使为此而遭到巨大的不幸也在所不惜。

浪漫主义另一个由此派生出来的意义层面，指的是主体把自己长期受到现实逆境压抑而产生的热情、理想和愿望不自觉地投射到某一外部对象物上，而并不关注这一对象物的真实属性。人们经由这种潜意识的愿望投射和"主体向外扩张"的移情作用，来宣泄、抒发、寄托内心的深层企盼，并以此获得一种冲决现实束缚而感受到的人生超越感和审美体验。因此正是在这个意义上，浪漫主义者往往以某种与现实逆境和阴暗面形成鲜明对照的"秩序状态"作为自己精神追求的支点。这个支点可能是某种历史上根本不存在或存在过但却被人美化了的"合理状态"。例如卢梭心目中的田园诗般的中世纪，或陶渊明笔下的"桃花源"这种合理状态所呈现的人与自然的和谐，人性的质朴和完美是浪漫主义者深受现实生活压抑而产生的逆向的愿望投影。浪漫主义者的支点也可以是某种异邦社会秩序，在浪漫主义者中它所呈现的特质，与现实的黑暗、丑陋和颓废恰恰形成鲜明的对比。此外浪漫主义者的精神支点也可以是某种经由人的理性设计的符合"人性"或特定的道德理念的乌托邦秩序，等等。

正是在这个意义上，无论是艺术思维或政治思维中的浪漫主义，其基本特质就是"主体主义（subjectivism）"，用欧洲思想史学者罗兰·斯特朗伯格的说法，"人的心智参与对现实的塑造"或者说是"心灵部分地创造了它所把握的外部现实"。英国诗人济慈直截了当地认为"美就是真"，更是点出了浪漫主义的实质。

这种通过主体的愿望投影来重造"客体对象"的目的是什么？为什么人们宁愿用一个美化了的虚拟的"外部世界"来代替他们直接面对的实在世界？难道人类的福祉不正是以如实地认知现实为先决条件？浪漫主义者之所以需要这样虚拟的支点，乃是因为只有当他们主观上把这个支点认定为实在的，真切的，可以实现的，他们所追求的价值或信念才有了基础和依据。浪漫主义者这种本能的"反唯物主义"倾向，有着其特殊的心理或社会功能。就最低限度而言，人们借助于这种"望梅止渴"的愿望投射，至少可以减轻现实逆境对人性的压抑而产生的挫折感和焦虑感，起到精神自卫和心理补偿的功效。浪漫主义更为重要的意义还在于，它所焕发的人的主体能动性、生命元气，原创性和行动意志，可以进而转变为按人们的希望和理想去改变现状的精神动力和资源。正如卡尔·曼海姆指出的那样，"如果放弃了乌托邦，人类就会失去塑造历史的愿望"。同样，也正如韦伯所指出的"人类如果不曾反复追求不可能的东西，也就不可能获得可能的东西"。然而，浪漫主义者的愿望和行动与真实世界之间的紧张和背离，在社会政治实践中却往往带来主观上不曾意识到的各种消极后果。

一、中国现代史上的政治浪漫主义

希尔斯（E.Shils）指出，西方知识分子中的浪漫主义思潮，是对市民社会机械、平庸、刻板的生活方式的精神反叛。希尔斯认为，布尔乔亚家庭、商业化的活动和市场，对人的激情的约束以及它们要求人在承受义务方面的循规蹈矩，所有这些都会窒息人的主体性，原创性，率真性，并使人失去自我和生机。浪漫主义对于超越境界的追求，可以说是一个多世纪以来相当部分西方知识分子中不绝如缕的价值倾向。

中国近代以来从来没有过成熟的市民社会，中国20世纪初叶以来的政治浪漫主义思潮产生于民族生存条件极度恶化的时代环境。它最早的表现是深受民族屈辱和挫折感刺激的青年知识分子对诗化的中国民族灵根的礼赞。陈天华是这种浪漫的民族主义最早的代表人物之一。他在1905年发表的《论中国宜改创民主政体》这篇著名的时论中认为，中国人具有其他民族所没有的天生的禀质。早在鸿昧初启时，这种禀质已崭露头角，现在只不过被专制政治压抑而稍失其本而已。他认为，"无目者，不能使之有明，本明而蔽之，去其蔽，斯明矣。无耳者，不能使之有聪，本聪而塞之，去其塞，斯聪矣"。既然"吾民之聪与明，天之所赋也"，因此他认为，在推翻清专制后，"中国人的能力不但可以恢复，而且可以在最短时日内恢复；一旦恢复，即可享有西方民族现在享有的完全的权利"。根据他对中国民族灵根的这种判断，"中国醒悟之后，发奋自雄，五年小成，七年大成"。既然中国人"具有大和民族与条顿民族之所长"，"以欧美数百年始克致者，日本以四十年追及之，吾辈独不能以同此例求之乎？"虽然，他也指出，"入手之方，则先之以开明专制，以为兴民权改民主之预备"。然他又认为，由于中国民族上述种种优良品性，在专制被推翻之后，可以在最短时日内恢复。因此创立民主政体是指日可待的。他把西方民主政体视为"珍馐罗列于几案之前，唯待吾之取择烹调，则何不可以咄嗟立办"。

陈天华对中国人的民族性的判断，与近代中国人在现实生活中显示出来的经验事实并无关系，也完全不涉及前辈知识分子如严复、梁启超等人经常提到的中国国民性的种种负面表现，如"柔弱""涣散""麻木""旁观主义""无公德心""无血性"，等等。陈天华对中国民族性的美化还表现在把中国传统的地方自治解释为中国人具有民主政治能力的依据。他举例说："盛京、吉林之间有韩姓其人者，其地有完全之自治权，举日、俄、清不能干涉之，其实际无异一小独立国。而韩姓亦一乡氓也，未尝读书识字。其部下亦不闻有受文明教育者，而竟能为文明国民所不能为。谓非天然之美质，曷克臻是！"

对中国传统民族性的民主能力的诗化和附会，也同样表现在汪精卫同时期的言论思想中，他认为，"自由、平等、博爱三者，人类之普遍性也。论者虽武断，敢谓我国民自有历史以来，绝无自由平等博爱之思想乎？……夫我国民既有此自由平等博爱之精神，而民权立宪，则本乎此精神之制度也，故此制度之精神，必适合于我国民，而决无虞其格格不入也。"汪氏还进而把尧舜以来的"敬天安民""保民"思想，视为植根于国民中的"公法"基础观念，以此来证明中国国民自古有民权立宪之能力，因此，一旦"去其阻力，而予以佳境，则能力发舒，一日千里，目的之必达可决也"。由此可见，汪精卫、陈天华对中国民族性"灵根"的诗化、审美化的判断，只不过进一步用来作为中国可以以最快的速度，直接享有西方民主政体的论据，以此来宣泄长期以来受清朝专制和民族危机压迫下的屈辱感和求得民族富强的强烈期盼。而对西方民主政体的价值评价和它在中国的可行性的乐观判断，则是这种受压抑心理的折射。

我们还可以从孙中山早期思想中看到这种浪漫民族主义的深刻烙印。在《东京中国留学生欢迎会上的演说》中，为论证以中国在推翻专制王朝后可以径直采用民主政体时，他几乎使用的全是一些与逻辑论证无关的类推。例如，他以造铁路无须采用原始的"粗恶"的火车头，而可直接采用最新式的火车头，及"各国发明机器须积数百年之功，而仿而造之，则岁月之功"来类推中国可以直接仿效西方的民主政体。他以世界各国立宪亦必须"流血得之"来说明，"同一流血，何不直截了当采用共和政治"，他以"取法乎上，反得其中"来证明中国必须从"最上之改革着手"方能取得真正的效果。他还以美国黑人、菲律宾和檀香山的土著民族由于与外人交通，联为共和，来说明一个国家能否采用民主政体与国民程度无关；并以此类推，如果说中国不能直接采用民主政治，岂不是诬中国人连这些土著还不如？所有这些类推都用来达成这样一个充满感染力和激情的乐观结论："十年、二十年之后，（中国）不难举西人的文明而尽有之，既或胜之焉，亦非不可能之事。"特别值得寻味的是，从《民报》刊出的演说记录稿可以看到，凡是演说中不断被掌声所打断的地方，也即是最能打动他的青年听众的心弦的地方，几乎全是由这类明快而简单的类推来表达的。

二、浪漫主义的政治魅力

浪漫的议会民主观在当时的神奇魅力何在？为什么上述过于简单的乃至天真的类推和比喻，居然在中国青年知识分子中具有如此强大的感召力？固然，如一位美国学者曾指出的，在本世纪（指20世纪）初叶，当中国正谋求与传统的政治制度模式决裂时，当时的人们对于经济发展与政治发展之间复杂的制约关系还没有什么认识。当革命派基于正义的原则来抨击旧的政体，并力求尽快地仿效西方最先进的议会民主政治来推进中国的现代化时，他们这种政治选择所基于的理论和认识水平，还处于相当幼稚的阶段。但这一点并不能说明，浪漫的议会民主思潮在当时为什么能如此紧紧地扣住人心。

早期孙中山作为浪漫的民族主义者和政治家，他巨大的政治魅力，并不在于他的理念的严谨和逻辑力量，恰恰相反，而在于他以热忱、激情、愿望投射和想象力支撑的那种政治憧憬和乐观预言的力量。

事实上，许多与孙中山有过密切交往的人士都提到，孙中山具有强烈的幻想家的气质。有的研究者指出，"孙中山对于外国在政治实践和物质进步中无论什么新鲜事物，他都要求立刻推广到中国来，然而他的绝大部分计划都是非常不切实际的"。例如，他曾设想中国可在五年到十年内，通过向外国银行家贷款建成350万里的铁路，而这一铁路的总长度却是根据中国人口比美国多5倍而推算出来的（该铁路长度以里程计可以绕地球40圈）。

他的私人顾问和朋友端纳曾在一封私信中详细描述了孙中山坐在地板上随心所欲地在一张大地图上，画上包括从喜马拉雅山到戈壁沙漠的密如织网的铁路规划图的情景。孙还认为"无须全国稳定，只须各省同意"就可以借到筑路所需的巨款。另一位英国《泰晤士报》记者戴·福来萨（D.S.Frasar）早在1912年3月的一封私信中，称孙中山的各项财政计划是如此不切实际，以至于"幼稚到不值得重复一遍"。跟随孙中山多年的私人秘书李禄超也指出："孙是个梦想家，他梦想乌托邦，梦想建立一个健全的、秩序井然的政府，他有崇高的理想而又极难变为现实，所以被广东人取了孙大炮的绰号。"一位孙中山传记的作者也评论："孙中山的一生是一部梦幻被击碎的色彩黯然的历史。这是历史本身显示出来的记录，而不是孙博士提出每一项新的计划时就可以预见得到的记录。"

以孙中山为代表的浪漫民族主义的这种特殊吸引，只有在当时中国人面临的极度屈辱、充满挫折压抑和痛苦的精神氛围中才能得到理解。20世纪初，西方列强的侵凌，国土被瓜分的前景，人心的泄沓、颓废，专制官僚政治的腐败，使许多青年知识分子和留学生本能地渴望一种非常态的紧急的解救民族生存危机的途径。他们认为只有全新地、迅速地摆脱现有秩序状态，才能解除人们的现实的苦难和心灵的创痛。这是1900年庚子事变以来越来越强的社会心态。正如法国思想家索雷尔（G.E. Sorel）曾经指出的那样，当人们在生存环境发生了突然的剧变和恶化时，人们习以为常的经验和思维方式已无法对这种变化做出合理的解释，从而对往常视为当然的事物产生了根本怀疑，这时就极容易接受某种投合人们深层企望的富有想象的宗教和政治神话（political myth）。浪漫民族主义认为，只须充分调动人的主体意志，便可使一个符合人们愿望的强大而独立的民主共和国成为现实，这种信念和憧憬使深受挫折和几乎陷于绝望而又不甘沉沦的同胞相信，中国人不必为近代的不幸而自卑，中国自古以来就是禀赋卓越超群的民族，只须我们一鼓作气推翻专制政体，就足以使我们享有世界上最美好的制度和最理想的秩序，中国已经进入了一个梦幻般的英雄和史诗时代。

孙中山传记的作者史扶邻（H. Schiffrin）对孙在东京留学生欢迎会上的讲话之所以收到极其热烈的反响这一事实作如下的评论："他的乐观主义，他的诉诸基本的民族感情和他的反对不彻底的温和的解决办法，在青年人中引起了共鸣……无论是严复所关心的天演论或是梁启超所关心的外国优势力量都不能保证迅速恢复中国的伟大，而这正是孙中山所提供的。他的'人力的进步'的理论要求中国以它独特的传统和潜在的力量取得迅速的发展，以致全世界很快就拜倒在它的脚下。更重要的是，他的理论使青年的抱负得到满足。"

端纳曾以挖苦的口吻讥讽孙中山是一个"自以为把芸芸众生带往希望之路的'中国的摩西'"，并认为孙的这种气质使他"不宜担任任何需要常识的工作"。作为一个局外的西方人，他恰恰忽视了政治浪漫主义对于当时青年一辈的中国人所具有的政治神话的力量。孙中山的超凡魅力（"奇里斯玛"），或法国学者白吉尔（M. C. Bergere）所称孙中山的"魔术的力量"，恰恰是与他本人独特的幻想家的气质联系在一起的。正是这种与现实经验保持相当距离的，不受世俗理性（secular reason）和社会事实干扰的超越性的幻想，正是这种与人们受压抑的愿望投射相结合的诗情梦幻，支撑着一种乐观的信念，而这种类似宗教的信念是备受挫折而不甘沉沦的人们重新焕发精神元气和登仙般的飞扬感的源泉。

三、中国早期议会民主派的认知陷阱

议会民主的提倡者们主张推翻旧王朝以后以直接创立西方式的议会民主政体来作为中国现代化的政治选择。这样，他们就不自觉地陷入了一种认知上的错位。因为，他们所向往的西方民主政体，是西方社会历史演进的产物，这一政体又与西方的经济社会结构和价值系统有机地结合为一个相互依存的整体。西方社会的商品经济的充分发展，导致承担不同社会功能和分工的个体利益集团和阶层的多元化，这种多元的社会自主细胞，又通过契约性的联系进行利益交换和沟通，而在长期历史演化发展起来的，代表不同自主团体和阶层利益的竞争性政党，则以共同遵循的契约性游戏法则进行政治活动，谋求政治利益。议会政治，则是在上述基础实现各社会势力之间的契约性利益整合的手段。用严复的话来说，西方社会的各种制度，"皆如桥石然，相倚相生"。议会民主政体如果缺少上述这些社会、经济、文化诸因素的配合和支持，是难以有效运作的。由于议会政治系统与契约性社会系统之间存在着这种有机的对应关系，熊比特（J. A.Shumpeter）十分确切而生动地把西方政治精英在议会政治条件下争取选票，比喻为如同西方企业家力争以符合市场需求的产品来争取消费者手中的货币一样。

然而，如前文所述，中国早期议会民主派他们把西方行之有效的多元议会政治视为中国应该享有的道德权利和实现中国民族自强的直接工具时，实际上就不自觉地陷入了怀特海（A. N. Whitehead）所称的错置具体感的谬误。怀特海认为，一个东西本身有其特殊性，但是，如果把它放错了地方，那么它的特性就被误解。它给予我们的具体感就不与它特性有关了。

林毓生先生曾对这种认识谬误作了进一步的阐释，他指出：了解另外一种文化是非常困难的事，把另外一种文化的某些东西当作口号是相当简单的。这些随便把外国环境中因特殊的背景和问题而发展起来的东西当作我们的权威，这样自然产生了形式主义的谬误。林毓生指出，这种谬误在于，"不知那些口号所代表的观念的复杂性和它在特殊历史情况下演变出来的性格，即把外国的一些观念从它们的历史来源中切断"。这样做的结果是，"我们常常把自己想象出来的意义投射到这几个口号上，我们常常会根据我们的观点，我们的问题，或我们所关心的事情来解释这些名词。这种解释常常与这些名词所代表的思想没有多少关系"。林毓生在《中国人文的重建》一文中，在批评胡适、唐君毅时提出这一"形式主义的谬误"的观点。但这一分析对于我们理解20

世纪初叶的浪漫民族主义在仿效西方议会政治上的认知错误也同样适用。

当陈天华、孙中山与汪精卫等主张"择地球上最文明的政治法律来救我们中国"时，他们心目中的民主共和政体已经与其特殊历史渊源和具体社会背景切断了关系，用严复的话来说，是"徒知其能而不知其所以能"。20世纪初叶的这些中国变革者对西方民主政体的兴趣和引入这一制度的期望，并不是由于中国社会内部经济结构的契约化和市民社会的增长，要求建立一种与这种社会发展状态相适应的政治体制，而是由于中国人在西方现代文明的示范效应的刺激下，把摆脱专制政体的愿望投射到这种与专制政体形成鲜明对比的异质的制度上的结果。

可以这样说，西方先进工业文明社会的民主政体有两个，一个是真实存在的，对该社会的经济社会秩序的运行起政治整合作用的民主政体。它的有效运行是以社会内部中产阶级和市场社会关系的存在，以及自主的利益主体之间的契约性关系的存在作为前提的。另一个是中国早期改革者的愿望投射所"发现"的西方民主制度。它从制度群体和相关条件的有机关系中被单独地抽象出来，并经由主体意识的"过滤"变成中国人心目中的简单公理和口号。而且由于实际运行的各种内隐的支持条件已被省略了，这种制度在人们的观念中也就变成普天下皆适用的工具。人们还会乐观地认为，移植这种制度是一件轻而易举的事。这种西方民主政体，用陈的话来说，似乎是一盘在砧板上"切好的菜肴"，只须放入中国的锅中烹调一番即可享用。这种虚幻的论断，又因补偿了人们长期的压抑感和挫折感而具有了政治神话的魅力。

辛亥革命以后建立的议会政体，用章太炎的说法，是"横取他国已行之法，强施此土"的结果。这种新政体，一方面，从西方社会条件的有机关联中剥离了出来，另一方面又与中国长期的历史、文化、民族习惯、社会经济发展水平与社会结构性质绝然悬殊，因而无法获得中国社会内部各种条件因素的匹配与支持，其结果，势必淮橘为枳。正如严复所指出的，其效果无异于"取骥之四蹄，以附牛之项领，从而责千里焉，固不可得，而田陇之功又废也"。民国初年多如牛毛的党派和无休止的党争、贿选丑闻、接连不断的内讧和此起彼伏的内阁危机，均属于新旧政体都无法有效进行政治整合导致的政治脱序状态。1912 年 9 月，章太炎指出，民国初年的议会政治的结果是："制宪法以为缘饰，选议会以为民仪，上者启拘文牵义之渐，下者开奔竞贿赂之门。是乃不改清之积弊，而反凌其末流……徒为数百莠民增其意气，而元元之民困苦如故也，转于沟壑弥甚也。然则议员之为民贼，而宪政之当粪除，于今可验，吾言亦甚信矣。"

这种浪漫的议会政治实践在中国知识界和民众中产生的幻灭感，可以从当时著名的记者黄远庸在 1912 年春的一段感言中看到：

> 晚清时代，国之现象亦慝矣，然人心勃勃，犹有莫大的希望。今以革命既成，立宪政体亦既确定，而种种败象莫不与往日所祈向者相左。于是全国人心，丧心失图，惶惶然不

知所归……今之政客，亦既多矣，然其人之意气精神，殆无一人不怀消极与悲观，疲倦之气色，见于眉宇。枯窘之论调，千口而一律……乃今全国之人，厌倦舆论，厌倦议会，厌倦政府，厌倦一切政谈，其结果将厌倦共和，厌倦国家……此人心枯窘之所由来也。

四、浪漫主义与中国政治激进主义

上面着重分析了政治浪漫主义在信念、激情、愿望投射等非理性层面的因素，在这里让我们考察它在理性层面的一些基本特征。

必须指出的是，政治浪漫主义者，力求通过自己的意志和行动来争取实现诗化的社会目标时，他往往本能地需要寻找某种逻辑上的自洽的理由，来为其信念的合理性和政治选择的实效性进行论证和辩解。因为人毕竟是理性的社会动物，只有当理性告诉他，他所做出的选择不但在道德上是合理的，而且在社会实践中也是可以取得预期成效的，他才会把自己的计划和行动付诸实现。然而，我们可以从中国早期政治浪漫主义者的立论方式中发现，他们采取的逻辑虽然在表面上具有形式逻辑的推论过程，但诸概念之间的推演关系，却有着特定的暗示性和相关性。其逻辑运演的大前提又往往是若干不可证伪的道德判断，有时，政治浪漫主义又往往以形象的类比或者以不自觉的循环论证来代替逻辑推理，等等，正因为这种"逻辑"不是以认知客观世界的真为目的，而是以辩解信念的善和"实效性"为职志，因此，我们可以把这种形式上具有逻辑的特征而实质"志在信仰"的特殊逻辑称为"类逻辑"。人们的浪漫政治信念和行动选择经由这种"类逻辑""类理性"的文饰和理由化，从而可以获得"理性哨卡"检验合格的"通行证"。这样，政治浪漫主义者不但相信自己的计划和目标顺乎人心，而且也是合乎"历史必然性"和社会实效性的。这种由信念与"理论"两者相结合的"信念—类逻辑"的双环链关系，以及这两方面因素之间的相互补充和依存，一方面既满足了人们受压抑的愿望与情感的诉求，另一方面又满足了人们的理性诉求，可以说，这种双环链结构乃是理解一切浪漫主义政治神话之所以具有强大的政治魅力、社会感召力和民众动员力的关键所在。

然而，这种"双环链"乃是一种自我封闭的结构，它的类理性因素可以有效地排斥世俗理性与经验事实对于判断和认知过程的参与，形成一种认知陷阱。这就决定了以这种认知陷阱为基础的乐观自信和行动力量，一方面固然可以按政治浪漫主义者的愿望摧毁现存旧秩序，另一方面，浪漫主义政治家却在按自己预想的社会改造蓝图建立新秩序方面事与愿违。20世纪初叶中国浪漫的议会民主派在推翻旧王朝以后，无法实现他们乐观预想的创建民主政体的目标，这一历史事实可以证明这一点。

政治浪漫主义与一般的宗教有相似之处，这两者都是以某种符合人们的深层愿望的信念和神话（myth）作为自己安身立命的基础。但是政治浪漫主义与宗教却有着本质的区别。一般而言，宗教许诺一个可望不可即的彼岸世界，并以抑制人的愿望，限制人的"自我"，来求得主体与外部世界的平衡。而政治浪漫主义则相反，它在"类理性"的回护下，通过打开幻想的阀门，释放和宣泄人的欲望，并以"类逻辑"的理论构筑的政治神话，来预言浪漫主义的理想王国在现世兑现的可行性或必然性。正因为如此，宗教坚信一个现世不可实现的彼岸世界而走向宿命论。而政治浪漫主义则坚信一个可以用行动和意志实现的"新秩序"而走向唯意志主义与乌托邦。由于政治浪漫主义具有把自己的主观愿望对象化、外化为一个"新世界"的特殊能力，由于作为人们愿望投影的"新世界"和"新秩序"是如此富有魅力，由于与其相对比的现实世界和秩序又是如此平庸暗淡，而实现这一新秩序的可能性又被一厢情愿的"类理性"渲染得如此简单明了，凡此种种浪漫的观念均构成政治激进主义的思想基础，而在政治激进主义分子那里，我们均可以发现浪漫主义的影子。

在 20 世纪以来中国现代化的历史上，浪漫主义的思潮之所以具有强劲的势头，还在于它具有一种在中国土地上不断自我复制和再生的循环机制，浪漫主义的政治实践与中国深重的历史重负相互作用，往往导致现代化变迁中极为严重的结构退化性危机与脱序性危机，在新的一代人们的眼中，这一苦难的现实所刺激起的"文化地狱感"、幻灭感和挫折感，又将成为下一轮浪漫主义思潮的温床。而建立在新的"价值革命"基础上的信念、憧憬和梦想，又总会寻找到新的投影对象。毫无疑问，为这种愿望投影进行理由化论证的"类逻辑"思维，仿佛如同获得性遗传因子一样，再次显示出它的魔幻力量。在中国这块古老而又年轻的土地上，在这个人们的浪漫行动参与创造的苦难现实中，诗人革命家与浪漫主义政治家始终拥有触发诗情梦幻的灵感的丰富资源，也始终拥有自己的表现场所和拥护者。在这样的历史环境中，拒绝世俗理性和经验事实的理想主义情怀，将始终会充当中国知识分子的精神支柱和新的宗教的代价物，这或许是 20 世纪以来中国现代历史上最耐人寻味的现象。

（原载《中国社会科学季刊》，1993 年 5 月总第 3 期）

略论中国革命的法兰西风格

高 毅

20 世纪的中国革命曾深受法国革命政治文化的影响。从一开始，中国革命者就迷上了法国革命的历史，并决心以同样的方式在中国搞一场革命。但这种对法国革命的迷恋究竟缘何而起？事情看起来似乎有点奇怪：除了法国革命以共和制取代君主制的目标之外，中国革命者对这一西方历史事件最欣赏的方面不是别的，恰恰是它的那种嗜血的行为方式。表现出这种态度的最早也最著名的人物是谭嗣同——光绪皇帝的主要改革顾问之一。他实际上是中国革命最早的先知者和倡导者，也是中国革命最早的殉道者之一。从法国大革命血淋淋的景象中，他看到的与其说是令人厌恶的恐怖，不如说是发人深省的启示。鉴于晚清的保守势力占有压倒的优势，和平改革根本就行不通这一事实，谭嗣同深信只有一场像法国革命一样暴烈的革命才能救中国。所以他对法国革命的暴力行为有这样的赞誉："法人之改民主也，其曰：誓杀尽天下君主，使流血满地球，以泄万民之恨。……夫法人之学问，冠绝地球，故能唱民主之义，未为奇也。"转而环视当时中国的现实，谭嗣同对法国革命的这种"流血"意象不禁更加心驰神往，以至于他在1898年致老师欧阳瓣疆的一封信中有如此之断言："今日中国能闹到新旧两党流血遍地，方有复兴之望。不然，则真亡种矣。"

但谭嗣同在写这封信的时候还是很孤独的。他对中国暴力革命的召唤太超前了，连他的改革派同志们都无法理解，那些人还在盲目地期望和平改良。事实上，在开明的但也只是一介傀儡的年轻皇帝光绪的六位改革顾问中间，谭嗣同是唯一的一个要按法国的方式发动一场革命的人。然而后来的事态发展证明了谭的正确。旨在让中国通过逐渐接受现代文明以摆脱被西方列强瓜分和殖民地化命运的戊戌变法，主要由于以慈禧太后为首的强大的保守势力的反对，加上改革派因缺乏政治经验而犯了一些错误，以及中央政府权力的严重衰降，仅持续了103天就土崩瓦解了。在变法失败之前，谭嗣同甚至还试图与皇帝联手发动一场"宫廷革命"——一次逮捕慈禧太后的兵变。但他们信任的军队统领袁世凯背叛了他们，结果光绪被软禁，包括谭嗣同在内的"六君子"血洒菜市口，其他许多改革派官员则坐牢的坐牢、流放的流放。使这个故事变得更为悲壮的一件事是，谭嗣同本来是可以在朋友们的帮助下逃走的，但他没有逃，宁愿束手就擒，还大义凛然地说了一通道理："各国变法，无不从流血而成，今中国未闻有因变法而流血者，此国之所以不昌也。有之，请自嗣同始。"流血，还是流血：不过这时谭嗣同关注的，只是要用自己的牺牲来唤起民众，或者说是要用自己的鲜血来激励民众的反清斗志。

谭嗣同的血没有白流。中国的革命情绪，尤其是中国知识分子的革命情绪，由此开始被激发。早在1900年，谭嗣同的挚友唐才常就试图以武汉为中心组织一场大规模的武装起义，目的是推翻北京的保守势力和解救皇帝。但这场起义还没来得及正式发动就被扑灭了，唐才常被捕就义。当然，对于和平变法的全部期望也随之被扑灭了：唐才常的许多追随者逃到了日本，并由此开始主张革命，决心用暴力推翻腐朽的清王朝。他们（主要是秦力山、戢元丞和唐才质［唐才常之三弟］等人）为贯彻这一图谋做的第一件事，就是在1901年5月创办了月刊《国民报》，借以向国人宣传法国式的革命。在该刊物的第一期中就出现了这样的文字：

西谚有言："法兰西，革命之产地也。"今我中国二十倍于法，受祸之极亦数十倍于法。民权之运已渡太平洋而东，日本既稍受其福。我中国不愤不发，斯亦已耳；如睡斯觉，如梦斯醒；于二十世纪而效法人十九世纪之所为。

《国民报》第二期"说国民"一文也高度赞扬了美国革命，说那是中国人民必须效仿的榜样。但由于该文同时又把美国革命看作生长于法国的启蒙思想在北美传播的一个结果，所以中国要效仿的原初样板还是法国大革命：

奴隶甘压制，而国民喜自由……何谓自由？曰：粗言之则不受压制，即谓自由之焉耳。压制之道不外二端：一曰君权之压制，一曰外权之压制。脱君权之压制而自由者，法国是也；脱外权之压制而一旦自由者，美国是也。故凡受君权之压制而不能为法国人之所为者，非国民也；凡受外权之压制而不能为美国人之所为者，非国民也。……非播国民种子不可。播之奈何？法兰西革命以前，其民之憔悴于虐政者，非犹我今日乎？其全国无一国民，非犹我今日乎？其所以有今日者，何也？盖以法国为国民之田，以十八世纪诸学士为国民之农夫，以自由平等之说为国民之种子。孟德斯鸠苦心焦虑，审慎周详，其播之也出以和平；福禄特尔作为诗歌以动全国，其播之也出以逸乐；路索晬睨一世，其播之也出以激烈。……故今日法国之民，得以食国民之果者，皆数人之功也。且也当时美国之学士，皆自称为法国理学士之弟子，而卒以脱英国之压制，则法国之种子波及于美洲。

这段言论其实还清楚地显示出，当时中国知识界对于美国革命和法国革命之间的区别和内在关联已经有所意识。即认识到美国革命主要是一种争取民族解放的民族革命而法国革命主要是一种推翻君主统治的民主革命，但两者的实质却又是同一的，那就是"追求自由"，即让各自的人民都成为自由的"国民"（也就是现在我们所说的"公民"），而这两种"追求自由"的革命之所以能发生，归根结底又都是法国启蒙运动的功劳。不难看出，《国民报》这篇文章有关美国革命和法国革命是争取自由的两种不同的斗争的表述，实际上已经含有某种要把"民族斗争"和"阶级斗争"区分开来的朦胧意识，而其关于两种革命同质同源的确认，似乎也有力地凸显了发生在启蒙故乡的法国革命的本源意义。这至少可以说明法国大革命的历史正当性在中国国民革命的先驱那里是毫无疑义的。

《国民报》只出版了四期，但影响巨大：作为中国革命出版物的起源，它对革命的鼓吹，尤其是它对法国革命思想的宣传，取得了极大的成功——在其影响下，中国知识界不仅兴起了一种谈论"革命"的时尚，甚至还兴起了一种对革命故乡——法国的崇尚。

崇尚革命与法国的风气弥漫华夏，又似乎特重于湖南。这个省份在中国革命史上占有十分重要的地缘位置，那里的人民似乎在政治上显得特别不安分。由于某些历史和文化的原因，湖南人不仅受过更好的现代教育因而对现代世界有较深入的了解，而且特别富于战斗性，在反对旧制度的斗争中表现得最为激进。实际上，谭嗣同和唐才常就来自湖南，中国革命的其他许多政治和军事领袖，像秦力山、毕永年、黄兴、刘道一、宋教仁、杨笃生、蔡锷、毛泽东、刘少奇、彭德怀等也都是湖南人，尽管他们分属不同的党派。值得注意的是，20世纪初的湖南人对法国怀有一股特别的崇敬之情，而这种"法国崇拜"似乎又主要源于法国大革命的暴烈性。如孙中山的追随者杨笃生在他1903年发表的小册子《新湖南》里，曾这样描述和赞美过法国：

法兰西者，民约论之出生地也，自由权之演武场也，其行也，以暴动而已矣，馘独夫民贼之首，以徇于巴黎市，举国之人莫不为之拊髀雀跃，而呼自由万岁也。三逐其君，十四更其宪法，糜肉流血，如沸如羹，有地狱之悲焉，然卒为强国。不如是则法兰西仍为奴隶国，不足以成今日之法兰西也。

而对于当时中国知识界来说，这个"今日之法兰西"，作为一个民主共和国，乃是最理想的国度，是人们心中的一个梦——"听得雄鸡三唱晓，我侬身在法兰西"：清末著名爱国人士、教育家及文学家金松岑的这一著名诗句，表达的就是这个梦。

很快，从 1906 年 6 月起，法国革命崇仰者云集且革命风潮迭起的湖南省就有了一个雅号——"小法兰西"。但这似乎还不能令湖南革命者们满足。陈家鼎（1876—1928），同盟会的另一位著名的湖南籍会员、孙中山的心腹之一，当时便有这样的感慨：

湘人自丙午夏，葬烈士、立学会之各大风潮，湖南有小法兰西之称。殆黄人接及欧风之渐哉？然湖南者，中国之一部分也；中国者，亚洲之一大部分也。使湖南为中国之法兰西，曷若使中国为亚洲之法兰西哉？……使其万众一心，同德协力，共逐白山之兽，追还我黄帝之魂，虽以我圣神余力，南扶菲律宾之独立，西助土耳其之改革，势力所及，骎骎乎别开东土，造出全亚洲之风云焉。

如陈文的标题所示，此文本是为号召各省革命志士来驰援当时正在醴陵和萍乡（位于湘赣交界地区）发生的一场大规模反清武装起义而写的。起义不免要流血，而这种流血，在陈家鼎看来只能为中国、为东方的历史增添荣耀：

　　故此次醴陵、萍乡之役，谓为一千八百七十八年法国巴黎劫武库之役（这里一千八百七十八年显系一千七百八十九年之误——引者注）可也。法人之风潮能及全欧，中国之风潮能及全亚，必矣。则使东方有流血之历史者，此役也；使世界快杀尽天下君主之愿，使汉族在世界上为有价值之称者，此役也。我同胞宜若何之护惜，若何之扶持哉！全地球之号野蛮专横国者，亚洲之中国，欧洲之俄国也。全地球请外人作皇帝者，亚洲之中国，欧洲之波兰也。然迩年以来，俄国之革命党，则遍国企踵而起，不日可变为近世第二大共和国矣，而我中国则何如？波兰则革命军屡败而屡战，此倡而彼和者不绝，行将有光复独立之势矣，而我中国则何如？是则现世界第一不革命国，唯我而已；各国视线所注之国，唯我而已。我而革命，则可与法国同价；我不革命，则反波兰不如。

可惜的是，醴陵、萍乡这场起义终于没有成为中国革命的

"攻打巴士底狱"之役，因为它失败了。但它的组织者和鼓动者的心态中所包含的种种要素，如对本民族文化的无限自豪、对外族统治的切齿痛恨，以及矢志以一场暴力革命来解放自己同时也给其他民族带来自由的决心，同法国革命者的心态又何其相似乃尔！

但这个时期，也并不是所有的中国人都像这些湖南人那样热衷于革命。逃亡到国外以康有为为代表的旧改良派还在那里，作为光绪皇帝的忠实支持者，他们始终是王政派，反对任何试图以共和制取代君主制的革命。但他们反对革命的最重要的理由，还是革命是过于暴烈的政治行为这一事实，这种暴烈的革命在他们看来破坏多于建设，有害而无益。而他们用以支持他们这个观点的第一个事例不是别的，也正是法国大革命。戊戌变法的头号精神领袖康有为从一开始就视血腥暴烈的法国大革命为洪水猛兽。早在1898年7月，他就在给光绪皇帝的一份奏折里肆意渲染并夸大法国革命的惨状：

> 流血遍全国，巴黎百日而伏尸百廿九万，变革三次，君主再复，而绵祸八十年。十万之贵族，百万之富家，千万之中人，暴骨如莽，奔走流离，散逃异国，城市为墟，而变革频仍，迄无安息，潈入泗渊，不如所极。至夫路易十六，君后同囚。并上断头之台，空洒国民之泪，凄恻千古，痛感全球……普大地杀戮变乱之惨，未有若近世革命之祸酷者矣，盖自法肇之也。

如果说康有为当时这样描画法国革命还只是在试图敦促光绪加快改革步伐以避免革命惨祸的话，那么他后来写的许多强调法国式革命的血腥后果的文字，就是在力图推阻中国革命的准备进程了。只是由于完全不合当时中国的政治文化气候，他的这些努力最后只能付诸东流。1906年，革命派开始反击康有为对法国革命的批评言论，由此触发了一场持续了一年之久、最后以革命派的彻底胜利告终的有关法国革命评价的大论战，而随着这场论战的结束，一种"革命崇拜"的心态便在中国知识界普遍确立了起来——而这也就意味着，从此以后，在中国，只要有利于革命目标的实现，一切暴行都将被视为合法。

中国革命的暴烈性特征就这样被确定下来了。一般来说，可以认为中国革命是从1911年10月10日的武昌首义正式开始的，但这实际上只是对中国革命的一种狭义的理解。广义上的中国革命则至少可以从戊戌变法算起，因为戊戌变法的政治目标主要就是要建立一种君主立宪政体，虽然没有成功，但其精神已经与英、法革命的初衷相符。此后中国的革命运动便经历了一个长达80余年的持续的激进化时期，实际上直到1978年中共改革开放政策出台才告终止，而这个时期和截止于热月9日政变的法国革命在精神气质上是基本一致的。事实上，中国革命和法国革命的激进化进程也有着类似的运作机制，那就是政治倾向一个比一个更激进的党派的相继上台：在法国革命中表现为斐扬派、吉伦特派和雅各宾派的轮番主事；在中国革命中则表现为由改良派（保皇派）到同盟会及其后身国民党乃至共产党的领导更迭。而无论在哪一次革命中，具体实施激进化革命路线的又都是一些主张共和主义的革命者。这在法国革命中是吉伦特派和雅各宾派，在中国革命中则是同盟会／国民党和共产党。此外，不管是法国革命的激进化还是中国革命的激进化，无不伴随着一系列的内外战事，以及革命当局在激烈的战争环境中或因形势所迫或因意识形态缘由而推行的种种恐怖政策，由此使各自的革命进程呈现出突出的暴烈色彩。甚至在法国革命高潮时期（九三年或共和二年）发生以"非基督教化"为核心内容的"文化革命"现象。

所以，20世纪的中国革命看起来就是法国大革命的一次带有东方韵味的重演。

（选自王晓秋主编：《辛亥革命与世界：北京大学纪念辛亥革命一百周年国际学术讨论会论文集》，北京大学出版社2013年版）

《新世纪》——"破坏者"的登场

盛邦和

自 19 世纪后半叶，中国文化显见落后，出现与世界潮流相抵牾及与现代化严重不适的状况。由此，文化更新成为迫在眉睫的时代任务。文化更新是一项巨大的工程，喻之则为拆除旧屋，建造新屋。旧屋不拆，中国文化"新居"无从建筑。这样，从事中国文化更新的队伍里即出现各执己任的"工程队"。其一是文化的"解体派"或称"破坏派"，其二是文化的"重构派"或称"建设派"。在此有必要对中国文化"解体""破坏"派思想有所了解。不仅可理解中国文化重构的历史背景，且可理解中国旧文化的痼疾究竟存在何处。进言之，对文化为何"建设"、怎样"建设"也会有更明确的认识。

说到对旧文化的破坏与解体，戊戌变法时代康有为的《孔子改制考》与《新学伪经考》在冲淡孔子权威，重新解释传统文化方面所做的工作，无疑应当笔于史书。然而他对旧文化只是"冲淡"而非"冲击"，只是"解释"而非"解体"。在五四运动到来之前，在中国对旧文化还没有进行疾风暴雨式批判之前，一切"解释"工作，都收效甚微。从这个意义说，我们应该对《新世纪》杂志于辛亥革命之前所做的思想启蒙与孔学批判工作给予应有的关注。

《新世纪》是中国无政府主义的机关刊物。1907年6月22日于巴黎创刊，1910年5月21日停刊，凡3年，121期，其中心人物张静江（1876—1950年，浙江吴兴人）与李石曾（1881—1973年，河北高阳人）同为清政府驻法公使随员，在当地接受无政府主义影响。又有吴稚晖（1865—1953年，江苏武进人）也信仰无政府主义。三人在巴黎组织"世界社"，创办《新世纪》。1908年张继（1882—1947年）因在日参加幸德秋水的金耀讲习会，受日本政府追捕，也到巴黎，加入世界社，并成为《新世纪》干将。

中国20世纪出现有若干派别的无政府主义，如刘师培的无政府主义就是重要的一支。与刘师培派比较，《新世纪》的思想特点是：宣传无政府主义更加系统化，以中国的无政府主义正统自居；宣传无政府主义与民族主义"合力论"；主张以暗杀为革命的中心手段等。从中国文化建设的角度考虑，《新世纪》还具有以下诸理论特征。

一、"先以孔丘之革命"

《新世纪》从进化论出发，批判孔子。批评革命派"而于孔子则不甚注意"，对孔子否定不力，乃其思想之漏洞。指出立宪派乃借孔学为其精神，借孔子为其张目壮胆。孔子思想乃一切专制政府的后台："孔丘砌专制政府之基，以荼毒我同胞者，二千余年矣。今又凭依其大祀牌位，以与同胞酬酢。"《新世纪》呼吁："欲世界人之进于幸福，必先破迷信；欲支那人之进于幸福，必先以孔丘之革命。"

孔子历来是中国文化思想的神圣偶像，"先以孔丘之革命"，即是说要将孔子作为革命的对象，中国若要发动社会革命，头一个对象就是孔子。"五四"之后，中国思想界提出"打倒孔家店"的口号，"先以孔丘之革命"其意相同，但提出的时间要早。显然，五四反孔思想并非无思想背景与理论源头，上溯若干年，可与《新世纪》思想接流相合。

《新世纪》主张对孔子思想进行大梳理与大抨击，应尽集其一生之言行，分门著论，分类批判，"不稍留余地"。正如署名"绝圣"者在《排孔征言》中所说："言则取类似者，仿《左氏博议》之例，排比为题，痛加驳斥，行则或就身世，或以所言反诘，要勿稍留余地。"

从激烈的批孔派立场出发，《新世纪》对国粹派也抱批判态度，斥其"受历史之遗毒"，认为"数年来中国之号称识者，动辄称国粹。环海内外，新刊之报章书籍，或曰保存国粹，或曰发挥国粹，甚者曰国粹之不讲则中国其真不可救药。呜呼！此岂好现象乎！吾敢一言而断之曰：是受历史之毒"。《新世纪》的这番言论是对着刘师培等国粹主义者说的。刘师培是国粹派，同时又是无政府主义者，有《天义报》做宣传阵地。两家无政府主义者打起架来，说明对于中国文化建设，立场相左。《新世纪》主张对旧文化作彻底扫除，刘师培态度温和得多，希望对中国旧文化作具体而微的考释与抉择，去其不合者，留其有用者。也要说明，国粹派并不如《新世纪》所言，"受历史之遗毒"，国粹派也并不一味尊孔，如章太炎曾对孔子有所批评。刘师培也写有《论孔教与中国政治无涉》，反对设立孔教，指责"孔教"于中国"最不合伦理"。然而这毕竟显示李石曾等人彻底"批孔"，较之刘师培等人"无政府"与"国粹"一肩两任，在思想上走得更远，属完全"西化"的无政府主义，而刘师培等人则带有浓厚的中国色彩。前者偏重对中国文化作激烈"分解"与"破坏"，后者"破坏力"相对平缓，"重构"意义偏多。

二、"三纲革命"

《新世纪》派在《三纲革命》一文中指出：三纲即"君为臣纲""父为子纲"与"夫为妻纲"。据强权而制服他人者，为君。以"君"的权威制服他人者是"臣"，也即官僚。"君为臣纲"说到底，即鼓吹"官为民之父母"，宣扬中国式的官僚本位思想。这种思想统治了中国数千年，其结果使中国丧失了"人人平等"的权利。文章辛辣质问：君也是人，彼以何而独享"特权特利"。在新的世纪里，君与臣"皆当除灭！""惟有人与社会，人人平等"。《新世纪》认为，"父为子纲"是"伪道德"。其结果，社会乃至法律都维护如此不合理的家庭与社会秩序，父得杀子而无辜，父得殴骂子，而子不敢复。其结果，乃为专制主义张目。"总之为子者，自幼及长，不能脱于迷信与强权之范围"，等到"子"自己长大，"又以教人"，世世相传，"人道之进化"就此被阻，人类的幸福就此破坏。《新世纪》又批判"夫为妻纲"：由于此伪道德的存在，中国自古以来，"夫尊而妻卑"，就法律而言，夫可以出妻，而妻不得离夫。为丈夫者可以为所欲为，而妻则永在夫权压迫下不得抬头。文章主张夫妻平等，唯此才符合新世界社会公理。

《新世纪》主张在全社会进行一场"家庭革命"，指出：革命有"家庭革命""圣贤革命""纲常革命"等，此为思想革命，"所以助人道进化者也"。另外还有"政治革命""经济革命"，此为社会革命。在《新世纪》派看来，思想革命实行较易，其中又以"家庭革命"更易推动。实行政治革命、经济革命皆不能免激烈之作用，"因革命之主动者，与反对党性质正反，必有冲突故也"。至于家庭革命，"则无激烈之作用"，唯改革思想即可，所以全社会"皆得而作家庭革命党，助此革命之实行者"。

《新世纪》说："大哉四无，乃创立无政府之要素"，"欲破亲疏之习惯，必自破家族始。欲破家族，必自废婚姻始，婚姻既废，家族不得成"。这样将可使中国与世界达"四海一家，天下大同"之境。

支配中国思想界数千年的孔学，从某种意义上说是一种政治哲学，强调专制与宣扬等级制度，明显为民主启蒙思想的大敌。

宣传民主，在中国进行民主思想的启蒙与普及，必对中国专制等级思想作有力冲击。无对后者的"抨击"即无对前者的"普及"。进一步说，中国专制等级思想的基础是宗法思想，《新世纪》矛头所向，有的放矢。即使在建设东亚与中国新文化的今天，即使承认在这个建设中不可缺少孔学思想的融入，也应当明确进行这种"融入"工作，当在对孔学的大"解体"与总"解析"之后，而不是在其之前。正因《新世纪》对孔学进行了这样的工作，因此应对其作肯定的评价。不过，《新世纪》思想局限也显然可见。对中国文化作最激烈的批判，是无政府主义的基本特点。无政府主义是行动的偏激派也是思想的偏激派。他们将中国传统说得一无是处，以至让自己走到了民族虚无主义的一端。故我们一面说，五四思想运动的发起，是辛亥革命时期启蒙思想的后继与澎湃；同时也说，无政府主义"文化偏至"的品格，以后也播染给部分五四青年，为中国全盘西化思想的形成，打了精神"前站"。

三、"权威"的破坏

《新世纪》论云：权威崇拜，祖宗崇拜，专制政权崇拜，一切都是迷信。要驱除以上的崇拜心，就要主张科学，破除迷信。民主与科学是五四的精神口号，而《新世纪》在五四爆发的十数年前已经提出了"科学"的口号。

《新世纪》言：迷信与宗教为一流，"与彼相反者，则科学之真理。若取迷信与科学比较其异同，则是非易决矣"。什么是"迷信"？即是"宗教迷信：(一) 君为臣纲，(二) 父为子纲，(三) 夫为妻纲。纲领者犹统辖之意也。是臣、子、妻皆被统辖者也"。

什么是科学？即是"科学真理：(一) 人人平等，(二) 父子平等，(三) 男女平等。以真理言之，孰有统辖之权，孰有服从之义，故一切平等"。

《新世纪》扬言，其创刊目的、奋斗目标就是反对迷信，主张科学。"'新世纪'常曰：去迷信与去强权，两者皆革命之要点，因此两者互相维持以图保存者也。"去迷信有其莫大的政治意义，强权与专制由迷信起，去强权与专制，实行民主，必由破除迷信起。《新世纪》主张"头脑"革命，宣传科学精神。

要排除迷信，就要宣传科学，让科学精神注入人民的头脑。中国多少年来匍匐在专制的脚下，只是因为迷信心重，科学心淡。现在要将科学的精神向民众普及开去，强权与专制的思想自然就没有市面，人人都来抵制它。

中国的迷信有许多，如对皇权的迷信，对官僚的迷信，对神佛的迷信，等等。这些迷信根植于中国世俗百姓的脑髓，滋生愚昧、保守与倒退。中国人因此缺乏接受新思想的热情，不愿展开新世纪的视界，不肯走向新世界的广域，心甘情愿地接受专制凌辱与长上压迫。中国国民性也总难获致有效的改造，中国社会状况总在东方典型农业专制体制的悖论中踯躅循环。中国现代化由此受阻，千转百弯，难以开展。《新世纪》将中国的迷信思想做了最简要的归类：其一是宗教迷信；其二是政治迷信。"于宗教中，用祸福毁誉之迷信，行思想之强权。于政治中，用伪道德之迷信，行长上之强权。于家庭中，兼用以上之两种迷信，行两种之强权。"中国的"长上"者利用迷信维护统治与私利，手法高明。他们用宗教迷信从思想上愚弄与弱化民众；用政治迷信从"道德"上编织强压百姓的"理由"。两种迷信产生两种强权："思想的强权"与"政治的强权"。这两种"强权"，不仅笼罩社会，还渗透家庭，深入基层，毒害国民。

《新世纪》力倡中国要有一场科学革命，一场思想革命。"求真理以去迷信，此思想之革命也"，科学革命可以破迷信，可以破强权。人民一旦有了科学思想的武器，"求自立以去强权"，将会产生真正的觉悟，专制与强权将难行其道，中国将因此产生希望。

四、"无政府"悖论

从以上的分析，我们产生以下的几点感想：

其一，无政府主义的基本观点可以归纳如下：1. 对中国旧文化的全盘或部分的否定，而以全盘否定为主流。2. 对封建制度当取凌厉攻势。3. 主张民主，追求自由。4. 主张科学，反对迷信。

其二，《新世纪》无政府主义派开五四新文化运动的先河。如果我们将五四新文化运动所提出的思想与《新世纪》反传统思想做一比较，即可以看到其间具有令人惊讶的相似之处。凡是"五四"青年所提出的一切激烈的革命与反传统的思想，无政府主义者无不发其先声，为其初作俑。所不同者，后者比前者规模更大，力度更大，说理更明。而社会主义思想的加入，使"五四"成为真正意义上的新文化运动，使得中国思想文化界初现历史唯物主义与辩证唯物主义的曙光。然即便如此，《新世纪》与其同人，仍可以说部分担当了20世纪中国新文化建设的揭幕人与发轫者的作用。

其三，如笔者所强调的，中国文化建设包括两个方面的内容：旧文化破坏与新文化建设。欲所立者，破坏当先。文化"破坏者"是文化建设者不可缺少的伙伴与实质意义上的同盟。有破坏者的"破坏"，才有建设者的"建设"。中国旧文化的典型农业性与守旧顽固性格，迫使中国在建设之前必有一个大刀阔斧的破坏阶段。其破坏力越大，破坏效果越佳，则越给后来的"建设"创造优良的条件。从这个意义上说，我们对《新世纪》于20世纪初所做的旧文化的破坏工作应该予以恰当的肯定。

其四，无政府主义思想的局限。他们批判传统，拆除"旧屋"，清扫地基，开辟道路；他们鼓吹革命、平等与科学，这一切都在肯定之列。然而，要追问的是，他们的思想基础究竟是什么，又是否"科学"。必须明言，无政府主义绝不是科学的社会观与世界观。事实上无政府主义者活动的年代，中国所遇到的时代任务有两个，一是反对帝国主义的侵略，二是中国自身的发展与建设。两者都需要中国是一个政治坚强的国家，中华民族是一个团结凝聚的民族。而为求此"坚强"与"凝聚"目标的达到，不能没有"政府"的作用。观察东亚的现代化历史的经验，此政府在相当一段时期里还应当是一个"强政府"。自然，不管是清政府或后来的北洋政府都无资格担当"强政府"的角色。然而，从长远来看，如真在中国执行"无政府"路线，中国将永远是一盘散沙，积弱积贫。于是，无政府主义的思想就其批判传统一点而言，纵有许多合理处，但其背景与基础仍是一个"无政府"的政治取向。批判孔子—否定传统—破坏权威—无政府，这是他们的基本思想脉络与政治理路。合理的理论宣传与不合理的政治理路，这是无政府主义者无法避免的思想悖论。

鉴于以上，我们对20世纪初叶中国一部分激进思想家的主张有了一个印象。在中国文化建设的历史上，他们扮演了旧思想"解体"与破坏者的角色，他们对民主与平等的宣传不遗余力，值得汲取与借鉴——尽管他们在中国现代史上声闻不佳。

（选自盛邦和《解体与重构：现代中国史学与儒学思想变迁》，
华中师范大学出版社2002年版）

无政府主义思潮的兴起

李良玉

一、反清思想的刺激

无政府主义的最早鼓吹者是以梁启超为首的维新派。1899—1901 年期间，维新派思想倾向极为激烈。他们曾经一度竭力推崇破坏，恨不得清政府治下的社会立即崩溃才能消解对顽固派的仇恨。梁启超说：

> 破坏犹药也。药所以治病，无病而药则药之害莫大，有病而药则药之功莫大。……今日之中国，又积数千年之沉疴，合四百兆之痼疾，盘居膏肓、命在旦夕者也，非去其病，则一切调摄滋补荣卫之术，皆无所用，故破坏之药，遂成为今日第一要件，遂成为今日第一美德。

义和团运动兴起后，他们正确地指出，这是被顽固派一贯仇视西学、妄自尊大腐朽思想所利用的排外运动，是戊戌时期旧势力、旧思想恶性发展的结果。他们认为："义和团一暴徒耳，曾无知识，惟知扰害，焚杀纵掠，无所不至。内之则数省人民，生受其荼毒；外之则各国之人士，惧其危害。"但是，他们又觉得可以利用义和团运动打击清朝顽固派，他们说："使义和团一战而胜，奏凯而旋，有志者乘其机而导之以国民之义务，……则此际之排外灭洋者为义和团，安知顺手倾覆满洲政府，大倡改革者非义和团耶？"历史并没有让维新派有机会去指导义和团运动，上述思想无疑是画饼充饥，于是他们走向了激进。

他们主张杀人，以杀人回击顽固派的屠杀政策，换言之，就是用杀人使新旧矛盾白热化。他们说："人而为我杀也，积极之利顺也不待言矣。不幸而吾为人杀，则仇雠愈结愈深，杀机愈酿愈烈。杀机愈酿愈烈，而文明之期愈迫愈近。掷一人之头以易千万人之头，流一人之血以改千万人之血，以千万人之头之血造万世之文明，以度无量之众生，何其重也！"

他们又想到恐吓战术。人们起初害怕西学，后来害怕变法，再后害怕民权，最近害怕革命。针对人们此种心理，可以使用"变骇成习"的战术。当人们害怕西学时，就用变法来吓唬他们，那么，他们就会接受西学；现在人们害怕民权，那么就用革命来吓唬他们，使他们乖乖地习惯于民权。梁启超说："诸君如欲导民以变法也，则不可不骇之以民权；欲导民以民权也，则不可不骇之以革命。"维新派的目标在民权，为了达到目的，居然不惜玩火以吓之。这种奇特的二元一次方程，反映了他们无可奈何、困兽犹斗的心境。在这种情况下，他们接触了无政府主义思想。无政府主义的暴力和暗杀手段，适应他们以破坏泄愤的心态，因此，一度受到欢迎。

马君武为《俄罗斯大风潮》一书译本所写的序言中，称无政府主义是一种"新主义"，是在圣西门"公产主义"，达尔文、斯宾塞"天演进化之理"的基础上发生的。梁启超所发表的《论俄罗斯虚无党》一文，指出俄国虚无党是革命主义结果，赞扬"虚无党之事业，无一不使人骇，使人快，使人歆羡，使人崇拜"。梁启超未免走得太远了，恐吓战术也好，虚无党也好，统统不合乎维新派渐进主义的根本主张。黄遵宪不客气地批评了梁启超的"变骇成习"战术和对虚无党的赞扬，他说："公所唱民权或故示以加倍可骇之说，然使彼等唱民权者，得以借口，如近世虚无党以无君无政府为归宿，大不可也。"

无政府主义的极端破坏性不符合维新派的群体意识，倒比较投合新兴革命派知识分子的排满主张。刘师培指出，"若排满主义虽与无政府主义不同，然今政府既为满人所组织，而满汉之间又极不平等，则吾人之排满，即系排帝王，即系颠覆政府，即系排特权，正与无政府主义之行事相合"。

1903 年是革命排满思潮高涨的一年，知识分子中对清政府的绝望情绪迅速蔓延，导致了破坏主义的空前抬头。《虚无党》一文指出，俄国虚无党是极端专制制度本身制造出来的。人民对专制独裁彻底绝望，便会走上暴力反抗的道路，"人既至绝望于政府，则其目眦望政府而折裂，其心窍对政府而辘轳，其手段敌政府而反抗，其方法伺政府而暴动"。马叙伦说："专制政治愈甚者，则所制造之无政府党愈众。"因此，他认为中国人民对于政府的绝望是值得庆幸的，"今日中国社会对于政府，惟恐其无绝望之观念，而能有之"，是为大喜。只有彻底厌恶现存社会，才会彻底破坏它；只有破坏旧社会，才能制造新社会。张继认为"夫欲建设，必先大破坏，无政府党可谓达于破坏之极点矣。今之中国正值破坏时代之初"，可以"借其手段以铲除此野蛮奴隶世界"。破坏主义成了新一代知识分子的座右铭，"轰轰烈烈哉，破坏之前途也；葱葱茏茏哉，破坏之结果也；熊熊灼灼哉，破坏之光明也；纷纷郁郁哉，破坏之景象也"。这就是一部分革命派知识分子接受无政府主义的思想基础。革命派的报刊《民报》做了许多介绍无政府主义的工作，例如《民报》第3号刊登了巴枯宁的照片，第8号有日本元津见厥《欧美无政府主义》一书的节译，第11号和17号有日本炯山寿太郎《近世无政府主义》一文的节译，第16号发表了《巴枯宁传》，第24号发表了克鲁泡特金的《西伯利亚纪行》和《相互扶助论》。

二、与日本左派的关系

20世纪初，日本是无政府主义的东方策源地，当时亚洲各国的政治流亡者和留学生云集东京，中国、俄国、印度、越南、朝鲜等国的许多革命志士在这里朝夕相处，为实现自己的理想而斗争。日本早期社会主义者幸德秋水、堺利彦、山川均、大杉荣等人对中国无政府主义者的影响尤大。

幸德秋水（1871—1911），本名传次郎，日本哲学家中江兆民的学生。中江兆民又名中江笃介（1847—1901），1871年赴法留学，归国后宣传民主自由思想，把卢梭《民约论》翻译介绍到日本，中国留日学生称之为"东亚卢梭"。幸德秋水于1897年参加社会问题研究会，开始接受社会主义思想，1901年与片山潜一起创立社会民主党。1904年组织平民社，创办《平民新闻》，进行反战宣传。1910年被捕，次年被处死。他的著作《社会主义长广舌》1902年即被商务印书馆出版。1903年7月他著成《社会主义神髓》，简述了贫困的原因、产业制度的进化、社会主义的主张与贡献、社会党的运动。9月，《浙江潮》编辑部就出版了它的译本，1906年和1907年该书又两次被翻译出版。吴玉章说："1903年我在日本东京曾经读幸德秋水的《社会主义神髓》，感到这种学说很新鲜。"当时留学生对幸德秋水极为崇拜，称赞他"自由思想，得之所传，突过前辈，真算日本特出的人物"。

堺利彦（1870—1933），曾任小学教员，1899年任日本《万朝报》记者。1906年与幸德秋水等人组织日本社会党。1922年参加发起日本共产党。1928年加入日本大众党。山川均（1880—1958），日本劳农派创始人，1906年2月加入日本社会党，12月应幸德秋水邀请任《平民新闻》编辑，1927年与堺利彦等创办《劳农杂志》，1931年推动成立日本劳农大众党。大杉荣是幸德秋水的战友，1923年曾由日本潜逃上海，在张继帮助下搞到一张护照，赴巴黎参加了各国无政府主义者代表大会，后来被押解归国，同年 9 月被日本宪兵秘密缢死。郑佩刚称他是"东方无政府主义急先锋，著作等身，实行家而兼学者"。1924 年民钟社整理出版大杉荣的著作，称赞说："大杉荣是东方无政府主义的一个健将，也是一个自由和人道的倡导者。他一生的事业，都不断地在奋斗的进程中。他那高尚的人格和坚忍的意志，久已为一般人所钦仰，而他智力的超越，尤没有一个不甘拜他的下风。"

留学生中最早的无政府主义团体是社会主义讲习会，这个讲习会开办于 1907 年，是在幸德秋水等人影响下组织起来的。早在 1904 年前后，幸德秋水、大杉荣等人就在东京锦辉馆举办社会主义演说会，有不少留学生经常去听他们演说。他们所办的《平民新闻》也备受留学生欢迎。景梅九回忆：

这时，他们组织了一个《平民新闻》，出版后，很受社会欢迎，社会小说、纪事、述评，莫一样不精采的……自己看，并且劝大家朋友看，看来看去，都有一点平民思想。我和小友越发走到迷信的程度，把雇的下女，都传染成了社会党，也随着痛骂他们的政府，轻蔑他们的天皇，仇视他们的资本家。

社会主义讲习会的发起人是刘师培、张继、何震。张继（1882—1947），河北沧县人。1889 年留学日本，入东京善邻书院，后入早稻田大学。1903 年，他就根据幸德秋水的日文译本翻译了意大利人马拉叠斯达所著的《无政府主义》，1907 年又翻译出版了德国人罗列所写的《总同盟罢工》，是中国早期无政府主义的系统理论家。刘师培（1884—1920），江苏仪征人。1904年加入光复会，1907年赴日本，加入同盟会。何震是他的妻子。张继、刘师培、何震等人参加过幸德秋水举办的"社会主义星期五演讲会"。幸德秋水、大杉荣、山川均、堺利彦也应邀在社会主义讲习会上发表演说。1907年6月，刘师培夫妇还创办《天义报》半月刊，宣传无政府主义思想。次年3月停刊，共出19期。4月，他们又创办《衡报》旬刊，同年秋停刊，共出11期。

无政府主义的另一个舆论阵地是《新世纪》周刊，由李石曾、吴稚晖、张静江等人在巴黎创办，从1907年6月到1910年5月共出121期。他们还出版了《新世纪丛书》，第一集中发表了李石曾写的文章《革命》，以及克鲁泡特金《告少年》的译文等。

三、癫狂的革命者

无政府主义者无疑是革命派知识分子的一翼，是癫狂的一翼。

不论是《天义报》派也好，《新世纪》派也好，都把反对政府作为头等重要的大事，他们确认在这一点上可以和革命派结成统一战线。正如李石曾所说，革命派"与吾辈之界说异，而其作用同。诸君（指革命派）与吾辈今日之志愿及作用同，请即合力鼓吹其所同，固无所用其争"。但是无政府主义者是把推翻清政府作为消灭政府的一个必经阶段，而革命派最终目标是要建立新的资产阶级政权。刘师培认为，排满革命是一种不彻底的革命。为什么排除了清政府之后还要建立共和政府？既然汉人政府与满人政府特权性质毫无二致，争一个汉人当政不仍然是特权，是自私，是以暴易暴吗？他们指出，政府并非与人类俱生，"原人之初，人人肆意为生，无所谓邦国，无所谓法律"，后来因为宗教、战争的关系，才出现了社会分工，出现了君主、阶级和法律。所以政府出现，并没有充分的历史根据。他们根本否认资本主义制度的优越性，无论君主制度、民主制度、立宪政府、共和政府，一概斥之为罪恶。他们认为资产阶级共和政府同样是"残民之政府""舞弊之政府"。"民主之政，蔽以一言，即众者暴寡之制"。他们要求创造无国界、无种界、无人我界、无贫富、无尊卑、无贵贱、无政府、无法律、无纲常的世界。把它说成是"至公无私""人人均平等，人人均自由"的社会。

早期无政府主义者所提出的极端政治纲领是四无论和五无论。

四无论是《新世纪》所发表的激进主张，即无父、无君、无法、无天。他们认为这四个无"乃成立无政府之要素"。君、父、法、天分别代表了野蛮时代人们对君权、父权、强权、神权的隶属关系。随着人类文明的演进，君权在资本主义国家已成历史陈迹，"天"的神圣权威也正被科学思想打倒，这就证明无政府主义的目标已经实现了一半。人们也许不能接受无父这样一种伦理道德观，可是实际上所谓父子之爱是一种人类之爱，人们不能博爱，便以血缘关系确定所爱，才有所谓父子之爱。假如大家都无私地爱所有的人，那么父子之爱还有什么意义呢？所谓法，是一种强制性的公德，将来人类文明程度提高，凡事"归极于公德，更无所用其契约"，法的历史也就告终了。

五无论是章太炎所提出，即无政府、无聚落、无人类、无众生、无世界。五无是互相联系环环紧扣的。无政府主义不可能在一个国家中获得胜利，"他国有政府在，即一国之政府不得独无，今日无政府，固必与他政府同时俱尽"。在全世界实现了无政府也不能说是最后胜利，政府虽无，可是人们还过着聚落生活，一定会合力争夺自然条件好的区域，为免争夺，应该让人们四处漫游，单独生活，实现无聚落。聚落既无，可政府本由人所发明，只有消灭了人类，政府才永无复起之望，因此要无人类。人类既灭，可是自然界的万事万物还在进化，说不定什么物种会优化为人，假如消灭一切物种，便不会有继起之人类，因此要无众生。物种俱灭，可是世界还存在，也许还会有新的物种出现，因此要无世界。"世界为之消弭，斯为最后圆满之期。"在章太炎的蓝图中，无政府主义就是这样一个悠悠然、飘飘然、悄悄然地归回冥冥的境界。这究竟是海市蜃楼、乌托邦、涅槃、梦，还是人类的末日？

四、追求与放任

从无政府主义者撕心裂肺的可怕呼号中，我们可以辨听到他们挣脱传统教条、追求个性解放的心曲。某种意义上，他们是近代知识分子中第一批自由主义者。

也许章太炎的五无境界最为虚无。五无的核心思想是个性。无世界、无众生、无人类、无聚落都是为实现无政府。他为什么否定政府，因为至今一切学说，都以国家为主体，以人民为客体，实在是本末倒置。人与国家，人是个性的实在，国家是虚幻的假设。国家包括人民和山川河流，倘若没有人民，山川河流能够成为国家吗？所以它仅仅是人民的载体。譬如溪水，溪槽是载体，无数涓涓细流汇成的溪水是主体。制度、法律为什么随时代而变化，因为人民随时间的推移代代相沿，主体有变，"制度法律自有变更"。既然只有个性是真实的，就必须重新解释爱国主义。所谓爱国主义的价值基础不应当是国家，而应当是自身，因为虚幻的东西总不如真实的东西有价值。人们喜欢画中的马，马是虚构的，之所以喜欢它，完全出于自己的判断。广而言之，人们不论爱什么，总是"即身为衡而以外观群物，故所爱者，亦非本质而实有，而在幻象之假有"。强国侵略弱国，强国之民爱国无非助长侵略，相反，弱国无害于别国，弱国之民就该爱国。章太炎指出，"爱国之念，强国之民不可有，弱国之民不可无，……要以自保平衡而已"。一切都取决于个性的价值标准是否持正。

　　弄清了以上问题，便可知道章太炎的五无境界，本质上是个性的无限扩大。只有自我才是人生的终极目的，为了充分地实现它，不仅生命要超脱，还要在灵的升华和肉的毁灭之中完成它们与自然的融合。作为社会个体的人最终将和无穷的宇宙实现信息交换。这将是个多么自在，多么安宁，多么令人神往的时刻！

　　《天义报》创办人刘师培的个性主义，是通过平等的要求表现出来的。人与人生来平等，平等的内容是"权利义务无复差别"，人同时又是独立和自由的，独立和自由以个人为本位，平等则以全人类为本位。只有全人类都平等，才能保证人与人的完全平等。现今的社会罪恶表现为人与人的不平等，"人类至于今日，失平等之权者，实占社会之多数。贵之于贱，富之于贫，强之于弱，无一日而非相凌，无一日而非相役，以至受凌受役之人，日受无穷之压抑"。传统农业社会中，"劳动之人，义务既重，权利转轻；徒手生食之人，义务既薄，权利转优"。新兴资本主义社会中，资本家"只享权利不尽义务"，佣工"只尽义务不享权利"。刘师培提出了这样一种理想的社会发展目标："处于社会，则人人为平等之人；离于社会，则人人为独立之人。人人为工，人人为农，人人为士，权利相等，义务相均。"这是一个人人都能保持充分个性和完整人格的极其理想的社会模式。

《新世纪》的个性主义，包裹着一层纵欲主义的糖衣。吴稚晖后来曾声明："把我吴稚晖烧成了灰，也是一个国民党员，我同时又是一个相信无政府主义者。"他对无政府主义的精义下了这样的定义："无政府若有'道德'而无'法律'。惟'各尽所能'，而不可谓之'义务'；惟'各取所需'，而不可谓之'权利'；人人自范与真理公道，而无治人与被治者，此之谓无政府。"的确，在一个能够享受完全个性自由的社会，人的贡献和索取都是自觉的和理智的。如果贡献是出于义务，索取是出于权利，那么由谁规定义务和权利？既然有人能规定别人的权利和义务，那么就意味着人与人之间的不平等。褚民宜指出，无政府主义时代不应当有这种现象存在，只有"人不役人而不役于人，人不倚人而不倚于人，人不害人而不害于人"，才是真正的自由、平等、博爱，才是真正的无政府、无国界的大同世界。人们鄙视娼妓，骂她们寡廉鲜耻，这是不正确的，因为卖淫说到底是肉欲，而"男女交媾，本为生理上之情欲，与饥食渴饮同一绝不足奇之条件"，谈不到廉耻不廉耻。问题在于娼妓的目的是以肉欲挣钱，"自己无欲而殉人之欲，如不饥而强与人同食，不渴而强与人同饮"，这才是不卫生、不人道的。他们主张，男女相交，纯以爱情为尚，"爱情之生，其惟男女相悦"。由此出发，《新世纪》同人彻底破除了男女关系问题上的传统伦理观，提出"欲人群进化，爱情普及，必自废婚姻始，必自男女杂交始"。甚至有人提出，杂交是人类优生的重要途径。圣母玛利亚不孕而生耶稣，叔梁纥野合而生孔子，伊尹生于空桑，老子产于李下，他们都是圣人，也都是野种。"妓之子，多贵多智。"总而言之，一切庄严的伦常都受到亵渎，只有人的自然冲动值得重视。他们提出了三纲革命的口号，从个人价值观点出发彻底否定君臣、父子、夫妇的隶属关系。新世纪只有"人与社会"，君与臣的观念都应当除灭。父与子"有长幼之遗传，无尊卑之义理"。女人与男人"就理论言之若夫得杀妻，则妻亦得杀夫……若夫得嫖，则妻亦得嫖"。《新世纪》同人的个性解放，是东方人性受西方浪漫化生活方式陶冶后的夸张性复原，它有意无意地为知识分子对封建传统发起新的攻击拉开了帷幕。

（选自李良玉《动荡时代的知识分子》，浙江人民出版社1990年版）

论辛亥革命时期的民粹主义

左玉河

民粹主义本质上是一种小生产者的空想社会主义，以小生产者为主的社会经济环境，是滋生民粹主义的温床。中俄两国社会经济状况具有很大的相似性，这种相似性不仅使中国容易产生中国式的民粹主义，而且容易受到俄国民粹主义的影响。胡绳指出："20 年代的中国，存在一种有中国特色的民粹主义。即指在中国面临外来冲击和传统农业社会转型的压力下，忽视生产力发展因素，希望通过动员占人口绝大多数的底层民众特别是贫苦农民的力量，否定不合情理的社会制度，以绝对平均主义方式消灭封建剥削，以简单否定资本主义生产方式避免资本主义剥削，直接进入理想的社会形态的思想主张。"与俄国民粹主义相比，中国近代民粹主义有着自己鲜明的特色。它没有系统的组织化的民粹派，也没有系统的民粹主义政治思想，它更多地体现为一种不自觉的民粹主义思想倾向。本文重点对辛亥时期俄国民粹主义传入中国的历程及特点进行宏观考察，通过分析孙中山及章太炎的民粹主义思想，揭示中国近代民粹主义的思想特征。

孙中山的民粹主义思想

在俄国近代民粹主义传入之前，近代中国已经有了民粹主义思想。洪秀全定都天京后颁布的《天朝田亩制度》，提出了以绝对平均主义为核心的民粹主义社会构想；以康有为、谭嗣同为代表的维新志士，系统阐释了儒家"大同"学说，提出了建构"大同"社会的中国式的民粹主义主张。辛亥革命之前，以孙中山、章太炎、刘师培等人为代表的资产阶级革命派，看到了西方资本主义的弊端，设法在中国资本主义尚未发达时就加以防止，将政治革命与社会革命"毕其功于一役"，提出了"节制资本""土地国有"等民粹主义主张，力图避免中国走资本主义道路。

1912年，列宁看到孙中山《在南京中国同盟会会员饯别会的演说》后撰写了《中国的民主主义和民粹主义》，认为孙中山的革命纲领是战斗的真诚的民主主义并超出了民主主义的范畴，它与俄国的民粹主义十分相似，与避免走资本主义道路即防止资本主义的愿望结合在一起，与宣传激进的土地改革计划结合在一起。他指出："土地国有能够消灭绝对地租，只保留级差地租。按照马克思的学说，土地国有就是：尽量铲除农业中的中世纪垄断和中世纪关系，使土地买卖有最大的自由，使农业有最大的可能适应市场。历史的讽刺在于：民粹主义为了'反对'农业中的'资本主义'，竟然实现能够使农业中的资本主义得到最迅速发展的土地纲领。"在列宁看来，以孙中山为代表的资产阶级民主革命派的民粹主义，主要体现在其提出的平分地权和节制资本的民生主义纲领上。

作为中国近代民主革命的先驱者，孙中山通过对欧美国家的观察和体验，深感欧美资本主义各国虽然比中国先进，但是其内部却也矛盾重重、危机四伏。他洞察到西方资本主义世界由自由竞争发展到垄断所造成的阶级对立异常尖锐和贫富的巨大悬殊。指出："文明越发达，社会问题越著紧……英国财富多于前代不止数十倍。人民的贫穷甚于前代也不止数千倍，并且富者极少，贫者极多。"原因在于"大资本归私人所有，便受资本的害，大多数人民，都是很痛苦的"。孙中山在20世纪初提出："近时志士舌敝唇枯，惟企强中国以比欧美。然而欧美强矣，其实民困。观大同盟罢工与无政府党、社会党日炽，社会革命其将不远。吾国纵能媲迹欧美，犹不能免于第二次之革命，而况追逐于人已然之末轨者之终无成耶！"为了使中国避免欧美各国所出现的社会危机，他主张"举政治革命、社会革命毕其功于一役"，力图在中国消除资本主义的弊端，避免走资本主义道路。孙中山的这种认识，带有明显的民粹主义色彩，他将社会主义与中国的非资本主义前途联系起来，认为"处今日中国而言社会主义，即预防大资本家之发生可矣。此非无病之呻吟，正未病之防卫也"。将社会主义视为中国避免资本主义前途的预防药方。

1905年5月，孙中山到比利时首都布鲁塞尔拜访国际社会党执行局（第二国际常设执行机构），同该局主席王德威尔得、书记胡斯曼探讨了在中国发展社会主义的问题，认为"中国社会主义者要采用欧洲的生产方式，使用机器，但要避免其种种弊端"。即从"中世纪的生产方式将直接过渡到社会主义的生产阶段，而工人不必经受被资本家剥削的痛苦""防止往往一个阶级剥夺另一个阶级，如像欧洲国家都曾发生过的那样"。孙中山期望以西方为鉴，采取措施，另辟新途，创造出远比西方更高的新社会："睹其祸害于未萌，诚可举政治革命、社会革命毕其功于一役。还视欧美，彼且瞠乎后也。"为此，孙中山提出了民生主义，最早构想了中国走"非资本主义的前途"。

平均地权、节制资本和集产社会主义，是孙中山"民生主义"的主要内容。这些构成了"纯粹资本主义的、十足的资本主义的纲领"，浸透着浓厚的民粹主义倾向。

孙中山解决土地问题的基本思想，是依据亨利·乔治的单一税法，结合中国的实际，由地主自报地价，国家按值百抽一的比例课取地税，原价归地主所有，因社会进步而产生的增价则归国家所有，作为社会公益之用，国家并可根据需要随时按原价收买，这里蕴含国家发展经济的过程中，打破原来地主垄断土地所有权，以有利于工业化的需要。但孙中山更深刻的用意在于避免像西方那样，在资本主义发展初期，地权的转变及增值的利益完全被地主、资本家享有，而提出由国家调节地价的收入，以求社会发展的公平。

孙中山"平均地权"思想，在民国成立后有所完善，除了"核定地价，涨价归公，与民共享"之外，还增加了"定价收买"

的内容。他先后发表《在南京中国同盟会会员饯别会的演说》《在广州报界欢迎会的演说》《在广州对报界公会主任的谈话》《在广州行辕对议员记者的演说》《在山西同盟会欢迎会的演说》《在上海报界公会欢迎会的演说》《在上海中国社会党的演说》等讲演，阐述了国家在必要时按核定的地价照价收买的主张。"定价收买"是孙中山对"平均地权"学说的完善。他后来在《中国国民党第一次全国代表大会宣言》中对"平均地权"作了权威性阐述："国民党之民生主义，其最要之原则不外二者：一曰平均地权；二曰节制资本。盖酿成经济组织之不平均者，莫大于土地权为少数人所操纵。故当由国家规定土地法、土地使用法、土地征收法及地价税法。私人所有土地，由地主估价呈报政府，国家就价征税，并于必要时依报价收买之，此则平均地权之要旨也。"可见，孙中山希望中国实行民生主义后，避免出现欧美资本主义国家那样的贫富两极对立。这显然是带有民粹主义倾向的社会改造方案。

孙中山平均地权的性质，不是社会主义而是资产阶级民主主义。因为它在客观上只能起着反对封建和发展资本主义的作用。列宁指出："孙中山的民粹主义的实质，他的资产阶级民主主义土地改革以及他的所谓社会主义进步的、战斗的、革命的理论之实质就在这里。"但平均地权没有将平均地权和农民无偿获得土地的问题联结起来，因而不能真正动员起农民的力量以实现这个纲领，加上孙中山企图不动员农民而用和平的阶级调和的方法来解决土地问题，决定了"平均地权"难以真正实现。孙中山对近代资本主义的批判，主要集中于对其发展带来的弊端之上，并非全面反对资本主义。孙中山明确提出："夫吾人之所以持民生主义者，非反对资本，反对资本家耳，反对少数人占经济之势力，垄断社会之富源耳。"他还说："不知资本家应维持，如何反对，特资本家之流弊，则不能不防备。"孙中山看到资本主义的弊端，设法在中国采用民生主义，即他理解的社会主义的方法，在资本主义尚未发达时就加以防止。他说："吾国治民生主义者，发达最先，睹其祸害于未萌，诚可取政治革命、社会革命于一役。还视欧美，彼且瞠乎后也。""节制资本"主要是限定私人资本的经营范围；"集产社会主义"则是"国家一切大实业，如铁路、电气、水道等事务，皆归国有，不使一私人独享其利"，即发展国家资本。

为什么要"节制资本"而不是取消私人资本主义？因为中国经济落后，故不能完全取消私人资本，一定范围的私人资本有利于国计民生。孙中山指出："吾国之所谓工人者，通称为'苦力'，而其生活只以手为饭碗，不论何资本家若能成一小工店予他等以工作者，将必欢迎之。况资本家之在中国，寥若晨星，亦仅见于通商口岸耳。"

为什么允许私人资本主义发展但必须加以节制？为什么中国要发展国家资本走"集产社会主义"之路？因为私人资本主义的发展已经给欧美各国带来了弊端，中国没有必要走欧美的资本主义老路，应该加以预防，而预防之策，就是节制私人资本、发展国家资本，避免走资本主义道路。所以，孙中山提出民生主义的动机，是要避免中国因实行资本主义而导致社会两极分化。他承认资本主义物质文明的成就，承认发展现代经济的绝对必要性，但他并不想把这个伟大的历史责任交给中国的资本家。他要用他的民生主义方法达到国家现代化的目的，而其方法，就是用国家资本限制私人资本的垄断。所以，民生主义旨在防止私人资本主义的过度膨胀，实质上是要通过发展国家资本主义而避免欧美资本主义的前途。这样看来，民生主义是中国传统平均主义思想的近代翻版，是广大下层劳动民众要求摆脱困苦愿望的学理化反映，是资产阶级要求发展资本主义的欲望在革命运动中的折射。孙中山希望在中国落后的社会环境里"举政治革命、社会革命毕其功于一役"，只能是一种难以实现的社会空想，其民生主义具有浓厚的民粹主义色彩。

章太炎等人的民粹主义

不仅孙中山具有浓厚的民粹主义思想倾向，而且章太炎、朱执信、胡汉民等人也程度不同地存在着民粹主义倾向，在革命派阵营中曾经弥漫着各种反对资本主义的民粹主义情绪。孙中山提出民生主义后，朱执信、胡汉民、冯自由、汪精卫等人对此作了阐述，尤其是对其土地国有和资本国有思想作了发挥。1905 年冬，冯自由发表了《民生主义与中国政治革命之前途》。这是同盟会成立后阐明民生主义学说的第一篇文章。他首先阐述了民生主义的宗旨是"以救正贫富不均，而图最大多数之幸福故"。为什么会导致贫富不均？他认为"以物质发舒，生产宏大，而资本家之垄断居奇故"。因此，为了消除贫富不均，必须打破资本家的垄断居奇。如何打破资本家的垄断居奇？必须采取"国家民生主义"。

冯自由指出，国家民生主义实际上就是国家社会主义，国家民生主义虽然是近代的产物，但在中外历史上有着深厚的历史渊源。经济社会落后的中国能够实行国家民生主义吗？冯自由认为是可以的，因为一则民生主义有历史传统；二则中国资本主义尚未充分发展，更容易实行民生主义。他明确指出，当革命军初兴时实行"国家民生主义"最为相宜。他分析道：中国要实行国家民生主义，"不可不以武断政治行之；使他日共和政府之成立，然后次第举行，则不第惹起资本家之反对，而于行政方针之运用，亦不免陷于上下掣肘之困境。欧美列国政之近状，大都然矣。列国政治革命之进行，必以军国主义而暂建设一军政府，中国奚独不然？凡军政府驻在地或其统属之行政，皆以武断政策出之，故无涩滞之弊。是知民生主义之实行，舍政治革命之时期，决无良机，可无疑义矣"。因此，国家民生主义在军政府时期就开始实行，"最相适合"。这里，与俄国民粹主义主张趁资本主义未发展到烧毁公社之时即采取革命的思想，有异曲同工之妙。

国家民生主义所要解决的核心问题，是"土地问题"；而解决土地问题的根本办法，是"平均地权"，实行土地国有。他指出："所谓国家民生主义之纲领为何，则土地问题是也。括而言之，则平均地权也。"冯自由对土地私有和土地国有两种不同的所有制进行了研究，力陈"土地国有"对发展经济的益处：一是打破地主对土地的占有和居奇，有利于工商业的发展；二是土地家屋的价格，由政府调整，以保其平准，使大多数人得脱地主专制之牢笼，实救治贫富不均之良法；三是中国数千年的专制政体，其矿山森林道路大都官有，故实行土地国有的政策，实较其他国家为易。

胡汉民赞同孙中山提出的"平均地权"主张，并对"土地国有"政策作了发挥。他在《民报》发表的《民报之六大主义》和《告非难民生主义者》等文中指出，解决资本主义国家经济不平等问题的关键，是实行"土地国有"。土地国有"使人民不得有土地所有权，惟得有其他权（如地土权、永小作权、地役权等），且是诸权必得国家许可，无私佣，亦无永贷。如是，则地主强权，将绝迹于支那大陆"。因此它必然导致地主阶级的消灭。国家成为地主以后，由国家决定地租的高低，可以减轻农民的负担，"国家之课于地土上者，必经国会之承认，亦必无私有营利之弊，以重征以病农"。土地的收入为国民所共享，保证了经济上的平等，"吾国已为民权立宪政体之故，则地利所入虽丰，仍以为民政种种设施之用，其为益愈大""而民权立宪国家之富，尤共产也。夫均地之政，至平等耳！"这样，自然可以避免资本主义的弊端。

以章太炎为代表的国粹派，具有更浓厚、更突出的民粹主义倾向。受儒家"大同"理想和"不患寡而患不均"思想的影响，章太炎把平均社会财富和小农经济为基础的传统农业文明作为应对西方资本主义文明挑战的途径，将传统农业文明与西方工业文明截然对立，以中国传统的"大同"理想比附近代社会主义，并以此批判西方近代资本主义，提出"均田""限袭产"等民粹主义的主张。

早在1902年前后，章太炎与秦力山、孙中山等人多次聚谈"我国古今社会问题及土地问题"，举凡三代之井田，王莽之王田，王安石之青苗，洪秀全之公仓，"均在讨论之列"。秦力山主张："以今日之不耕而食之佃主，化为乌有""不问男女，年过有公民权之上者，皆可得一有制限之地，以为耕牧或营制造业"。他认为"苟辨乎此，则智与贫富二者，何愁而不平等"。章太炎认为："后王视生民之版，与九州地域广轮之数，而衰赋税，大藏则充。"主张革命成功后，可以根据地主拥有土地的多寡与全国土地总数的比例关系来确定征收赋税的额度。他以可耕的熟田（露田）为标准，将土地分成几等来制定赋税征收的等级，认为："赋税所获，视今日孰若？"孙中山不同意章氏意见，指出："兼并不塞而言定赋，则治其末已。"因为土地兼并是造成贫富悬殊的根源，而"贫富斗绝者，革命之媒"，社会革命就难以避免。他认为，解决土地问题只能是"不躬耕者，无得有露田。……夫不稼者，不得有尺寸耕土，故贡彻不设，不劳收受而田自均"。章太炎同意孙中山的观点："善哉！田不均，虽衰定赋税，民不其生，终之发难。有帑荫而不足以养民也。"后来，章太炎根据三人讨论的意见制定的《均田法》中规定："凡土：民有者无得旷。其非岁月所能就者，程以三年。岁输其税什二，视其物色而衰征之。"

章太炎认为人类的道德堕落起因于文明的进步，赞美中国上古三代时的井田制及魏晋至唐代的均田制"合于社会主义"，其他一些典章制度也总是"近于社会主义"，主张应对此顶礼膜拜。他在日本东京演说："中国一切典章制度，总是近于社会主义；就是极不好的事，也还近于社会主义。兄弟今天，略举两项：一项是刑名法律……一项是科场选举。……这两件事本是极不好的，尚且带几分社会主义性质；何况其他好的呢？我们今日崇拜中国的典章制度，只是崇拜我们的社会主义……那好的必定应该顶礼膜拜，这又是感情上所必要的。"他对西方近代资本主义工业文明则持全盘否定的态度，说"电车只为商人增利，于民事无益毫毛"，他还议论说"欲事气机，必先穿求石炭，而人之所需，本不在此。与其自苦于地窟之中，以求后乐，曷若樵苏耕获，鼓腹而游矣"。他因此主张"重农抑商"，并且"均配土田"。这种主张带有明显的"农业社会主义"的倾向。

　　不仅如此，章太炎还对西方资产阶级代议制度进行了猛烈抨击。他指出："议院者，受贿之奸府；富民者，盗国之渠魁"，表示了他对资本主义最尖锐的质疑。

　　章太炎对农业、农村及下层贫苦农民高度推崇，对知识分子精英意识加以鄙弃。他把中国社会民众的道德高低，按照他自己的标准分为16层等级，并将农民放到中国社会道德塔的塔尖上。他说："今之道德，大率从于职业而变。都计其业，则有十六种上：一曰农人，二曰工人，三曰裨贩，四曰坐贾，五曰学究，六曰艺士，七曰通人，八曰行伍，九曰胥徒，十曰幕客，十一曰职商，十二曰京朝官，十三曰方面官，十四曰军官，十五曰差除官，十六曰雇译人。其职业凡十六等，其道德之第次亦十六等。"因为贫苦农民"劳身苦形，终岁勤动"，故其道德最为高尚，社会地位也应最尊贵。然后依次是工人、小商贩、下层知识分子，"自艺士（医师、画家等）下率在道德之城，而通人以上则都不道德者"。故得出了"知识愈进，权位愈伸，则离于道德也愈速"的结论。

章太炎堪称近代中国突出的在道德上尊崇平民与体力劳动、贬抑上层人物与知识精英的第一人。他把农民视为最有道德的人，而将知识分子和比知识分子地位更高的人视为不道德的阶层，并将在外洋机构中服务的"雇译人"视为最不道德的人，一方面反映出他对上流社会极端鄙视的情绪，另一方面则反映出他对农民的崇尚，带有浓厚的崇拜农民和体力劳动者而贬低知识和知识精英的倾向。章太炎这种体现小生产者的民粹主义思想是肤浅的。他以为只有农民、工人是自食其力者，只有他们在生产和创造财富，而知识分子、商人、社会管理者均不创造财富，显然是站不住脚的。由于他使用的是一种非常狭隘的小生产者的道德尺度，因此他把组成中国社会各阶层的"质"与"量"作了许多倒置。"知识愈进愈坏"是典型的反智主义的命题。

总之，俄国民粹主义在20世纪初以无政府主义、虚无主义、社会主义等名义开始在中国传播，它激活了中国传统思想中的民粹主义因素，逐渐形成了中国近代民粹主义。辛亥时期的民粹主义基本特征有二：一是对资本主义深恶痛绝，把它看作是丑恶、衰落、倒退的历史现象；二是看不到社会发展的基础是物质生活的生产和再生产，不懂得社会革命发生的经济根源，试图绕过资本主义发展阶段，从农民的个体私有经济直接过渡到社会主义。与俄国民粹主义相比，中国近代民粹主义有着自己鲜明的特色。它没有系统的组织化的民粹派，也没有系统的民粹主义政治思想，它更多地体现为一种不自觉的民粹主义思想倾向。农耕文明与儒家文化是民粹主义的温床，对西方资本主义认识的肤浅是民粹主义滋生的思想文化因素。幻想从落后的农业国跳过资本主义工业化阶段直接过渡到社会主义社会，是中国近代民粹主义的最重要特征。

（节选自中国社会科学院近代史研究所编：《辛亥革命与百年中国》，社会科学文献出版社 2016 年版）

清末的民族主义

朱维铮

一、一个老问题

民族主义，正如"民族""主义"两词一样，在中国都属于近代才出现的概念。由于同盟会誓词首先强调"驱除鞑虏，恢复中华"，由于孙中山提出的三民主义也首列民族主义并谓它与"革命排满"同义，因而人们说及晚清的民族主义，总以为此概念的内涵，在那时就是"反满"。于是，怎样估计民族主义在辛亥革命前 10 年的性质、作用或意义，也就成了问题。

二、谁当承其"咎"

满族入主中原以前，在建州女真时期曾是接受明帝国直接统治的边疆民族之一，而清帝国建立后，以满族发祥地为中心的东北地区更成为帝国政府直接控制的特区。因而，除非把"中华"

疆域的界定"恢复"到努尔哈赤、皇太极父子由叛明到称帝时期的限度，否则视满洲为"异族"，提出"驱除鞑虏"的口号，在实践中便等同于分裂中国的版图。

假如我们坚持从历史本身说明历史，那么对于袭自500年前朱元璋北伐檄文的所谓"驱除鞑虏，恢复中华"的纲领，本来不难作出合乎历史的解释。但由于袭用者是孙中山，而此人身后已被尊为"国父""伟大的革命先行者"，在有太多的理由为神道设教、圣人无谬之类古老原则辩护的时候，含混地说一句"阶级的历史的局限性"，在某些人看来已是对这位后圣的亵渎。

于是，说到辛亥前孙中山和同盟会的所谓民族主义，曲说文饰必贻尘谤，攻其一点也难服众，怎么既论其功又指其过呢？"局限"论既失之含混，"实质"论（即谓民族问题说到底是阶级问题）又属于强辩，后出的"工具"论（即谓孙中山把民族主义等同于反满，乃因清政府已沦为帝国主义列强统治中国的工具）只是先前"走狗"论的雅化，说非无据却有落入梁启超窠臼的可能。因而，更常见的评说，便是在照例把"驱除鞑虏，恢复中华"的口号归因于资产阶级软弱性的同时，又批评它也含有狭隘民族主义或大汉族主义的偏见。不过，持此说者，又总不忘提醒读者注意孙中山在晚清并非这种偏见的作俑者，何况他的"三民主义"当作整体观，在民国建立后就强调"五族共和"而没有把满族排除于中华民族之外。毋庸置疑，早蒙"一民主义"者之讥的章太炎，就应该替这种"民族主义"承咎了。

然而章太炎到底不能独承其"咎"。因为在清末，民族主义不是某一二人的独特政见，而是被不同倾向的反现状论者普遍接受或同情的一种思潮。它于 1903 年随着拒俄运动的高涨而获得广泛的社会影响。这不是用某种简单的公式所能说明的。但就我所见，至少在近年中国内地的种种论著中间，在讨论中却存在着下列共同的或类似的弱点。

一是避免专从民族主义角度进行讨论，尤其避免正面承认那时代的排满论确属民族主义的历史取向。

二是涉及排满论必以"阶级斗争为纲"，强行否认晚清历史中存在的民族压迫的基本事实。

三是把民族问题与文化问题混作一谈，在判断清末民族主义的具体取向的时候，往往使用双重尺度而陷于悖论。例如评论所谓"夷夏之辨"，涉及反满时常用属于文化尺度的同化说予以批评，涉及排外时却总用属于政治尺度的爱国论进行辩护。

应该指出，那时代的民族主义诉求，无论实践取向有多大差异，在民族主义的概念诠释上，都应用近代欧洲民族国家兴起的历史和民族主义含义的解释作为参照系。但诉求者的实践取向的差异，又使他们倾向对清帝国的民族问题与近代欧洲的历史和现实的不同缺乏客观分析，往往对参照系采取各取所需的实用态度，而在当时既纷呶不已，也给后人造成困惑。

三、由"现状"引发的政治诉求

民族主义在清末既然已形成普遍的政治诉求，那就很难用所谓传统的"夷夏之辨"进行解释。政治诉求总是针对政治现状。诉求的语言，是古老的外来的，还是混合的，固然重要，但总是诉求者对于现状的基本看法的一种概括。假如考察这种诉求，不是首先考察引发诉求的历史状况，而是首先去追究诉求的口号合不合某种先定的尺度，则只能说是舍本逐末。

这里不能详述清代民族问题的复杂状况。简单地说：（1）清政府是以一个少数民族压迫多数民族为表征的；（2）与中国历史上其他少数民族建立的帝国不同，这个帝国始终实行旨在守护统治民族特权的反同化政策；（3）随着统治民族的寄生化，这个帝国不得不在严分满汉的同时，又实行满汉共治，并被迫把共治权从文官制度逐步扩大到军事组织；（4）出于被同化的恐惧，这个帝国的君主贵族，在意识形态上始终坚持双重准则，一方面"以汉制汉"，一再由皇帝出面对朱熹学说重作解释，当成汉族上层爬进各级政府首要条件，一方面固守本族的萨满信仰，并抬举在边疆少数民族流行的喇嘛教，以扩大与汉文化对抗的基础；（5）于是在这个帝国整个存在时期的民族关系上，便出现种种矛盾现象，在上的满洲君主独裁与在下的汉族文官横行并存，在内地的旗人形成被汉人割裂的各个据点与边疆的少数民族保持与汉文化差距相映，中央政府继续严分满汉的权力结构与各级地方政府愈受汉人管理控制的奇特反差。

诸如此类的现象，就使章太炎、孙中山提倡的革命排满论很易被指斥为复活大汉族主义，也使康有为、梁启超鼓吹的保皇立宪论更易被抨击为抹杀清帝国实行民族压迫和民族歧视的现实。

四、孙中山的矛盾主张

毫无疑问，早在 1894 年孙中山在海外创建兴中会那时，他所拟订的秘密入会誓词，所提出的"驱除鞑虏，恢复中华，创立合众政府"的纲领，其中便含有极不相容的两个命题。

所谓"创立合众政府"，不消说孙中山是以中国的华盛顿自居，如他晚年仍然坚持的，想通过他把中国"化成美国"。这是典型的全盘西化论，表明孙中山向往的理想政府，是美国式的联邦统治模式，即对外关系实行中央集权，而在内政上尊重地方分权。

可是所谓"驱除鞑虏，恢复中华"的提法，又表明孙中山首先志在成为当代的朱元璋。倘说 500 年前提出这个口号，体现处于元朝统治下人分四等的最低等的"南人"的愤恨情结的话，那么在中国人已吃够膜拜朱元璋、朱棣父子统治方式的清朝列祖列宗的独裁统治苦头之后，孙中山重提这个口号，虽能鼓动于一时，尤其能够煽动长期停滞于"反清复明"模糊回忆的秘密会党参与革命的情绪，却难免使人们怀疑此人的最终意向。

谁都知道华盛顿和朱元璋属于取向迥异的政治楷模。在晚清，华盛顿对于美国独立战争和联邦政治的贡献，虽被革命党人过度夸大，但他拒绝担任终身总统并在卸职后坚持不干预国事的行为却给憎恨君主世袭专制制度的中国人留下深刻印象。而朱元璋虽被颂作光复汉族旧物的先驱，但即使最热衷于称道这一楷模的章太炎之流，也对他称帝后强化君主独裁的种种行为，表示难以克制的憎恶。这种憎恶，对于正在以非历史态度看待中国和世界现状的革命党人来说，遇到内在矛盾很易移过于孙中山，而非难革命排满说的保皇党人和立宪派人，又可借此否定孙中山及其领导的整个运动，都不能说缺乏理由。

事实上，从兴中会到同盟会，孙中山始终坚持"驱除鞑虏，恢复中华"作为区别革命与否的首要纲领，的确使他无法免遭潜在主张大汉族主义的指责。他在海外游说华侨支持革命排满，再三声称如若革命成功，则在鸦片战争后被欧洲日本等列强夺取主权的邻邦，必将重新成为中国的藩国。这虽然可用迎合深受殖民统治之苦的海外华侨心态的理由予以辩护，说是权变之计云云，用重建殖民地位的许诺来激起反殖民统治的情绪，无论是否限于言辞，在实践上必定助长中世纪式的"天朝上国"的过时意识的复活，是可以断言的。

因此，倘说在民族问题上，孙中山一直在摸索非西方化的现代化民族形成之路，则其反历史主义的态度未免过于露骨。似乎用不着指出，孙中山除了欣赏朱元璋之外，在追求汉族统治实现"美化"屡屡碰壁之后，转而追求实现"俄化"，在主观上并未脱离其认定近代化即西方化的初衷。主观意向与客观效应背离的矛盾，非自孙中山始，也非以孙中山终。

五、是不是种族主义？

1905 年成立的同盟会再度把"驱除鞑虏，恢复中华"列入纲领，而正在这时清政府终于做出"预备立宪"的姿态。迫使慈禧太后做出这一姿态的主要因素，除了反满诉求日趋激烈的国内压力以外，还有来自西方列强的外在压力，因为"辛丑和约"许诺保全清政府的一大条件，便是清政府必须进行政治改革。和约签订后清政府对于官制和学制做出的所谓改革，尤其是官制改革，最终都成为满洲亲贵乘机扩充自身权力的手段，却不能因此而说陈腐的制度毫无改变，譬如说八股取士的科举制度便终于废除了。这当然使不少温和派的士绅产生这个帝国尚可得救的希望。待到太后出面宣布为实行宪政做准备，这时连保皇党人也改变了对慈禧为首的权力集团的态度。康有为、梁启超都曾既愤然又欣然地说过，1902 年清政府"还都"之后的变政措施，没有一项不是他们曾在戊戌百日维新中所未曾提出过的。因而他们迅即改换党名，不再提单纯保皇即拥光绪而反慈禧，相反树立促进宪政的旗帜。这一变化，就意味着保皇党人也重新主张联合满洲，转而把主张革命排满的同盟会视作主要政敌。

因此，围绕是否排满的问题，不同倾向的改革者，分别以《新民丛报》和《民报》为主要阵地，进行激烈的论战近两年。与前几年的情形相反，这回充当原告的是梁启超。他抓住的把柄，正是"驱除鞑虏，恢复中华"那八个字。他强调这个纲领不是民族主义，而是种族主义，因而他的文章从题目到内容都说孙中山和《民报》主张的，只是"种族革命"，并非那种把欧美导向强盛的民族主义，而后者则主要表现为兴民权、废专制、行宪政的"政治革命"。相形之下，胡汉民、汪精卫、朱执信等，在《民报》初期发表的文字，坚持革命排满，却无法把孙中山的民族纲领解释得与近代民族主义相契合，甚而出现接受论敌关于"种族革命"提法的趣事。倘若不是刚出狱的章太炎披挂上阵，专从清建国后坚持种族特权、实行种族歧视的历史角度，与刘师培等联手，抓住梁启超曲解清统治者国策的弱点进行驳论，则很难使《民报》化被动为主动。

不过，假如清朝权贵稍有识见，在所谓预备立宪问题上，不是一味用日本明治维新的先例做口实，对于以南方士绅和原保皇党人联合发动的早开国会的屡次请愿，敷衍推宕，乃至被迫跨一小步也要从中渔利，那么纵然在论点中间《民报》始终显得比对手有理，双方的胜负依然难说。所谓事实胜于雄辩，而在政治论争中起决定作用的，影响人们最终抉择的，主要不是学理，而是切身利益。实际上，从1907年同盟会开始内讧以后，在组织上很快分崩离析，而《民报》虽然还由章太炎主持，也同样失去了昔日的魅力。但由同盟会纲领所演绎出的一个逻辑推论，所谓"清朝一倒，万事自好"，却已经深入人心，成为在武昌起义前后激励人们非革命不可的信念，这当然不可能由民族主义本身得到合乎历史的说明。

关于近代以来的民族主义的研究，在中国的学术领域几近空白。困难不在于事实的清理，而在于若干僵硬教条的障碍。

六、赘语

譬如说，民族的定义。由于长期把斯大林的所谓四要素说奉若圣经，即使研究对象纯属"原始民族""蒙昧民族"或者"野蛮民族"，也必须强迫历史服从斯大林的说教。

又譬如说，民族问题的"实质"。多民族的中国，在历史上当然充斥着不同民族相互间的矛盾与冲突、压迫与反抗、并吞与同化等记录。那原因是复杂的，诸如生产方式的、生活形态的、宗教信仰的、心理状况的，乃至地缘政治的，都有。但无论是古典的、中世纪的或近代的民族斗争，都很难用"说到底就是阶级斗争"这样的简单公式一套，便真理毕现，万喙息响。不幸这个"底"，似乎极难透过，以至于我们的晚清史或民国史的论著，岂止列章设节没有"民族主义"的地位，即使非谈"逐满"问题不可，也尽量牵合"说到底"的公式，否则便以不了了之，申斥一通"局限性"完事。

（选自《二十一世纪》1993 年 4 月号）

第三篇

不安定的底层

"群众心理"的兴起

【美】孙隆基

一、法国大革命与国民性

1903 年以前，梁启超摇摆于维新与革命之间，一方面与孙中山派暗通款曲，另一方面又受乃师康有为压力留在保皇会内。在1902 年，梁歌颂法国革命女杰罗兰夫人之余亦提出英法两国革命的比较："英国革命之后，则宪政确立焉，民业骤进焉，国威大扬焉。法国革命后，则演成恐怖时代，常以血迹污染其国史……若是者何也？英国人能自治，而法国人不能也。能自治之民，平和可也，破坏亦可也，平和时代，则渐进焉，破坏时代，则骤进焉。不能自治之民，则固不可以享平和，亦不可以言破坏，平和时代则其民气堕而国以敝，破坏时代则其民气嚣而国以危。"他把法国大革命当作参考，提出革命是否适合国民性的命题。"国民性"的讨论明显摆脱公羊三世的普遍进化阶段论，采取特殊论的看法：

> 法兰西人……百年之内，变政体者六，易宪法者十四，至今名为民主，而地方自治与个人权利毫不能扩充，此拉丁人所以日蹙于天演之剧场也，若夫条顿人，则其始在日耳曼森林中，为一种蛮族时，其个人强立自由之气概，传诸子孙而不失。……盎格鲁-撒克逊人之尤优于他条顿人者何也，其独立自助之风最盛。

他在 1903 年又写道：法国"其国民之性情，乃与共和主义最不兼容。……自治者，共和政治最切要之条件也，而法人曾无所练，百事皆仰赖政府"。其弦外之音，暗示中国国民性亦不宜实行民主共和。

梁宣称他受到主张"国家有机体说"的瑞士学者伯伦知理（Johann Kaspar Bluntschli）影响。梁把一个比喻当作逻辑推论："凡有机体之发达，必经自然之顺序，历尔许之岁月，又无他种故障以夭摧之于中途，夫然后继长增高以底大成。……泰西史家言法兰西当大革命时代，全国所产婴儿，率多癫痫，社会之现象，遗传于其群众之心理中者，如是其可畏也。"这里除了反映当时流行的后天特征可遗传的拉马克生物学理论，还提到"群众之心理"这个簇新的概念。

其时，社会心理学正在西方与日本抬头，有学者认为它与国家有机体说打对台。其实两者并非完全划清界限，在思想博杂的梁启超身上尤其划不清。梁除了国家有机体说之外，还大量引用开始流行的社会心理学说。在西方，社会心理学兴起于 19 世纪末，至世纪之交大盛于日本，旅居日本的中国知识分子则转从日本处受到影响。当时社会心理学着眼的是"集体心理"（the group mind）——这个概念一直到 20 世纪 20 年代，待受到新兴的行为主义批判，才衰落。因此，它可以说支配了维新、革命之论争，下及五四思潮。

当时集体心理学用人与人之间的"暗示"（suggestion）、"模仿"（imitation）、"同情"（sympathy）来解释集体心理的形成。它很重要的一个分支就是国民性研究，主要流行在德、法两国，在德国叫作 volkerpsychologie，在法国叫作 psychologie des peuples，英语里则翻译成 the psychology of peoples（kracial psychology），到了中国，就变成"国民心理学"，并由此衍生"国民性"一词。

集体心理学泰斗是法国的勒邦（Gustav Le Bon），著有发扬国民心理学的《民族进化的心理法则》（1894），并著有《群众心理》（1895）以及《法国大革命与革命心理》（1912）。三部书都拿法国大革命印证群众心理之非理性和革命心理之暴虐。勒邦是法国第三共和时代的保守派，他悲叹普法战争中法国的败绩，尤其对战败期间"巴黎公社"暴动反感。他想用学说鞭挞国民劣根性，并把法国政局长期不稳定归咎于法国大革命，认为正是法国人的劣根性造成暴民政治和拿破仑专制的恶性循环。中国人在勒邦的"科学"权威性笼罩下谈法国大革命，其实乃通过第三共和时代保守派观点看该革命。

勒邦在今日已被人遗忘。中、日学者收集近百年来中国有关法国大革命的史学项目，也把他遗漏了。显然，他们只着眼于"史学"，完全忽略了当时流行过一阵子的"国民心理学"，以及被它影响的各个方面的论说。

1903 年，《新民丛报》连载梁启超胞弟梁启勋的《国民心理学与教育之关系》一文，介绍法儒李般（吕邦，Le Bon）氏所著国民心理学著述 *The Psychology of peoples*（《民族进化的心理法则》之英译名）。该文时代背景是科举制度将废前夕的国民教育讨论。大家都把改造国民性寄望于国民教育，梁启勋遂指出国民性极端之易塑造，并引法国大革命为例："若国民会时代（即大革命时代）之法国人其残虐若彼，拿破仑帝政时代之法国人，其顺良又若此，前后不及二十年而截然成反比。"但勒邦的原意是国民性极端难塑造，他举出山岳党专政时代的暴民政治与拿破仑时代的顺民政治，为了说明同一国民劣根性的两个面向及其恶性循环。

同时期，梁启超本人也提到勒邦。1903 年他游北美，有感于唐人街之零乱程度冠于全球，"即李般所谓国民心理，无往而不发现也。夫以若此之国民，而欲与之行合议制度，能耶否耶？"梁的《新民说》中有一整段例子来自勒邦《民族进化的心理法则》一书。勒邦认为拉丁民族不如英美民族优秀，因此英美民族可以实行议会政治，拉丁民族的共和国徒然制造混乱，梁完全同意。

此时，国民心理学被保皇、革命两派广为运用。梁启超的同志蒋观云在《新民丛报》上连载了《共同感情之必要论》与《论中国人崇拜岳飞的心理》。前文用社会心理学的"同情"概念说明现代国家必须以共同心理为基础。后文用类似"暗示—模仿"

论的分析指出：中国民众对岳飞的英雄崇拜有助于民族主义之发扬。岳飞乃抗女真的英雄，因此蒋氏此文显示出《新民丛报》上亦有排满情绪。至于革命派诉诸国民心理学说则更明显。中国革命同盟会的朱执信提出"心理的国家主义"，和梁启超的国家有机体说打对台。《民报》第 24 号《革命之心理》一文则鼓励用暗杀手段振奋"病几弥留、不可救药"的"国民心理"。后来日本当局以该文为借口把该刊查禁。

同盟会的汪精卫用社会心理学论证国民性可借革命而更新："夫国民所持以为国者有二，一曰历史二曰爱情（即 sympathy，一般作"同情"），因历史而生爱情，复以爱情而造历史，盖国民固有历史的遗传性，然必其所际遇，与古人同，然后乐于因循，若其遭值者，世局人心，均开前古所未有，而外缘之感触，有以浚发其爱情，则因比较心而生取舍心，因取舍心而生模仿心（指 imitation），其变至繁，其进必烈。是唯当浚国民之爱情，以新国民之历史。求所以浚其爱情者，自心理以言，则为教育，自事实以言，则为革命。"但国民心理学泰斗勒邦把革命说成很可怕，汪对"革命"就不得不有所辩解：

顾教育为众所咸韪，而革命则有迟疑不敢额者，以谓革命之际，国民心理，自由触发，不成，则为恐怖时代，即成矣，而其结果奚啻不如所祈，且有于所祈相违者，求共和而复归专制，何乐而为此耶？

汪精卫指出美国革命产生华盛顿，而法国革命则造成拿破仑称帝，乃因国情不同所致。按此国民性特殊论的逻辑，中国的国情应当会产生拿破仑才对，但汪笔锋一转，认为革命派可以制定"约法"防止它："其枢机所在，为革命之际，先定兵权与民权之关。"换而言之，汪的"国民心理学"不得不诉诸唯意志论，正如他所说："盖社会心理常为事实之母。"

汪氏之国民心理学的确能把满洲"异族"排除在汉人"共同感情"交流范围之外。至于国民革命是否符合"国民心"，汪似乎诉诸法国革命派的逻辑：唯有革命行动方能解放被专制君主压抑的"公共意志"，因此革命行动本身就是国民共同感情之母。汪说：

> 畴昔吾国民有国民思想矣，然专制之毒，足以摧抑之，有民族思想矣，然君臣之义，足以克灭之。今欲使国民心理发达变迁，则当葆其固有者而去其沮遏者。去沮遏之道，在声专制君主政体之穷凶极恶。……而国民思想、民族思想，则我民族之所固有者，在发挥光大之而已。使民族主义国民主义而大昌明也，则（革命）约法者，乃应于国民心理之必要，而不能不发生者也。

法国大革命之具备发挥民族思想之功能似乎乃激进派共识。早在1903年，同盟会成立以前，留日学生杂志《浙江潮》已有文章指出"民族主义"乃"法国大革命"和"拿破仑"之"产物"。《游学译丛》一篇介绍法国大革命也如此结论："欲使民族全体进向自由的幸福，使民族全体之趋向进行于实际的改良，而必改造国家以殉其理想者，是佛兰西革命军之一标帜也。"

我们不该忘记：梁启超批判专制主义比谁都要早，但如今他答辩革命派，与法国革命时代英国反革命思想家埃德蒙·伯克（Edmund Burke）同调，亦即主张任何变革都不应急骤，必须是符合历史传统的渐变。梁指出：在现阶段，共和政体并不适合中国国民心理。从此前提出发，梁指责汪"所以为标准者，实外国心理，非本国心理"，并警告"专以感情论投合社会，非社会之福，而社会之祸也，法国其前车也"。

革命保皇两派尽管借用法国大革命的讽喻，但岂只国民心理"实外国心理，非本国心理"，中国的现实与外国的现实都相差颇远。革命领袖黄兴很早就看出这一点。他在1903年说：

> 本会皆实行革命之同志，自当讨论发难之地点与方法，以何者为宜？一为倾覆北京首都，建瓴以临海内，有如法国大革命发难于巴黎，英国大革命之发难于伦敦。然英法为市民革命，而非国民革命。市民生殖于本市，身受专制痛苦，奋臂可以集事，故能扼其吭而拊其背。若吾辈革命，既不能借北京偷安无识之市民扑灭清廷，又非可与异族之禁卫军同谋合作，则是吾人发难，只宜采取雄据一省，与各省分起之法。今就湘省而论，军学界革命思想日见发达，市民亦潜濡默化。且同一排满宗旨之洪会党人，久已蔓延团结，唯相顾

而莫赶先发。正如炸药既实，待吾辈引火线而后燃，使能联络一体，审势度时，或由会党发难，或由军学界发难，互为声援，不难取湘为根据地。然使湘省首义，他省无起应之者，则是以一隅而敌天下，仍难直捣燕幽，驱除鞑虏。故望诸同志对于本省外省各界与有机缘者分途运动，俟有成效，再议发观（展？）与应变之策。

后来，辛亥革命果然是由南方各省向北京宣布"独立"的方式完成。这分明是皇朝解体之势，却导致了"中华民国"的成立。

二、"群众心理"与"暴民政治"

欲了解勒邦对民初政治的影响，必须将他放在更广泛的集体心理学的影响里面来考虑。在民国初年，集体心理学是政府部门通用的一个流行话语。在1912年6月的参议院的一次会中，某参议员发言曰："民国初基，须以人民之心理为视听，于人民之心理合，则统一之势固。"话里虽然含有"天视自我民视，天听自我民听"的古义，但用来包装的却是最时髦的集体心理学的词汇。在同月的另一次参议院会议中，总统府秘书长梁士诒说服国会接受为袁世凯任命的国务总理陆征祥，说外交官出身的他久居国外："充任国务总理之人，必要深知国民心理之情势与外国历史之惯例，又必熟悉共和政体之真精神，然后始可以为总理。陆君在外甚久……"但当民初大谈特谈国民心理学的时候，集体心理学的另一支群众心理学亦开始在中国发挥影响，而其用途多用在反对过分民主上头。

勒邦的国民心理学流行始于清末，他的群众心理学则有后来居上之势。1907年，梁启超谋用"提倡开国会，以简单直接之主义，求约束国民心理于一途"来树立自己一派势力。1910年，梁办《国风报》，却以言论节制为方针，盖"近儒之研究群众心理学者，谓其所积之分量愈大，则其热狂之度愈增……而当其热度最高之际，则其所演之幻象噩梦，往往出于提倡者意计之外，甚或与之相反，此舆论之病征也"。

勒邦认为"群众行为之大部分而论，其心意程度之低下，诚不待论"，而且群众心理是"古代遗音之所寄"，换而言之，乃朝种族进化早期阶段逆退之返祖现象。勒邦的著作常用法国大革命的"暴民政治"来印证群众心理之原始。至19世纪末，全民普选在西欧各国趋于制度化，勒邦学说亦多少反映了精英阶层对群众政治之恐惧。

在辛亥年农历九十月间——亦即武昌起义的凌晨——康有为已在大谈特谈暴民心理：

> 心理之学，喑呜一声，众则随之，始或惊或默，及哄然同声，不必辨其所由，而忽忽随之于不觉。……盖人固有情，以情感情，同出至诚，则如传染矣。天下智人少而愚人多，一智人提倡之，则众人和之，其智者则有为为之也，其众人不辨得失是非，而滔滔从之，及人众既多，则以多自证，以

同自重，益觉理之不可易，而气之益昌矣……感情之相动、
热力之相吸，以多为信、入于大迷，岂复能研事理、别得失
哉？法国大革命之乱，百日而死人百二十九万，频乱垂八十
三年而后定，饮狂药乱执刀之效也。……

康有为不一定知道：他这段话里包括了社会心理学里的"暗
示""模仿"与"同情"这三个机制。他并没有标明这些概念，反
面反映出它们之流行，渗透报章政论公告文牍范围之广，以及在
当时被当作社会科学的真理。

"群众心理"与"暴民政治"很快就变成民国政治成语。民
国甫成立，袁世凯和国民党仍在蜜月阶段之时，康有为却敲响
警钟：

故今者国民惴惴恐栗，或且悔祸，皆谓革命之举以求国
利民安，不图共和之后，反见国危民悴也。……长此争乱，
全国涂炭，将酿第二革命之祸。法大乱八十三年，幸而能保，
墨大乱三百年，削地万里，至今未已也。盖共和为平民之政
治，所可虑者，暴民为政，贻国势险危，此乃欧美之恒言，
而今已爆发于吾国也。

民国成立后，梁启超从长期流放地日本返抵祖国，在1912
年11月15日的归国演说词中，就"唯恐秩序一破之后，青黄不
接，暴民踵兴，虽提倡革命诸贤，亦苦于收拾"。

在刺宋案发生后，梁启超派的张东荪写道："夫幼稚之国其国民能力薄弱，必有一二有能力者，使居国家机关，以为国民多数之率导……多数而为不肖，固不及一人之贤也。袒护盲目之多数，以养暴民专制，李本曰 belief of unconscious origin and independent of all reason, can never be influenced by reason（Lee Bon, *Psychology of Revolution*, p.17）"。袁世凯在 1913 年 10 月 10 日莅任正式大总统典礼的宣言中也说："乃本年七月间，少数暴民破坏统一，倾覆国家，此东亚初生之民国，惴惴焉将不保。"1913 年年底，袁世凯解散国会前夕，指责"主张共和之人，托共和政治之名，行暴民政治之实"。

梁启超并不赞成袁解散国会，但在国民党"二次革命"期间，却曾在他的《庸言》上悲叹"革命成为一种美德，名誉归之，及既成功，而群众心理所趋，益以讴歌革命为第二之天性，躁进之徒以此自阶……此种谬见深中于人心，则以极危险之革命，认为日用饮食之事"。1914 年，国民党的胡汉民则替"暴民政治"辩护：

> 近年一般政客所极端排斥以为吾国政治之恶现象者，曰暴民政治也，曰约法亡国也，曰国会捣乱政党捣乱也。……凡所反对所排斥者，不曰于对彼不利，而曰强有力之政府所不容。……政府者……以集合之心理自规律其行动，而有法律。……而其源本则在于人民……故就民主国政治论之，与言强有力之政府，不如强有力之国会。

胡汉民似乎又重新回到了民初国会提出的政府必须"以集合之心理自规律其行动"的要求。他针对《庸言》之"奇谬之谈"，揭露进步党的暴民政治论乃替袁世凯的野心服务。

野心家和政客们贬抑群众心理，或别有用心。真正坚信群众心理乃堕落而永不超生者，反而是启蒙思想家。鲁迅在 1918 年提倡"个人的自大"，反对中国人向来的"合群的爱国的自大"，说中国人以为凭"数目极多，只需用 mob 的长技，一阵乱噪，便可制胜"。他又从群众心理学谈到勒邦的国民心理学：

> 法国 G. Le Bon 著《民族进化的心理》中，说"我们一举一动，虽似自主，其实多受死鬼的牵制。将我们一代的人，和先前几百代的鬼比较起来，数目上就万不能敌了"。

勒邦此说在当时很流行。高语罕亦认为国民劣根性："又何一非祖宗相传之心理耶？"五四时代思想界流行易卜生的《群鬼》，用父传梅毒意象来比喻传统思想之毒害，喜为鲁迅、胡适等人引用。

陈独秀对鲁迅所谓的"合群的爱国的自大"亦有同感。1919 年 5 月 4 日北京爆发学生游行示威事件，陈虽然积极支持，但仍于 6 月 8 日写作《我们究竟应当不应当爱国？》，提出警惕："爱国大部分是感情的产物，理性不过占一小部分，有时竟全然不合理性……当社会上人人感情热烈的时候，他们自以为天经地义的盲动，往往失了理性，做出自己不能认识的罪恶。这是因为群众心理不用理性做感情的基础，所以群众的盲动，有时为善，有时也可为恶。"

五四运动可以说是现代群众政治在中国首次登场。该运动常被史家和"新文化运动"混为一谈。但如用对"群众心理"的态度为石蕊试纸，则可试出两者简直乃酸碱之别。五四事件的同年8月，胡汉民指出勒邦思想在中国被扭曲：

> 这次北京上海以及各地起的爱国风潮，也有人说"不过是一种无意识的群众心理的举动"……然而吕邦并不轻视群众心理……与我国官僚的见解，大不相同，他说："群众就着自己不甚理解的事，奋勇健斗，视死如归，断不能说他是利己心的指导。"

胡氏认为"拿这次爱国风潮来说，在罢课罢市的期间，群众有那些忍耐、热诚、牺牲、自制、平和种种好处，都是民族精神的表现"。勒邦在当时权威性很高，胡氏不得不引用："吕邦（勒邦）认为现在时代是个群众时代，他对于二十世纪的趋势，是看得明了的。"但胡氏不以勒邦否定法国大革命为然："法国这几十年，共和政体已甚巩固，这番欧洲大战，更是发挥他民众政治的精神，吕邦说（法国革命）是无味的招牌，恐怕大多数法国人是不承认的。"胡氏自然是以法兰西共和国讽中华民国："我们挂的招牌，同法国一样，我们店子里的货品，就更比法国不如……吕邦说招牌是个名是没用的。我的意思不然，有了一个公认的名，就有了是非真伪的标准。……到了洪宪改元，要做他的皇帝，便立脚不住。"

勒邦在中国的确被"各取所需"，也由于其思想体系内含有不同话音。勒邦一方面把群众心理和犯罪心理等同，另一方面又把它和宗教心理等同，于是"群众心理"同时表现为兽性和无私性。胡氏既肯定群众心理的无私，认为只需改造群众"无理性"一面便可，假以时日，他们"感情的信仰"会进化为"知的信仰"。胡的说法预见了二次大战后出现的"理性群众说"。

五四事件后，中国知识界普遍出现对"群众心理"的"欣快症"（euphoria）。有人说"群众心理有抵抗强烈压制之能力"，又"为国家生存发达不可缺乏之要素"，因此有"去其缺点而存其优点"之急务。有人主张"把群众的心理弄成个好状态"，盖"法国学者勒邦以为官僚和政府少不来人民之一种合法的反对"，因此群众必须养成"抵抗力"云云（勒邦可没这么说）。《新青年》一位作家则替"乌合之众"和"群众心理"辩护。"欣快症"最显著者，莫如《晨报》派驻莫斯科通讯员瞿秋白，他用佛学唯识宗的构思，把十月革命当作是宇宙"心海"最近涌现的一股海啸巨浪，而莫斯科则处于它的"涛巅"。瞿把"社会心理"和"群众心理"两词互用，宣称"社会革命怒潮中的赤都只是俄劳动者社会心理的结晶"。同时，无政府主义者朱谦之亦引用勒邦，说"革命是群众心理的结果"。

在瞿秋白和朱谦之都呈现对群众心理欣快的症状时，瞿的同志陈独秀则正在与朱的同志区声白展开"群众心理"论战。陈在当时已经是新生的中国共产党之总书记，与无政府主义争夺青年群众。区全面肯定"群众心理"，陈则站在列宁式革命精英主义立场上，指责区想用"盲目的群众心理……造成一个可恐怖的社会"。陈其实骨子里仍是启蒙者高高在上姿势，他否定法国大革命的"恐怖时代"也跳不出当时的一般见识。当时抱同样姿势的还有少年中国学会的余家菊，说革命时代是"发挥兽性光大野性的好机会"，因为"群众的心理"退化成为"非理性的"。陈和余无疑更接近勒邦的原意，但法国革命史学者鲁德（George Rude）指出：勒邦从未曾真正研究过历史性群众，而是患"以论代史"的毛病。

（标题为编者所改，原题《两个革命的对话》，节选自孙隆基《历史学家的经线：历史心理文集》，广西师范大学出版社2004年版）

成都的街头政治

王 笛

一、大众文化与唤起民众

辛亥革命之前，成都街头的政治化便已见端倪，诸如排外运动、"邪教"起事、商人罢市、旗人骚乱以及革命党的武装暴动等频繁出现。例如 1905 年由于抗议政府强迫每店户每月加征 500~1000 铜元的商税，一次大规模的罢市爆发。各商店歇业，"散布各处的商贩禁止出售任何商品"，那些为生计冒险上街的小贩的摊子被捣毁。1907 年革命派计划在成都发动武装起义，召集四千余哥老会成员于 11 月聚集成都，当他们埋伏在小天竺、安顺桥以及茶店子等候起事之时，因密谋暴露而失败。

1911 年夏，当清政府宣布铁路国有化政策后，一个声势浩大的保路运动在湖南、湖北、广东以及四川爆发。隗瀛涛在其 1981 年对保路运动的开创性研究中指出，保路运动是由"立宪派"领导的，尔后哥老会在军事起义中发挥了重要作用。我在 1993 年关于清代长江上游地区社会的研究里，进一步讨论了社会的变化是如何为保路运动和辛亥革命奠定了基础的。我认为，经济、政治、教育制度、社会组织（秘密社会和新社团）以及思想意识的变化，使得革命成为可能。不过，在这个关于成都街头文化的研究中，我尝试重新认识这次运动，从大众文化的角度切入，来揭示街头文化和公共仪式是如何被用来动员民众的。

我们看到，当成都市民意识到铁路是"存亡关键"，而竭尽全力加入"破约保路"运动时，街头立即成为政治斗争的巨大舞台，公众集会成为发动民众最有效之工具。如一次四川铁路总公司的集会，会场所在的岳府街成为"人的河流"，估计有约五千人参加，这大约是自1895年大规模的反洋教运动以来声势最浩大的民众聚集。几位运动领袖演讲路权与国家命运之关系，当会议达到高潮之时，"与会群众多痛哭失声，巡警道派去维持秩序的警察亦相视流泪"。保路同志会派代表向中央政府请愿，在南较场举行的大规模的送别仪式上，赴京代表发誓不达目的决不回川，此时"台上台下群情激愤"。在另一个集会上，当一个小学生代表同学发言，建议每个学生每天向运动捐钱二文时，与会者多被深深打动。一位老者上台搂着这孩子声泪俱下地说："我辈所以必争路、争爱国者，皆为此辈小兄弟计也。"在场万余民众亦失声痛哭，甚至维持秩序的警察也表示道："我亦四川人，我亦爱国者。"显然，地方精英以公众集会作为宣传工具来唤起民众取得了巨大的成效。

改良者与下层民众首次加入同一政治性组织四川保路同志

会，这时期阶级的鸿沟得到暂时的弥合。同志会以街道、职业、社会集团为基础建立了许多分会，如太平街分会、妇女分会、学生分会、丝帮分会甚至乞丐分会。各店铺则组织"一钱会"，即成员每人每天捐钱一文给保路同志会。各分会的成立如"雨后春笋"，短期内出现在每条街道。一些行会诸如木材和丝业等也组织了行业"一钱会"，仅丝业在几天之内便有两百余人加入。根据地方报载，一天时间内仅回民即组织分会二十余个。

四川保路同志会在全城发动了大规模的宣传活动。据传教士的观察，当时公开演讲成为"明显的街头一景"。《四川保路同志会报告》广为发行，每期达 1.5 万份左右。每天《报告》在公共场所一贴出，便人头攒动，讨论热烈。此时改良精英也尽量利用街头来发动民众，其方法包括从张贴政治传单到以大众娱乐的方式做政治宣传，诸如金钱板、大鼓书这样的"下里巴人"演唱都得以运用。这时庙宇也被用作政治目的，一则关于公开演讲的告白告诉我们，同志会的演讲会在三义庙、火神庙、延庆寺和文昌宫举行，敦促士绅、商人和街道居民参加。因此，传统的宗教崇拜的场所转变成了政治动员的舞台。

下层民众响应运动的号召进行罢市。据描述，在罢市期间各街商店关闭，各业停工，整个城市像停摆了的钟。

成都本是一个摩肩接踵、繁荣热闹的大都市，至此立刻变成静悄悄冷清清的现象。百业停闭，交易全无。悦来戏园、可园的锣鼓声，各茶馆的清唱声，鼓楼街估衣铺的叫卖声，各饭店的喊堂声，一概没有了。连半边街、走马街织丝织绸的机声，打金街首饰店的钉锤声，向来是整天不停的，至是也听不见了。还有些棚户摊子，都把东西敛起来了。

这个城市从未这么安静过，就像突然失去了活力，以至于市民们对这失去的喧嚣甚感不惯。罢市立即影响了许多贫民的生计，然而他们又不得不跟随主流。为帮助他们渡过难关，同志会在铁路公司之下组织了"施济局"，向三万多贫民发放米钱。在9月成都惨案后，代理川督赵尔丰迫使各商铺开门营业，但"遭到顽强抵制"。然而这种抵抗未能持久，在政治和经济双重高压之下，先是东大街、走马街以及其他闹市的店铺，然后各街巷的小商铺也逐渐开门营业。

这一时期改良精英对下层民众的态度发生了很大变化。过去他们总是藐视民众的道德和思想，然而在民众积极参与保路运动之后，他们也被下层民众积极投入运动、出席集会、捐钱出力的热情所感动。一位轿夫在捐出他的血汗钱时说道："苦力也是公民。"虽然我们可以说他们对"公民"的含义恐怕并不十分明白，但这种表白无疑说明了他们对地方政治的关注和参与。民间艺人团体也派代表到同志会表达对运动的支持。在保路分会的组织下，街民们举着旗子在赵尔丰出行经过之处，跪在烂泥里向其请愿。这些活动都使精英意识到，民众是一支可以用来达到其政治目的的强大力量。

但是我们应该意识到，虽然民众与改良精英在爱国的旗帜下站在一起，但是他们有着不同的既得利益。对改良者来说，虽然他们利用民众力量迫使政府收回铁路国有政策，但他们并不想使其苦心经营的社会秩序毁于一旦；然而对民众来讲，运动可以扩展为争取更大的生存空间和更好的社会环境的斗争。因此这种合作难以持久，当辛亥革命在全国爆发，他们的联盟很快趋于破裂。

二、革命仪式与街头政治

社会人类学家发现，宗教仪式、节日庆典以及大众娱乐往往在社会剧变之时扮演重要角色，这些文化传统可被政治运动的领导人用于发动民众以对抗国家权力。正如研究中国宗教的人类学家马丁所指出的："国民可用宗教仪式反对政治权威"，辛亥革命中成都街头所发生的一切，便印证了这一观点。在动荡不安的社会冲突中，地方政治文化得以重新建构。在这一过程中，传统的宗教仪式被用于政治目的，精英和民众都史无前例地卷入到地方政治之中。当法国史专家 L. 亨特在讨论法国革命中政治与文化的关系时指出："政治实践并不仅仅是基本的经济和社会利益的简单表现"，革命者通过其语言、形象和日常政治活动"来重新建构社会和社会关系"。革命者在政治和社会斗争中的经历，"迫使他们以新的方式看待世界"。像法国革命一样，在相当程度上，辛亥革命在中国城市根植于一定的文化土壤。这一时期，在地方政治影响下，街头文化被纳入政治轨道。在精英主导下的传统社会共同体（或社区）演变成为社会学家舍内特（Richard Sennett）所描述的政治斗争中的"政治共同体（political community）"，即人们的社会联系和共同行为不仅仅是社区的日常生活活动，还具有共同的政治利益。

在过去，下层民众习惯于远离政治，对任何反抗政府的煽动总是心怀疑虑。然而，政治的表现形式发生变化后，即大众宗教和街头文化被精英用作发动民众的工具之时，情况则发生了极大的变化，他们像参加宗教或街头节日庆典那样投入到政治反抗运动之中。"革命的政治文化是由语言、形象以及人们的姿态等象征性行为组成的"，在保路运动中的成都，这种象征性行为随处可见，它们唤起了人们的相互认同，促成了人们的步调一致，激起了人们的同仇敌忾，从而成为革命强有力的工具。

在改良精英的支持和鼓动下，民众以修筑"先皇台"——祭祀光绪皇帝的大祭坛——来占据街头，以纪念死于1908年的光绪皇帝为手段来表达政治声音。类似的仪式也深入到各家各户，在几天时间之内，各商家、铺户和居民的前厅都供起了光绪牌位，门上贴着"庶政公诸舆论，铁路准归商办"两句取自光绪圣谕的对联，因为光绪被视为铁路商办的支持者。各街民众在"先皇台"前昼夜焚香跪拜，整个城市是一派沸沸扬扬。一位西方目击者写道："这个城市每家都立有一块书有'光绪皇帝灵位'的黄牌，配以摘抄自准四川商人自办铁路的圣谕的对联。各交通要道都立有跨街的大牌坊，置放有光绪画像，灵位前有花瓶、香案以及其他物品。"祭奠往往能激起人们的情感，在肃穆的祭坛前，香烟缭绕，仪式庄严，人们哭号跪拜，其情绪相互感染。我们可以想象当时的氛围，感受到人们无限悲愤的心情。

显然，修建牌坊、竖立灵位、烧香祭祀、跪拜街头等，并非仅仅是简单的宗教仪式，而是政治反抗。例如街头牌坊实际上也被民众用来发泄对官方的不满，由于街头建有光绪灵牌，官员不敢像往常那样骑马或坐轿上街，若有官员敢冒天下之大不韪，则必为民众所攻击。护督赵尔丰对此亦有觉察，指责"省中各街皆搭盖席棚，供设德宗景皇帝万岁牌，舆马不得过。如去之必有所借口，更有头顶万岁牌为护符。种种窒碍，不得不密为陈告"。因此，街头的宗教仪式犹如西方城市中的节日游，不仅是"社会关系的大众戏剧"，而且也可能是"权力关系的战场"。

就像法国革命中的三色徽章和爱国坛一样，保路运动中祭坛和灵位也"被赋予了神圣的色彩"。不过应该注意的是，法国革命与保路运动在形式上虽有相似之处，但它们的文化土壤、追求目标、运用手段、领袖素质等都迥然不同。法国革命是"有意识地与其过去分离并奠定新社会的基础"，但成都的精英们只把其目标限定在经济利益之内。不过，如果我们充分理解成都只有十年"启蒙"的历史，我们仍有理由认为保路运动在地方政治中，迈出了史无前例的一步。即使地方精英并未试图反对中央政府，但这是他们第一次组织民众挑战国家政权。

这些公共仪式体现了精英的策略，他们意识到宗教仪式是他们斗争的绝好工具。然而，精英并不想走得太远，像法国革命的新政权"力图规范大众政治集会"一样，从保路运动一开始，精英便竭力避免与政府的直接对抗，并试图把运动限制在特定的范围之内。保路同志会发布告示称："人人负有维持秩序之义务，今千万祷祝数事：（一）勿在街上聚群！（二）勿暴动！（三）不得打教堂！（四）不得侮辱官府！（五）油盐柴米一切饮食照常发卖！能守秩序，便是国民；无理暴动，便是野蛮，父勉其子，兄勉其弟，紧记这几句话。"当改良精英力图发动民众时，他们强调外人及其财产应得到保护。显然，他们试图使运动运行在"理性"的轨道上，在与国家权力斗争的同时，仍然保持社会生活的稳定。

可以说在保路运动初期，运动在领袖们的设计下平稳发展，但成都惨案导致了情况的逆转，和平请愿演变为反清政府的"暴乱"。9月7日，赵尔丰逮捕了罗纶和其他八位运动领导，全城为之震惊。民众立即聚集示威，很快参加者达千人以上，群情激愤，男女老幼一只手拿着焚香，另一只手端着黄色的光绪灵位，拥向总督衙门。大家哭喊着："还我罗纶，还我罗纶！"吁请释放运动的领导人。街头曾经是民众的活动空间，但这时精英在街头也充当了一个关键角色。成都市民从未见过如此的场面：警察在前面开道，穿长衫的士绅领头，后面跟着无数的下层民众。城市精英和下层民众站在一起，在"公共舞台"上演出了一场生动的"社会戏剧"。

这场和平示威以血案结束。虽然"百姓哀求拜跪"，但清军并没有因此怜悯，赵尔丰命令兵丁在总督衙门前大开杀戒，瞬间人们四散，店铺关门，母亲在街上声嘶力竭地寻找失散的孩子，总督衙门前顷刻间留下二十余具淌血的尸体，以及散乱的鞋子和打破的光绪灵位。赵进而派兵把守各街口，禁止人们通过。大部分参加者都是下层民众，这次遇难的 26 人的身份得到证实，其中 16 人是织匠、刻匠、学徒、裁缝和小贩。

惨案导致了民众和政府的直接对抗，和平的保路运动立即演变成暴力的革命。正如一个目击者以悲愤的心情所写的竹枝词："新军错计恃洋枪，谁料愚民愤莫当。夺得洋枪还死斗，可知器不敌人强。"为防止暴动，赵宣布宵禁，关闭城门以切断与外界的联系。成都惨案使人们放弃了对清政府的幻想，他们以各种方式表达其愤怒，在赵尔丰的告示上涂鸦便是方法之一。"过了一夜，但凡通衢要道，有军警梭巡地方，告示还像昨天那样：白纸，黑字，胭脂关防。其他一些偏僻街道的告示，或者被人撕得七零八落，或者告示上遭土红桴炭什么的批得一塌糊涂。……最多是一派谩骂：'放屁！放狗屁！放你赵屠户娘的狗屁！'"成都民众还发明了所谓"水电报"，作为与外界联系的工具，即将成千上万的小木片放进河里，随水漂到各处，上记成都发生的事件，呼吁外界支持。这一方法被外人称为"聪明的发明"。民众开始组织保路同志军作为自己的军事武装，他们从各郊县涌入。以哥老会成员为主的同志军手持刀矛，高举旗帜，每支队伍或数千或上万人，汇集城外准备攻城。这时的成都街头充满着躁动不安，恐慌像野火一样蔓延全城。

一旦清廷倒台，民众在街头的政治使命便宣告结束，即使他们在一些政治场合中出现，也多从表演者变为观望者。在以城市精英和旧官僚为主的四川军政府建立之后，他们便竭力稳定公共秩序，并制定了有关规章以限制公共集会："本律称集会者，凡以一定之宗旨，临时集众，公开讲演皆是。集会关于政治者，称政治集会。"组织任何诸如此类的集会，都必须事先向警察报告目的、时间，地点、背景、组织者的地址以及参加的人数等。非政治性集会也得预先申请。新章程规定和尚、道士、中小学教师和学生、妇女、未满18岁的男子、有犯罪前科者、文盲等都不得参加政治集会，这实际上剥夺了相当大一批人的政治权利。该规章还赋予警察控制公共集会包括解散集会等极大权限。警察可以监视和调查这类活动，如果发现任何有关宗教煽动或"有伤风化"等内容，都可以强制停止。

在这一时期许多政治事件都是在街头上演的，盛大的场面成为街头文化的新景观。两幅民初的时事画生动地描述了街头政治的这种展示：一幅是关于四川都督尹昌衡带领军队从皇城出行，另一幅是炮队通过南门开始"西征"的场景。两幅画都是由城墙、军队、马匹、旗帜、枪炮和围观民众组成的。这两幅画的题词称，当军队出发南征时，有数千群众在南门送别。我们还可见到不少社会组织出现在画面上，从人们手中的小旗子可看到各"法团""民团""报界"等标志。但是，街头文化在政治运动特别是在保路运动中的巨大作用，并不表明街头政治决定了运动的方向，以前的研究已经指出武装起义的决定性作用。

探索保路运动中的街头政治，意味着使我们的研究从精英的活动延伸到民众的角色，即从表面的政治波浪深入到波浪下面的潜流，从另一个角度来理解这场政治运动，进而也从一个新的角度来观察这次运动以及改良精英和普通民众之间的关系。1911年标志着民众的政治参与，以及从街头文化到街头政治的转变，这种转变也影响了人们的日常生活。从那时起，街头经常用于政治目的，普通民众被迫生活在无情的权力斗争的阴影之下。虽然在很大程度上，街头文化和街头生活在混乱的年代中幸存下来，但令人遗憾的是，随着社会环境的恶化，街头文化和街头生活也不可避免地改变了。

精英这种对民众参与公共政治的态度的转化，实际上根植于他们不同的阶级利益，他们自始至终都把民众作为与国家权力进行斗争的一种工具。当他们需要利用这种工具时，他们可以暂时容忍民众在公共场所的集体行为，然而当这种工具对他们来说不再重要时，他们便立即改变了对民众及其公共行为的态度。

三、公开政治与秘密政治

任何社会的变化都会直接或间接地表现在公共空间里，连茶馆里的顾客都不可避免地卷入到地方政治之中。韩素音在其自传中写道，茶馆不再是闲聊的场所，而充满着政治辩论和政治活动，"你知道我们成都是一个古老的城市，那里花树成荫，有文化气氛，到处是书坊，安静平和，人们为其古老和历史自豪……但在1911年5月底以后，它变为十分不安，公园和街头的茶馆充满躁动，这个城市正酝酿着骚乱"。这个时候，茶馆中"来碗茶"的吆喝不再像过去仅仅是社交或生意洽谈的开端，而会"立即吸引人聚集，有些甚至站着聆听人们关于铁路国有和借外款的辩论。然后人们悄然散去，又到另一茶馆听另一场辩论"。

如果说茶馆是人们公开议政的讲台，那么也是地方政府收集情报的场所。政府派密探到茶馆偷听人们谈话，竭力发现所谓反政府的"煽动"者。如韩素音描述的："拥挤的茶馆招来了满清的密探。在露天茶社，在爬蔓的凉亭下，在悦目的树荫和竹林中，都散布着边品茶边偷听文人谈话的所谓密探。"在清政府倒台以后，军阀和地方政府仍用这一方法去寻找所谓"破坏分子"。在这一时期，公共场所的闲聊在很大程度上被政府所干扰。例如一项规定明令，如果发现任何操外省口音者在茶馆谈论军务，看起来像"间谍"，店主应向警察密报；如果所报属实并协助使"间谍"就擒，可得十元奖赏。由于政府经常利用从茶馆得到的"情报"打击一般民众，各家茶馆都贴出"休谈国事"的告白，以免闲聊招惹是非。当权者也把他们的政治引入茶馆，例如令各茶馆都必须悬挂孙中山、蒋介石画像以及国民党的《党员守则》和《国民公约》。政府的这个强制要求也受到自由知识分子的批评，指出实际上是为了钳制人们思想以实施专制。

如果说街头的集体行为是"公开政治"，那么哥老会的活动则是秘密政治。四川是哥老会最活跃的地区之一，当地称"袍哥"。社会动乱给了秘密社会扩大势力和影响的极好的机会。辛亥革命后，他们在地方政治中发挥的作用日渐增强。虽然清政府和民国政府都禁止他们的活动，但在辛亥革命爆发后的短暂时期，秘密社会一度公开化。尽管政府控制和打击，他们的势力仍继续扩大，在20世纪40年代末其政治影响达到空前的高度。

这里并不试图全面分析成都的秘密社会，而是主要关注他们在公共场所特别是在茶馆中的秘密活动，以及这种活动反映的文化现象。与上海的青帮相比较，成都的袍哥在社会生活中扮演了一种较为积极的角色，正如司昆仑指出的："如果说杜月笙在上海社会肆无忌惮，以手里的权力制造或控制纠纷以达到自己的目的，那么哥老会在华西区则深入民间，奠定了大众基础。"在晚清以及民初，中央和地方都禁止袍哥活动，但在成都地区，特别是成都附近的小场镇，袍哥控制了地方社会，经常以开办茶铺、酒馆、旅店作为其活动的"公口"，这些地方亦成为地方社区非官方的权力中心。这些组织也从事非法交易，诸如鸦片走私、赌博和色情活动。

袍哥分职业和半职业两类。前者依靠袍哥组织为生，其收入来自受礼、捐款、红白喜事等活动，职业袍哥在介入土地买卖、店铺转手或其他活动时也收取手续费，一些则靠经营赌博或烟馆获利。半职业袍哥则来自除理发匠外的其他各行各业，他们也合伙经营茶馆、剧院以及饭馆等，一般店主都以加入袍哥作为护身符，避免地痞流氓的敲诈。袍哥在茶馆或其他地方建立公口，各公口都有自己的势力范围，视某地段为自己的"码头"，并承担维持那一地区公共安定、化解冲突以及保护经济利益等职责。

虽然地方政府禁止袍哥活动，但他们在茶馆、烟馆、饭馆以及剧院等公共场所都很活跃。在清末，警察就制定了有关规章："查烟、茶、酒馆及会场人众处所，如有三五成群、气象凶恶、行止张皇、衣服奇怪者，巡兵即须尾随其后，听其言论，迹其所至，如有烧香结盟端倪，即禀知本管官事先防范，待时掩捕。"严酷的政治和社会环境使其产生出一套独特的规则和行为方式，这对其生存和发展都至关重要。例如袍哥创造了他们自己的黑话，傅崇矩在其《成都通览》中的《成都之袍哥话》一栏便收集了许多这类语言。袍哥在辛亥革命期间和之后有过一段短暂的"黄金时代"。这期间，他们的活动可以公开，"公口"几乎在每条街道出现，其成员耀武扬威地持刀枪进出。许多居民在门上贴一张红条，上书其所在公口的名称。然而1914年，政府以其导致社会动乱为由，步清政府后尘，宣布袍哥为非法，警察命令各茶铺、饭馆、酒馆、旅店等具结，抵制袍哥在这些场所的一切活动。

但是地方政府从未能真正控制袍哥，而民国时期其势力更是登峰造极，到20世纪40年代估计成都70%的成年男性都是袍哥成员。袍哥的公口大多设在茶馆，一些茶馆实际上即为袍哥所经营。人们经常可见茶馆外挂有牌子或灯笼，上书"某某社"或"某某公口"，这必是一个袍哥会址无疑，此类茶馆的收入多用于公口经费。由于这个组织影响甚广、力量甚巨，从苦力到政府官员甚至军人、警察各类人都以入会为护身符。而地方政府对其无可奈何，也只好睁只眼闭只眼。据档案资料，1949年成都有130个袍哥公口，其中注明街道者有119个。这119个中，有36个标明是在"某某茶馆"，其余都在"某某街"，很可能也是在茶馆里。即使有些茶馆不是公口，店主也多加入袍哥以求保护。一些地方强人和地痞经常勒索茶馆，若有不从则有可能招致骚扰甚至更大的灾祸，而与袍哥、军阀或其他地方强人有关系的茶馆却无此虞。

袍哥利用茶馆开展各种活动，在中元节、团圆会、关帝会都有庆祝活动，此外，公口每三天召集成员开会议事，由于提供免费茶水，所以参加者踊跃，此活动称为"茶哨"。茶馆亦是袍哥最便于联络的地点。在茶馆里，人们常可见一些客人举止神秘，他们多半与袍哥有关。如果一个袍哥犯事在逃，到省城后即先到他要联络的茶馆，找一张空桌，在右边坐下，茶端上后不急于喝，而是揭开茶盖放在茶托上，不发一语。堂倌从其举止便知其中文章，会假装不经意地问："远道来？"当密语接上后，来人便亮出自己的公口和姓名，老板便立刻遣人请公口管事，管事"则向来人提若干问题，其回答必须非常准确"。

他们最常用的联络方式是摆"茶碗阵"，这实际是一种密语，外人不知其义。例如管事出来见时，把自己的茶碗正对来客的茶碗，这称为"仁义阵"或"双龙阵"，正如一首诗云："双龙戏水喜洋洋，好比韩信访张良。今日兄弟来相会，先饮此茶作商量。"如果一个袍哥去另一公口求助，他将摆一个"单鞭阵"，即一只茶碗对一只茶壶的嘴。如果主人同意相助，便饮下那碗茶；若拒绝，则将茶泼在地上。如果一方向另一方挑战，便将一只茶壶嘴对三只一字排开的茶碗，此谓"争斗茶"。若对方接受挑战，便将三碗茶喝光；若拒绝，则只喝中间一碗。"茶碗阵"反映了这个秘密社会组织所发展的独特的政治文化。对一个旁观者来说，两位袍哥是在表演一种独特的仪式，这种表演成为茶馆文化的一部分。他们神秘的举动使他们不同于其他人，并引起了一般人的好奇。同时，他们令人迷惑的行为也是其生存和挑战地方权力的一种方法。秘密社会的发展取决于两个重要因素：一是他们自身成功的能力，二是使他们成功的社会和政治环境。他们在长时间同当局进行斗争的过程中，创造了各种方法来应对官方的镇压。他们有非凡的适应能力，并且能在恶劣的社会和政治环境中发展，甚至还以此来吸引更多的成员。当普通人感到无助时，秘密社会提供了必要的保护和帮助。正是由于这样的功能挑战了官方的权力，所以地方政府竭力控制秘密社会，但是收效甚微。

（节选自王笛：《街头文化：成都公共空间、下层民众与地方政治，1870-1930》，中国人民大学出版社 2006 年版）

秘密会党与辛亥革命

陈旭麓

一

中国的秘密会党，发轫于 17 世纪（康熙年间），至 19 世纪遍及各地，几乎有井处皆有会党的踪迹。成为中国进入近代社会前后极为流行的秘密组织，而又为家喻户晓的社会势力。

为什么近代前后的中国社会会形成这样一种无所不在的社会势力？过去，我们大多从政治矛盾和政治斗争来论述这种状况，也可以说只有它们在作案和揭竿而起的时候才去论述它们，论述时顶多从事件的发生说一说社会背景，很少从社会结构和社会史的角度去研究。为了全面地认识这种持久而广泛的社会势力，必须就会党的构成和进入近代前后的中国社会的演变来考察。

一向把会党起义归之于一般农民起义，没有将会党起义的特殊性表述出来。因为会党起义不同于一般农民起义的一哄而起，却是由一种经常性的秘密结社在组织、发动；由于它的长期活动，其中有许多人以串联对象、联络会众为职业，不仅那些头目多是"久走江湖常在外，游遍天涯显奇能，三教九流皆知晓"的人物，就是大量固定成员也每每是身无恒业、生活不稳定的人群。所以，会党的构成，愈到后期主要是游勇游民，即那些依靠不正当方法为主要生活来源的人。这个人群是下层社会中极不安分的部分，他们来自农民和手工业者，虽同农民和手工业者有着天然的联系，但农民和手工业者通常具有的朴厚性格已从他们身上慢慢消失，他们且同市井吏胥乃至地方士绅有更多的联系，他们要依附富绅，富绅也要利用他们，当然，二者又是相互戒惧的。至于一般穷苦农民和手工业者，则往往是在磨刀霍霍行动起来了才大伙卷入。这固然是农民起义的共有现象，但在会党起义中原有会党分子不仅是发难成员，而且在起义队伍中占的比重也很大。

造成这种会党势力的社会根源何在？我们得从清朝的政治、经济的消长来看：清朝的统治到乾隆、嘉庆年间已由盛转衰，安抚和控制力在削弱中；而人口却由康熙后期的一亿多，至1793年（乾隆三十八年）猛增达三亿一千余万，1834年（道光十四年）又增至四亿一百余万，耕地和生产并不能相应增长，加上地主阶级的兼并土地和高利盘剥，大量劳动人口从农业和手工业的园地上被抛出来，相率流入市井，有的以肩挑贩运为生，有的靠被雇佣度日，有的流离转徙、乞食于四方，有的当兵吃粮，散而为流勇，有的流为盗匪和谋求其他不正当生活来源，还有家业衰败了的地主阶级分子和星、相、医（江湖郎中）、卜那样的知识分子。所有这些无所依归的人群，都是会党分子最可靠的来源。他们通过会党的结纳，或投入山里，或自成帮伙。这不是健康的社会现象，而是社会的病态征候，是社会病态学应该研究的内容。

会党势力固然遍及穷乡僻壤，但其组织枢纽和最活跃的部分，多在城镇，特别是商品经济比较繁荣的水陆码头。这些地方谋生的路子广，五方杂处，混迹其间呼朋引类，有回旋余地。所以天地会各派繁衍于东南沿海与长江地区，并随着华侨的足迹远布东南亚和太平洋彼岸的美洲。游牧时代人们逐水草而居，会党势力向商品和交通发达的地域伸展，它的背后正深藏着这种经济原因。可是会党不是养护和繁荣"水草"，而是借"水草"的余润进行活动，寄生于"水草"。

天地会是基于政治上的抗清要求而产生的，在其开始只是明末遗臣中的志士在民间秘密传播，后来才在社会矛盾和社会病态中枝蔓开来，经济上的不正当追求和联系日增。天地会成为经常的秘密组织后，经过长期活动，年年岁岁结纳了大量不安定的社会人群。由于这些人群的生活境遇，对"复明"已无切身的感受，对反清也只是从被压迫的局部感受中得来，他们日益崇尚会党的"扶弱抑强""劫富济贫"一类侠义行为，以其能为自己、为贫弱争生存。所以，"患难与共""敛钱分用"的互援互助，成为会党弟兄的行为准则。天地会会规中的"十禁"，主要就是有关互相援助的约章，其中说："兄弟诉说穷乏而借贷者，不能拒绝，若侮辱，或严拒之者，割其两耳，再拒则再加重。"广西会党中的"米饭主"为来投的穷人提供衣食和其他需要，而各人打劫强豪所得则归堂主支配，更典型地反映了经济上的互助要求。这绝不是偶发的现象，而是会党长期活动和发展的重要保证，如果没有这种经济上的广泛联系，单凭政治上的"反清复明"愿望，天地会就很难持续达两百年而又有如此广阔的天地。这种经济生活尽管是畸形的，却吸引了千百万穷苦无靠的人们，对近代中国社会有着深远的影响。以反清为目标的会党，在清朝被推翻后之所以仍然潜滋暗长，就是这种畸形的经济生活为其支撑。

二

会党日益变为游民阶层的集合体，在中国原有社会组织中构成另一个社会组织，发挥其特有的社会职能。

中国历史上在封建专制统治的行政系统之外，有两种社会组织配合封建体制起着管理社会、维系秩序的作用，这就是以血缘为纽带的家族组织和以工商业为基础的行会组织（在通都大邑中并多与同乡公所、会馆相结合）。二者均有浓厚的地区性，前者主要在农村，后者主要在城镇，并在各自的地区自然组合；二者都与社会经济紧密地联结，来源于手工业和商业的行会组织自然不用说，就是家族组织也是以一家一户的农业生产为基础的。二者又都是以自然经济为基础构成的城乡社会组织。由于中国社会内部的变化，会党的形成和发展，自乾隆、嘉庆以后越来越与家族、行会两种社会组织有鼎峙之势，成为一种特殊的社会组织，它不但不受封建行政系统的限制，也不受家族与行会组织的约束，可以称得上是家族与行会组织之外的第三社会组织。

会党之所以称得上为第三社会组织，因为它在中国封建社会后期的整体中已自成体系，可以说是社会中的社会。

天地会的会规"三十六誓""二十一则""十禁""十刑""十条十款"等，有很大的约束力。这与家族之有族规、行会之有行规一样，且更严厉。

会党这个社会组织，当然与家族、行会组织又有其显著不同的地方。首先，它是秘密结社，与公开的家族、公会组织的合法性不一样，被封建统治者视为异己力量，早在康熙年间即已悬为禁令，后来禁除更严。作为社会组织，它有极大的特殊性。为了不暴露，会党分子互相使用隐语和暗号（有腰凭、手势、茶阵等）进行联络和传递信息。其次，它与正常的社会经济生活越来越脱轨，其成员大都是从农业、手工业分解或半分解而来，他们与士农工商四业有不同程度的联系，而在四业中不名任何一业，即与农民相称的人也越来越少，因为会党繁衍于中国的自然经济体系将要和正在分解的过程中，它所结纳的是各种破产了的为自然经济容纳不了的人群。最后，它打破了地区的界限，讲五湖四海，尚侠义，不分赵钱孙李，不分东西南北，歃血联盟，朋友如兄弟，一人有难，大家相帮，远不似家族与行会的狭隘。这些，又是会党之所以构成为又一社会组织的特征。当然，会党并不能真正摆脱家族、行会和地区等观念的束缚。会党中的家长式统治、帮伙行为仍具有普遍性，而各个地区各有山头的山头主义尤为突出。它出现于家族组织和行会组织同一社会经济体系中，不可能截然与之分离而成为互不相涉的社会组织。

天地会标榜的"忠义堂前无大小，不贪富贵不欺贫"，是下层社会结伙联盟的精神支柱。对于破产了的人群更多一层切身的体验和要求，所以它比"反清复明"口号更富有社会魔力，然而它又是狡黠者笼络人们的智术。会党所具有的这种反抗性格，既是行会组织所少有，更是家族组织所不可企望，它是近代中国前后特有的社会组织反映的思想和行为特征。

以天地会为代表的会党势力，在悠久的岁月里，由反清的政治斗争结合畸形的经济生活，形成一种特殊的社会组织，既是变态的又是现实的，既是游离的又是一体的，既分解着封建体制又无自己的新出路，它的存在与繁衍，明显地表现了进入近代前后中国社会面临的危机。我们应从那中国社会变化的征候去认识它，也应从它的表象去观察那时的中国社会。

三

会党，在辛亥革命前后是作为民族主义的反满力量载入史册的；中华人民共和国成立前后更强调了它作为农民战争的反封建作用，总之是历史上的一支反抗压迫、推动社会前进的积极力量。但这只是从政治上立论，没有深入分析它的社会构成和实际效果，即使从政治考察也不无片面性。

会党一开始就以"反清复明"为职志，不屈服于满族的残暴统治。它的反抗是正义行为，这是一面；还有另一面，清朝经康熙帝的经营，开创了中国历史前此少有的统一局面，经济、文化都有所发展，如果仍固执大汉族主义的偏见，唯满是反，也未必是有利于整体的积极态度；而"反清"是为"复明"，"复明"是"复汉"。但意味着要从现有的清朝封建统治回到旧的明朝封建统治，明朝中期以后终年不视朝的昏庸皇帝并不比清朝皇帝好，政治上的腐败也是有过之而无不及，这就很难说"复明"是历史前进的步伐。不过，在清朝强化了的封建统治加异族压迫的情况下，要向上层进行反清活动已很危险，也不可能；转而把反清种子播撒于下层社会，结为会党。这些人有反抗压迫的本能，即使他们的反清并不是把清朝作为封建主义来反对，却正是这种潜在的阶级意识，在反对异族统治的同时，经常迸发出反抗压迫的行动。这是会党富有生命力并得以长期活动之所在。

到了19世纪和20世纪之交，久已华洋杂处的中国，城市经济特别是大城市畸形发展；农村在凋敝中吹来了都市之风，自然经济急剧解体，社会上的游离分子越积越多，恶习日增。他们无业可就，就了业也朝不保夕，投入会党以求一逞的人于是越来越众。会党势力随之膨胀起来，不仅有啸聚于长江各省天地会的最大支派哥老会，而且各省还有其他种种名目的支派，支中又有支派。以浙江而论，就有终南会、龙华会、白布会、伏虎会、平阳党、私贩党（青帮）以及关帝、玉泉、古城等会和乌带、红旗、黑旗、白旗等党。据记载，清末全国有二百多个名目的会党，"每省不下二十万人"。20世纪初年城乡发动的各种群众斗争，如抗税抗粮、反对捐税、反对迫害、反对"新政"、反对教会、反对摊派公款、抢米风潮、罢工罢市以至民间械斗，无不有会党力量渗入，有些还是会党径自发动的。可以说这时的城乡斗争，没有会党势力的参与是成不了气候的。这类斗争，有似波涛起伏，层出不穷，极大地动摇了清朝的统治秩序。但大多是遇事而发，事败而止，既无统一的旗号，也无适时的战斗纲领，摆不脱流寇主义和盗匪习气，反封建的意义仍然有限。统观会党的各类斗争，只有在它参加了资产阶级革命派的行动，并渐知"非有新思想的人不能成大事"，从而向往孙中山，才走出了自己原来的天地，真正成为反封建的力量。

在中国的资产阶级革命中，会党率先成为资产阶级革命派的武装，屡起屡战，为推翻清朝的封建专制统治和建立民主共和国立了功，这是天地会两百余年来奋战的有效战果。但是会党就是在辛亥革命时也不是有纪律的铃束之师，游勇游民的野性并没有在革命中得到改变。1908年革命党人已说"会党首领难用，与其众之乌合不足恃"（胡汉民语）。试观湖南光复之日，焦达峰当了都督，会党涌入长沙，成为"洪家天下"，其势汹汹，并不为老百姓所欢迎。其他如陕西等省，会党的攘权夺利，也是令人怅惜的。会党由打倒清朝的积极力量很快变为革命队伍内部的隐患。1912年5月，孙中山在一次演说中指出："洪门所以设会之故，系复国仇，……惟现下汉族已复，则当改其立会之方针，将仇视鞑房政府之心，化而为助我民国政府之力。"这是对会党的忠告，要他们服从革命利益。在江西都督李烈钧的文告中，并说近者孙大总统明言会党不同于政党，已通令解散（见下引李烈钧文件）。

证明原先联络会党势力以反清的孙中山，此时迅即看到了会党落后于时代和暴露出来的阴暗面。

过去，我们一直责怪资产阶级革命派只知利用会党，有了政权就抛弃他们，而不是去团结教育他们。这种责怪并没有错，但只是事情的一面。如从会党一面来看，他们那种横眉竖眼、两肋插刀的积习，一派江湖气概，没有镇压的手段，你能驾驭和改造得了吗？江西举义不到一个月，四易都督，直到李烈钧自安徽领兵至南昌就都督职后，对会党分子采取断然措施，江西的局势才稳定下来。我们不妨读一读李烈钧当时发行的"辟以止辟"宣言：

> 照得为政，首在安民示内，端先除暴。乃者朱逆（会党头目朱汉涛）为殃，已经枪毙，余贼谋乱，尚在严拿。凡所以破坏治安，扰乱秩序者，无不立予重罚。治乱国用重典，实本都督辟以止辟的苦心，非故为激烈，以骇所闻也。省会现虽稍静，而各府县之劫抢掠夺，时有所闻，究其祸根，皆洪江会、三点会、自强会、连合会、哥老会诸会匪之私集党徒，扰害治安所致。各会起源，虽因对待满清而设，兹既复我汉家疆土，还我汉人主权，各会目的已达，自应取消会名，各谋生业，共进文明。况洪江、三点诸匪，其宗旨在于敛钱，其结果足以乱国。近者孙大总统命令，除有政党之性质者，可自由集合外，其余各会党一体解散。三点、洪江诸名已无存在之资格。本都督视事已来，解散会党之布告，何止

三令五申，诚如言之谆谆，彼乃听之藐藐。近日抢劫掠夺之案，无不有洪江等匪混迹其中。风闻吉安、赣州、南安等处，前有私开山堂、饮血斩香等事；近则愈变愈奇，以收录门徒为名，每人束脩洋边数十元，数百元，以至千元不等，拜门者既费去多金，势必取偿于乡里，肆行无忌，劫掠讹索，聚赌抽头，种种不法，无所不为，言之实堪痛恨，若不认真办，何以安地方而维秩序。

这篇宣言所说的事实，绝非江西所仅有，可见辛亥革命在取得推翻清朝的胜利之后，对内如何处理会党是一个很严峻的问题。李烈钧除了在解散会党时没有给予适当安排和指明出路是政策上的错误外，其他言之凿凿，采取的措施未可厚非。后来在1913年的反袁战争（第二次革命）中，江西比较坚强，与李烈钧净化境内的这种做法不无关系。

由于会党本身所具有的破坏性，前此是破坏清朝，可以与革命者结合，共同打击封建统治者；革命后，对于盘根错节、破坏成性的会党组织，予以解散，是势所必然。但在绳之以法的同时，应有安抚和教养的措施，化消极为积极。惜乎当时草创的革命政权，面临乱丝一团的局势，来不及从容部署，只好采取"辟以止辟"的办法。

在中国近代社会的新陈代谢中，会党到底扮演了一个什么角色？就以上论述的事实来观察，在辛亥革命前进行的许多斗争，它有反抗强暴的勇气和打击力，促进了应该死亡的东西死亡，立下了汗马功劳。但它不是新的生产关系的体现者，而且游离于生产之外，它破旧而不能立新，即在它同清朝统治者搏斗的年代里，冒险犯难，也没有跳出陈旧习俗和邪恶观念的包围。由于辛亥革命的挫折，会党问题没有得到合理的解决，在其抗击对象（清朝）消失后，就更多地显出了邪恶的一面。所以，会党组织的末流，藏纳污垢，变为黑社会，给中国的政治、社会生活留下了沉重的负担。

（原载《学术月刊》1985 年第 7 期）

辛亥革命时期会党运动的新发展

魏建猷

会党与新军是辛亥革命的两大主力，现在我想粗略地讲一下辛亥革命时期会党运动的发展情况。

20世纪初十余年间，即辛亥革命时期，是中国近代史上的一次革命高潮时期，随着这个革命高潮的到来，已有二百几十年悠久的斗争历史的会党运动，也同时进入了一个新的历史时期，使会党运动发展到了它的历史的高峰。这一发展对伟大的辛亥革命运动起了巨大而广泛的促进作用，成为辛亥革命不可分割的组成部分，领导辛亥革命的资产阶级革命派所以能发动大规模的武装斗争和一定程度上联系工农群众，主要是通过会党，可以说整个辛亥革命运动，几乎处处离不开会党，而会党如果没有这个新发展，就不能适应时代的要求，也发挥不出这样巨大的历史作用。

这期间会党发展有些什么特点？其根源何在？有些什么重要活动？对辛亥革命起了什么作用？有些什么弱点？以下想就这些问题粗略地加以论述。

一

辛亥革命时期会党运动的发展具有三个特点：

第一是趋向于统一组织。会党运动虽已有二百几十年的历史，组织遍及海内外，大大小小的武装斗争难以数计，总的说来，其成员人数，不论时、地都是异常庞大的；斗争规模有时扩大至数县甚至跨越邻省，时间往往延至数年，动员人数动辄达数万。如1854年的陈开、李文茂起义即由广东发展到广西，聚众十余万人，延至1861年始失败，即其一例。但始终是山堂林主，各不相属，没有能形成一个有统一领导的组织，这是会党最大的致命弱点。所以会党斗争旋起旋灭，虽有短暂的联合，总是貌合神离，组织分散，成不了大事。这和革命形势的发展很不相适应。特别是在甲午战争和义和团运动之后，帝国主义虎噬鲸吞，必欲灭亡中国，清朝封建政府已成了帝国主义的忠实走狗，彼此狼狈为奸。中国人民要打倒这样两个凶狠的敌人，争取生存，求得"自由平等"，首先必须"唤起民众""共同奋斗"。当时领导革命的资产阶级已开始认识到这一点。而在当时的历史条件下，会党是一支现成的比较有组织的社会力量，通过会党动员群众也是一条可取的途径。所以资产阶级革命党人不仅积极联络会党组织武装斗争，并且感到有必要进一步把会党加以改造，统一组织起来。而在会党方面，组织分散造成斗争失败的教训太多了，几乎每一次斗争的失败都要归结到这一点上，特别是在19世纪末期各地反洋教斗争中，更是创巨痛深，不能不使会党痛感各组织之间有加强联络之必要。正因为如此，所以在 20 世纪初年，全国范围内的会党组织都先后在资产阶级革命党人的督促帮助下，分别进行了统一活动：曾成立有包括两广地区三合会及长江流域哥老会的兴汉会，有包括以浙江为主兼及苏、闽、皖、赣五省哥老会的龙华会，以及后来的革命协会，有包括两湖及其附近地区哥老会的洪江会，有包括长江流域哥老会的共进会。这是会党史上的重大发展，具有划时代的历史意义。

第二是趋向于民主革命。会党原来提出的口号是"反清复明"，即推翻清朝统治、恢复明朝政权，用汉族封建政权代替满族封建政权，而不要求根本改变政权性质。这个口号在清朝前期还具有较大的号召力，但到了清朝后期，随着中国社会性质与革命性质的变化，在很大程度上已逐渐丧失了其号召力量。封建君主与人民群众的矛盾、帝国主义与中华民族的矛盾，已作为当时中国社会两大基本矛盾充分地暴露出来，19 世纪末 20 世纪初，"反满（清）"虽尚可以激起一部分人的民族感情，而"复明"却很少能发人思古之幽情了。人们要求革命后建立的是"民国"而不再是封建帝国了，尽管有些人在思想意识上这一点还不免有些模糊，但已成为大势所趋，所以会党的领导者们在建立新的会党统一组织的同时，也基本上采纳了资产阶级革命派所提出的民主革命纲领。如兴汉会成立时即曾"定纲领三则，啜鸠血誓之"，这三条誓词虽未见有明文记载，但就推论，极可能即为兴中会的"驱除鞑虏，恢复中华，创立合众政府"那三条誓词，否则会党也不可能提出什么新的纲领性的东西，如果提出与此相违背的纲领，则担任兴汉会总会长的孙中山肯定不会接受。此外如龙华会在《龙华会章程》的《檄文》中首先提出不要皇帝，"暂时设立一总统，由大家公举"，五年或八年一任，不许世袭。"或者竟定为无政府"。《会规》第一条中又提出要"赶去了满洲鞑子皇家，收回了大明江山，并且要把田地改作大家公有"。这也近似同盟会纲领，只是带有无政府主义色彩。从维护封建体制到反对封建体制，这是会党运动的飞跃进步。

第三是趋向于接受资产阶级领导。辛亥革命是资产阶级领导的革命运动，能否对革命做出贡献，是否接受资产阶级领导是个关键。会党向来是接受封建阶级的领导，拥护朱明王朝，尊奉朱氏子孙为天子，找不着朱氏后代，甚至不惜冒名顶替，或任意捏造一个人作为偶像崇拜，如朱三太子、朱洪英，或者遥奉一个天德皇帝等，而他们自己的首领则最多只居于藩王地位，称个什么王，一般则称个大都督、大元帅，或大将军而已，从来不敢自称皇帝。国号仍用"大明"。这就表明会党运动是一贯接受封建阶级的领导，根本不敢触及封建专制制度。到了辛亥革命期间，情况就变了，新建立的统一性的会党组织，都表明它们愿意接受资产阶级的领导，不再拥立什么大明天子了。例如兴汉会成立后即"推孙逸仙为首领"——总会长，龙华会事实上的领袖则为陶成章，同仇会亦推黄兴为会长。这些都是很显明的例子。

为什么在辛亥革命时期会党运动会发生这样重大的变化呢？其原因可以归纳为两点：第一，革命的性质、任务变了。19世纪末中国社会已走完半封建半殖民地化过程，社会性质决定了资产阶级民主革命性质和反帝反封建的革命任务。第二，资产阶级已经登上了政治舞台，成为革命的领导阶级。这一形势的巨大变化，促使会党不得不趋向于统一，趋向于赞成民主革命并接受资产阶级领导。当然，这首先是和资产阶级对会党的团结改造工作分不开的。为了具体地了解辛亥革命时期会党运动的新发展，有必要把这期间新建立的主要会党组织的发展情况按时间顺序作扼要的叙述。

二

辛亥革命时期倡导民主革命的先进者们，迫于形势的要求，竭力向农民中寻求革命动力，他们都很重视会党组织，无数历史经验告诉他们，分散性是会党的致命弱点，如何使之统一起来，一时成为革命派首领们费尽心力梦寐以求的重大目标。以中国幅员之辽阔、人口之众多，以及当时全国交通之落后，加以会党的封建性，要把全国会党统一组织起来，事实上是有困难的，只能因势利便分大地区进行。主要地区是两广、江、浙、闽、皖、赣、川及两湖等地区，有代表性的主要会党组织则为兴汉会、龙华会（包括革命协会）、同仇会、洪江会及共进会。

首先是 1900 年在陈少白、郑士良、毕永年等人督促帮助下建立的兴汉会，地区包括两广及长江流域。陈等皆兴中会员，负责联络会党。陈"因为要联络会党，非先入党不可"，于是在香港加入三合会，被封为白扇，开始在广东方面进行会党活动。接着为了要联络长江流域的哥老会，又通过兴中会员毕永年邀请两湖哥老会龙头数十人至香港，其中最重要的是杨鸿钧、李云彪、张尧卿、辜鸿恩等数人。杨是金龙山堂的龙头，李是腾龙山堂的龙头，这个山堂在长江的势力最大。陈少白又经过他们加入了哥老会，并被公推为"龙头之龙头"。陈少白既加入三合会，又加入哥老会，广泛联络了广东及长江会党，做了大量工作。当时杨鸿钧等即主张建立三合会哥老会统一组织。郑士良遂介绍港粤三合会各大佬（首领）与杨等会晤。于是，1900年4月兴中会、哥老会、三合会在香港举行大会，出席者兴中会三人，似为陈少白、杨衢云、郑士良；哥老会七人，为杨鸿钧、李云彪、张尧卿、辜鸿恩、辜天保（一作祐）、李堃山、师襄；三合会三人，为曾捷夫、林海山、曾仪卿。会议决定"组织兴汉会，推孙逸仙为首领"（总会长，一作统领），并"订纲领三则，啜鸠血誓之，作印章奉孙君"，"改会名为□□堂□□会"。这是包括三合会、哥老会、兴中会的会党联合组织，并不是近代政党组织，也不是如孙中山所说的把长江会党及两广福建会党合并于兴中会。可惜堂名尚未见记载，三条纲领也不知内容如何，推测可能即是袭用兴中会的三条纲领。兴汉会的成立表明全国会党的大联合，会党与兴中会的大联合。所以会后兴中会又派史坚如偕同毕永年再入长江，通过张尧卿的关系进一步与哥老会加强联系，"晤各会党豪客与湘鄂间志士，周旋之下，莫不倾结"。虽然不久以后杨、李等部分哥老会首领改投改良派的自立会，但两广方面三合会的联合仍旧继续进行。

其次是光复会陶成章等督促策划下发展和筹建的龙华会及革命协会。龙华会是辛亥革命时期浙江最主要的会党，为光复会主要力量所在。本部设在金华，府属八县均有分部。经过张恭经营，以此为基础，把金华、台州、处州、温州、绍兴各属会党都组织了起来，成立浙江全省性的会党统一组织，约创始于1900年与1901年之间，与兴汉会的规模相类似，不像一般的会党组织那样分散。大约在1904年光复成立时，即拟扩大规模到江、浙、闽、皖、赣五省，分为五路，所以它的檄文末尾明白写着"甲辰正月朔日"即1904年2月16日，这就是一条证据。有人认为是倒填月日，其实应为1908年，理由尚嫌不足，有待讨论。关于龙华会与龙华会章程，分歧意见还很多，这里姑且不论。总之，在当时龙华会已是一个具有统一性的会党组织，只是到了1907年2月秋瑾在浙江发展光复会，将会党均纳入会内，5月又制定《光复军制》，编制洪门部下为八军，各军分设统带大将、副将，统由洪门首领担任，统属于光复会。光复军略同于华兴会的同仇会，但不独立。此制未及颁发即失败了。秋瑾起义失败后，龙华会受到严重打击，组织遂形涣散。到了1908年，由于同盟会内部分裂，陶成章、章太炎等重组光复会，五六月间他们另订了一个新章程，打算把江、浙、闽、皖、赣五省会党融合为一，分成十路，定名为革命协会，山名统一龙华山，堂名汉族同登普渡堂。号召反满革命，提出暂时推选总统，实行土地公有的主张。这年冬天，光绪、慈禧相继身死，浙江革命党人及会党首领定期在沪开会，筹议举事计划，被叛徒刘光汉告密，会议遭到破坏，革命协会也因此挫折，未能组织就绪。

再次是 1904 年在湖南地区成立的同仇会和 1906 年在湘赣地区成立的洪江会。1904 年 2 月，黄兴、刘揆一等成立华兴会后，又联络湖南哥老会龙头马福益另设一个统一的会党组织——同仇会，仿日本将、佐、尉军制，编列组织。黄自任大将兼会长职权，刘任中将，掌握陆军事务，马任少将，掌握会党事务。"哥老会员相继入会者不下十万人"，预定是年阴历九月清太后七十生日分五路起事，以事机不密，计划被破坏。明年图再举，马不幸被捕牺牲，同仇会无形解散。

1906 年同盟会总部派遣刘道一与蔡绍南往湖南联络会党。当时湖南会党分为哥老会、洪福会、武教师会，哥老会首领龚春台、李金哥等，有众数千人；洪福会首领为姜守旦，亦数千人；武教师会首领龙人杰、陈仁初等，有众数百人。刘、蔡等把这些会党统一为洪江会，定其誓词为："誓本中华民国之宗旨，服从大哥之命令，同心同德，灭满兴汉。"洪江会成立之后，贫苦农民及矿工纷纷参加，以萍乡、宜春、分宜、浏阳、醴陵为中心急速发展起来，于是有同年 12 月的萍、浏、醴起义。1909 年 8 月，焦达峰更以洪江会名义统一了湖南全省会党组织。

最后也最有典型性的是 1907 年 8 月成立的共进会，它的主要发起人张百祥等多是同盟会员又是会党领袖人物。经过他们的积极活动，集合当时逃亡在日本的各地哥老会、孝义会、三合会、三点会的领袖组成了这个统一会党组织——共进会，由张百祥任第一任会长。规定"以同盟会之总理为总理""以同盟会的宗旨为旨"，并采用同盟会的"誓词"及其三等九级军制，但将同盟会誓约内的"平均地权"改为"平均人权"。共进会几乎完全采用会党组织形式，有山、堂、香、水，山叫中华山，堂叫光复堂，香叫报国香，水叫兴汉水。它的活动主要是在两湖，并及两广、江西、四川等省，以孙中山名义相号召，积极团结各省会党，并注意联络新军。1911年9月与文学社合并，成立临时组织，统一领导了武昌起义准备工作。从上述五个主要的具有统一性的会党组织中，不难窥见辛亥革命时期会党运动发展的总趋势及其所具备的共同特点。此外，与此类似的会党组织，如湖北的江湖会，以及海外的洪门致公堂等，为数还不少，这里就不一一列举了。

三

会党运动的如此发展，究竟对辛亥革命起了怎样的作用呢？是否有什么弱点也给予辛亥革命以不利的影响？以下就从这两方面作个粗略的分析。

前述五个会党组织，由于存在时间有长短，活动地区有广狭，革命形势有变化，它们对辛亥革命所起的作用也不尽相同。其中兴汉会、同仇会存在时间均不长，龙华会、洪江会活动地区较狭，唯共进会活动时间长、地区广，又值武昌起义高潮到来之时，所以它所体现的对辛亥革命所起的积极作用与消极影响都比较具体，因此，下面的论证多半是依据共进会的事例。

会党对辛亥革命所起的作用首先是在军事方面。辛亥革命之前十余年间，革命党人发动的武装起义，主要的有 1895 年的乙未广州之役，1900 年的庚子惠州之役，1902 年李杞堂、洪全福大明顺天国起义，1904 年的同仇会起义，1906 年的萍、浏、醴起义，1907 年的潮州（黄冈）、惠州起义，钦州（防城）、廉州起义，广西镇南关起义，安庆徐锡麟起义，1908 年的云南河口起义，安庆熊成基起义，1910 年广州倪映典起义，1911 年广州新军起义，最后是同年的武昌起义。资产阶级革命派通过这一系列的武装斗争，最后达到了推翻清朝封建统治的目的。一般说来，这些武装斗争，就其依靠的力量来说，可以 1908 年为界划为两个不同阶段，1908 年以前是以会党为主力，以后则在会党之外更突出了新军。如所周知，从此会党与新军成了辛亥革命的两支重要力量。于是有人认为从此新军一变而为主力，特别是"在对封建专制政权的最后一击中，主力军是革命化的新军，而不是会党""辛亥光复时，会党作用不很显著"。事实是否如此呢？关于这一点，意见还有分歧。

以武昌起义及各省光复而论，会党所起的作用都是很大的。武装起义所以一发而不可遏止，除开文学社和共进会的新军工作效果外，共进会在长江及襄阳一带的会党工作有很大关系，这在起义前既壮大了革命声势，起义后襄河一带纷纷响应，更巩固了革命后方。尤其是共进会的主要领导人之一焦达峰，联络两湖，互通声气，他在湖南中西两路联络洪江会、洪福会，组织会党二万余人，又在巡防营士兵中做了很多工作，这是支持武昌起义的一支巨大力量。事实上，长沙光复是在焦达峰直接领导下进行的。他在动员会党群众参加革命上，起了他可能起到的作用。继湖南之后，陕西、江西、山西、江苏、浙江、广东、四川、云南、贵州、广西、福建等省的光复，多数都由于会党、新军起义响应，其中如四川哥老会的保路同志军，广东三合会的普遍起义，更是规模浩大。武昌起义前后四川革命运动的发展，武昌起义后湖南的响应，这些都不是专靠新军所能取得的成果。这里还有一点值得注意，即在估计会党与新军的作用时，必须注意到会党在新军中的活动，如会党中刘英的部下就有加入文学社的，而共进会在新军中的力量也不小，它在许多新军中建立了代表制组织。由此可见会党的实力远超过一般表面的估计，它在辛亥革命中的功绩，绝不在新军之下。

但由于会党本身根深蒂固地存在着的散漫无纪律及盲目破坏性没有得到根本克服，资产阶级革命派又无力给予它进一步改造，这些弱点在武装斗争过程中经常暴露出来，给革命带来严重的损害。例如1906年萍、浏、醴起义，原来部署的一支主力——安源矿工却不曾大规模起来武装暴动，一般说是因受到军事镇压，但据安源老工人回忆则是由于哥老会首领肖克昌受诱骗出来护矿，故"待浏阳、醴陵起义时，不但没有起来配合，还劝大家不要轻动"。又如1907年钦、廉之役，王和顺奉命组织会党武装准备发难，所部到达那桑时，人民热烈欢迎，民团数百人来会，声势颇盛。而王却徘徊不前，民团被迫散去，致人民对革命党大为失望。1908年黄兴率部转战钦廉上思一带四十余日终归失败。其原因，则为革命队伍中有一大部分是曾在钦、廉一带"杀人越货"的梁瑞阳、梁少廷所部游勇（估计多三合会徒），故民心已不如前，"所至前极欢迎者，今则多不许留宿"。再如1909年共进会将长江流域会党编为五镇，策划起义，焦达峰往来湘鄂之间，互为策应。主要的是由于会党不受约束，如湖南潘平介（鼎新）领导下的焦逸山，京山刘英领导下的龚世英、刘伯旗，兴国、大冶黄申芗等领导下的柯玉山等，都自由行动，先后泄漏机密，致使湘鄂两者共谋起事的计划，不能达到目的。再如贵州光复不久，哥老会受宪政党人利用，大开公口，"竟明目张胆，占据民房衙署，以立公口，仪式陈设，比于官厅"，从而给宪政党人提供了发动反革命的机会。这在当时就受到各方面的谴责。

正因为如此，所以许多长期从事联络会党工作的革命党人，都根据自己的体验，对会党提出严厉的批评。长期在浙江联络会党的陶成章说："若论运用，则驾驭教门也易，驾驭会党也难，欲得教门之死力也易，欲得会党之死力也难。"奔走国内外、多次组织会党起义的孙中山说："彼众（指会党）皆知识薄弱，团体散漫，凭借全无，只能望之为响应，不能用为原动力。"共进会的主要领导成员孙武军认为会党意气用事，不服从命令，"各会党只可联合，不可倚为心腹"。一度在新化创立卧龙山，自己做山主的谭人凤，后来看出会党的落后面，因而竭力反对共进会的成立，"以为反文明而复野蛮"。

以上是会党在军事方面对辛亥革命所起的作用。

其次是会党在政治方面对辛亥革命所起的作用。这主要是指联系和发动广大群众，促进革命高潮。辛亥革命是反帝反封建的资产阶级民主革命，它必须广泛联系和发动群众，特别是农民群众，才能推动革命蓬勃开展并保证其胜利完成。而在当时的历史条件下，领导革命的中国民族资产阶级与农民之间并无直接联系，比较有效的办法是通过会党。因为会党的成分主要是农民、手工业者和游民无产者（破产失业的农民手工业者），其他各阶级各阶层的人数甚微。会党和农民的关系可以说是比较密切的，所以革命党人联络会党，不失为联系和动员广大农民的有效途径。虽然目前关于会党成分问题，史学界还有争论，有的认为主要是农民，有的认为主要是游民，也有人认为是因时因地而异，有时有地主主要是农民，有时有地主主要是游民，还有人认为主要是市民。但无论是哪一种说法，都不能排斥会党中存在大量游民这一事实，区别只在于以何者为主而已。因此，必须承认游民也是从农民中来的，农民是游民的前身，游民是贫苦的、破产失业的农民、手工业者，其阶级性虽有所差异，但两者间的关系仍是密切的。所以近代中国农民抗租抗粮等斗争及饥民暴动，有许多是会党直接或间接参加的。19世纪后期长江流域空前规模的，包括农民在内的群众性反洋教斗争，会党基本上居于领导地位，尤为有目共睹的事实。

辛亥革命时期全国范围内群众斗争浪潮固已形成革命主流，我们也不难从中窥见会党的身影。我们这样说，并非完全出自推论，武昌起义前后有两件重要史实，可以作充分的证明。一是武昌起义前后四川哥老会发动组织的保路同志军遍及全省各州县，把保路运动推向最高峰；一是广州光复后，广东全省各县三合会先后起义，完成全省光复。这都是辛亥革命期间会党联系并动员广大群众的明显事例。当然新军的阶级成分与会党相类似，他们也可以起到这些作用，但因他们的活动时间较短，范围较窄，相形之下便差多了。

会党在辛亥革命时期是起过联系并动员农民群众的积极作用，但由于会党中的游民成分和所受会党上层分子与资产阶级的影响，往往在重大问题上背离农民利益，产生消极作用。游民与农民终究在性质上是有区别的，比较容易受会党上层分子与资产阶级的不利影响，如对待封建土地制度问题及外来侵略问题等。改革封建土地制度，向来是革命农民的基本要求，历来农民战争中提出过不少要求平均土地的口号，太平天国就提出过平分土地的方案，领导辛亥革命的孙中山也不得不考虑到农民这一基本要求，因而列出"平均地权"的纲领。尽管这对农民并没有什么实益，却在革命阵营内引起强烈反对，也反映到会党上层，因而作为会党组织的共进会，竟将誓词中的"平均地权"改为"平均人权"。关于这一改动，人们做过好多不同的解释，张难先说是因为平均地权含义高深，非一般会党所能接受，故改为平均人权。江炳灵说由于满人压迫汉人，人权不平均，所以要改为平均人权。这些都不能说明为什么削去平均地权。只有吴玉章说得近理，他说，"因为会党中的上层分子，有不少是地主阶级出身，或与地主阶级有密切联系的人，所以共进会把平均地权，改为平均人权，以便他们容易接受"，这完全背离了农民的利益。以后事实证明，共进会放弃了平均地权的主张，终于使它无力去发动广大的农民群众，给辛亥革命带来严重的损害。

反抗外来侵略是中国人民的传统精神，在近代史上会党也总是站在斗争最前线，两次鸦片战争中就出现过宁波黑水党和天津水会抗击法国侵略军，是人所共知的事实。19世纪末叶长江流域哥老会领导的反洋教斗争，更是波澜壮阔。只有地主、资产阶级多数在这场斗争面前表现得畏首畏尾，所以领导辛亥革命的同盟会就不敢在其纲领中列入反帝条目，暴露出资产阶级的软弱性及其革命的妥协、不彻底性。辛亥革命时期的会党组织在其内部上层分子和外部资产阶级的影响下，竟也抛弃了数十年反侵略斗争的光荣传统与历史使命，一味强调反满，龙华会在其《檄文》中提出"保护在华一切外人"的主张，共进会在其《宣言》中更要人们切不可打教堂杀外国人，"免得惹起大祸来"，幻想"我们只要把满人杀了，把中国整顿好了，那他也就不敢欺凌我们了"。这无疑是违反广大农民的意愿，是会党运动史上的一次倒退，从而堵塞了革命派与农民群众的联系，对辛亥革命带来了不利的影响。

以上是会党对辛亥革命在政治方面所起的积极作用与消极影响。

总体来说，辛亥革命时期，会党在武装斗争中壮大了革命武装力量，促进了革命高潮到来，从而取得推翻封建专制制度斗争胜利的积极作用，在整个辛亥革命运动中，其功绩不在新军之下。但由于游民的散漫性、破坏性未得到克服与改造，也给辛亥革命带来了危害。在政治斗争中，一定程度上，会党起了资产阶级与农民间的中介作用，使资产阶级得以联系劳动群众，发动较大规模的群众性革命运动，但由于在土地问题、反侵略问题上又追随资产阶级，背离了农民，从而又阻碍了资产阶级联系动员农民群众的通道。最后应当归结一句，会党运动在辛亥革命时期所以能有这样的发展，各个方面都与资产阶级的影响紧密相连。

（原载《上海师范大学学报》1981 年第 3 期）

论辛亥革命时期湖南会党的特征

饶怀民

就全国范围而言，湖南是会党势力较为雄厚的省份之一，"彼各省湘勇大半遣撤。游勇与游士散而归者数且上万"。这些"游勇与游士"大批投入秘密结社，从而使湖南会党的声势更加浩大。而辛亥革命时期，会党运动已进入高峰时期；加以湖南革命党人十分注意联络会党投入反清斗争，使湖南会党运动空前活跃。湖南会党在 1900 年自立军起事，1904 年长沙起义，1906 年萍浏醴起义，1910 年长沙抢米风潮，1911 年湖南光复等斗争中发挥了极其重要的作用，在湖南政治舞台上演出了一幕又一幕威武雄壮的历史活剧。因此，辛亥革命时期的湖南会党在中国近代史上具有典型意义。抓住并解剖这一典型，找出它的主要特征，这对于正确认识会党的本质和全面评价会党的作用是大有裨益的。

一、造就了一批素质较高的会党首领

1900年唐才常领导的以爱国救亡和反清革命为主要内容的自立军起事，揭开了中国近代资产阶级民主革命的序幕。其基本队伍主要是会党徒众，自立军以开"富有山堂"相号召，"此富有山堂实即哥老会洪门组织""富有山堂之内所有的人，除了少数骨干并未参加会党外，大都是各省会党首领，其中正龙头大爷必为会党分子"。座堂王秀方，后擢升为正龙头，他可以说是湖南哥老会的第一任首领。

王秀方，男性，又名王四爵主，绰号王四脚猪。湖南株洲县马家河凿石曹家湾人。1866年，他出生于一个贫苦的船工家庭，自幼随父兄往来长江上下。嗣加入哥老会，自开山堂，被推举为湖南哥老会首领。因参与自立军起事，事泄，被清吏逮捕，于1903年英勇就义。王秀方殉难后，由马福益承袭其位。马福益，派名祖伏，字继波，号梓熊，原名福一，又名乾，改名福益，湖南醴陵县省元乡兴城里下冲保人。1891年为首创立回龙山会，自称四路总统，拥众逾万人。他接任王秀方为湖南哥老会第二任首领后，仍以信义结合会众，因"与蜀、黔接治地多在洪江，亦名洪江会"。势力及于湘、鄂、赣、闽四省。马福益因参与黄兴、刘揆一领导的长沙起义而闻名。这次起义是内地革命团体举行武装反清起义的先声，仍然是以会党为其主力的。马福益是起义的副总指挥，担任"同仇会"少将职衔，以"洪会健儿充队伍"，在浏阳普迹市举行的马福益少将授予仪式上，10万哥老会众闻风来归，其"声势在庚子唐才常一役之上"。但长沙起义因事泄流产，马福益惨遭清吏杀害。马牺牲后，"其属誓复仇，亦倾向革命党，继续图大举"。由马的部属龚春台等人继承下来。龚春台是湖南哥老会的第三任首领。龚春台，原名谢再兴，亦作醉兴，又名章年、张章年，号月楼，湖南浏阳县人，爆竹工人出身。在萍浏醴起义中，龚春台担任"中华国民军南军起义先锋队都督"，被誉为起义的"台柱子"。萍浏醴一带主要有三股会党势力。即以龚春台为首的洪江会，以姜守旦为首的洪福会，以廖叔宝等人为首的武教师会，龚春台与蔡绍南等人将这股势力联合起来，统称"六龙山洪江会"，这说明萍浏醴起义所倚凭的力量仍然是会党。起义失败，龚春台逃匿。于是焦达峰崭露头角，焦达峰可称为湖南哥老会的第四任首领。

焦达峰，号大鹏，字掬森，又称焦煜，流亡日本改名冈头樵，回国化名左耀国。湖南浏阳人。早年加入洪福会，嗣入洪江会。1907年，他在日本东京与张百祥等人为首组织共进会。焦达峰在长沙抢米风潮和湖南光复中都曾率会党徒众参加。

1910年发生的长沙抢米风潮并不是过去人们所说的单纯的"饥民暴动"，因有大量的会党成员混迹其中，这部分会党成员除参加过萍浏醴起义的洪江会余众和哥老会的另一支派高宗怡领导的洪天保派而外，还有一部分头裹青巾、身着青衣青裤的所谓"青兵"参加，"青兵"是由焦达峰暗中以修铁路为掩护，招徕的北方义和团余众。"焦达峰在宣统年间，曾组织会党成员，分段承包由长沙至易家湾段铁路的接轨工程，利用这个公开的组织，在杨任等人的帮助下进行革命训练和组织工作。焦为掩护其身份，经常赤足草鞋，青衣短裤，手持雨伞，出入于体育社所在的贾太傅祠，权绅们以为他是个乡巴佬或修筑铁路的工头，对他未加注意。这些修筑铁路的工人（多为会党成员）受了焦的教育，有了一些政治觉悟"，因而也投入了这场斗争。

1911年10月10日武昌首义，焦达峰得知确切的消息后，立刻前往浏阳通知洪江会众进城，人数多达2万。湖南独立之前，已是"伏莽遍地，各属哥弟会党，风起云涌"。这种高涨的革命形势为湖南光复创造了极为有利的条件。10月22日，长沙光复，焦达峰任都督，湖南成了"洪家天下"。为应援武昌，焦达峰拟招募新军，各地洪江会众闻风来省投军者竟达6万人之众，充分显示了湖南会党的潜在威力。

湖南哥老会前后四任首领都具有强烈的民主革命思想，有的本身就是革命党人。而且他们大都在某个方面有高人之处，具体表现在以下三个方面：

一是出身行伍，接受过军事训练，懂得一些军事知识，具有指挥作战的能力。马福益曾"投身江南防营"，充当营弁，管理过伙食，因动用军粮接济会党被当局革退。龚春台"曾为清弁，向志革命"。萧克昌和姜守旦等人都曾在湘军中服过役。

二是性喜武功，善于使刀弄剑，武艺高强，身手不凡。王四爵主能从"平地纵跳一两丈高，攀檐登壁，行走如飞，三五个健汉围攻，也毫不在乎"。马福益更是一般人不敢近身，清吏派兵围捕，"闻就缚时曾手刃六人"。马在萍乡被捕后解往长沙途中，清吏竟残忍地用铁丝穿过他的锁骨，以防逃脱。洪福会首领姜守旦据传有"神功"，兼通点穴术，他自己曾主动到县城投狱，当夜即"不翼而飞"。麻石首举义旗的洪江会目廖叔宝，"善使双刀，能力敌数十人"。

三是具有一定的文化水准。他们或饱读诗书，满腹经纶；或留学东瀛，接受西学的洗礼。哥老会副龙头毕永年系善化县拔贡，陈犹龙是桃源县廪生，赵必振是常德府生员。谭人凤"三十七岁前尚泥于试帖词章"，国学功底很深，后去日本留学。焦达峰在日本亦留过学，专攻军事学。江西萍乡上栗市洪江会码头官王蔼亭，曾"读过《论语》《孟子》《左传》等书"，"还喜爱书法""写得一手好字"。萍乡上栗市另一位洪江会目胡有棠"平日喜浏览群书"，并在上栗市等地"设馆授徒"，是闻名乡里的塾师。这些会目可以算是地地道道的知识分子，他们容易接受西学的影响，从而产生民主革命思想。

二、建立了完整严密的组织系统

一般说来，湖南会党的组织机构均设有"内八堂"和"外八堂"两部分，但"内八堂"和"外八堂"的含义在不同时期不同地区和同一时期同一地区的不同山堂而有所不同。例如自立会在上海开富有山办树义堂，"内八堂老大爷"为：正龙头、副龙头、总堂、座堂、陪堂、盟堂、礼堂、管事、值堂、刑堂、盟证、香长；"外八堂老大爷"为心腹、圣贤、当家、红旗、光口、巡风、大满、幺满等。另据岳州捕获的哥老会巡风蒋国才腰间荷包里搜出的名册二纸，载有会目名单和职衔，所列"内八堂"为：正龙头、副龙头、总堂、座堂、倚堂、盟堂、礼堂、管堂、值堂、刑堂、盟证、香长；"外八堂"为副印、新副、圣贤、当家、管事、巡风、顺八、江口、十牌、大备、小幺等。而萍浏醴起义时，"六龙山洪江会"的"内八堂"则为：文案、钱库、总管、训练、执法、交通、武库、巡查；又设一、二、三、四、五、六、七、八路码头官为"外八堂"，"外八堂"下设有红旗、跑风各职，红旗司下级组织，跑风司侦察通讯。尽管"内八堂"和"外八堂"的内涵随不同时期不同地区和同一时期同一地区的不同山堂略显不同，而且，其职衔的数目也不仅只是八个，有的甚至多达十数个，没有什么严格的限制；然而，其组织系统的完整性严密性却是毋庸置疑的。

三、制定了严格的纪律约章

自立会起事前，岳州镇搜获"富有山堂"的"传令条款二本，计十大条共五十六页，进堂交结一本，百零四页"。自立会"五祖旧章"规定：凡有不孝父母、越礼反教、临阵退缩、扰乱码头、私造谣言、欺兄灭弟、调戏兄嫂、引水带线、挑灯拨火、私传口号等行为者，杀无赦；凡有穿堂乱法、瞒天过海、口吐红痰、挖汤撇油、私卖香规、私看内财、红面视兄、强良（梁）无理、贪财爱宝、同穿绣鞋者斩。自立会新章规定：泄露军机、滥引匪类、侵吞公款、恃众抗议、擅毁教堂、不遵节制、掳奸劫夺、酗酒行凶等格杀勿论。凡入会者，"必须五个联名具保"，有违反上述规定者，"五人同坐妄保之罪"。这些条款并非完全是一纸空文，对会众确有一定的约束力。例如马福益部下座堂马龙彪为马之族亲，办事得力，但因与会中兄弟郭某之妻私通，按会规，犯了"同穿绣鞋"之罪，因而必须"开丢"（即令犯者自杀，丢掉性命）。马福益便召集会中重要成员开会，宣布马龙彪劣迹，依章严惩，与会头目多有为之求情者，马福益仍勒令马龙彪投江自尽。另有姓戴的会友，违反会规，马福益星夜开堂，判处死刑。马福益泣送戴至河间自剖胸腹时，路过山岩狭隘处，死者犹回首对马言："大哥好走，须防失足跌下坑去！"马亦呜咽，应而慰之。诚如革命党人刘揆一所云：马福益"不肯枉法，与视死如归，足为吾辈革命所取法"。

四、出现了大联合大统一的趋势

湖南哥老会人数众多，分布极广，山堂林立，派系复杂，主要有金龙山、腾龙山、泰华山、锦华山、楚金山、金凤山、天台山，而每一个府、州、县又另设有不少的山堂。在国内第一个革命团体华兴会成立之前，这些分散的哥老会组织处于一种"各地自为统属，绝少联络运动"状态，因此，如何把这些分散的会众组织起来是摆在革命党人面前一项十分紧迫的任务。值得注意的是：湖南革命党人大都是一批"会党通"。不少革命党人包括黄兴、刘揆一、刘道一、宋教仁、谭人凤等人都参加过会党，因而自革命团体华兴会成立之日起就一直把主要精力用于联络会党，一般采取设外围组织的方式进行。华兴会刚成立，便在会外另设"同仇会"，"专为联络会党机关"。所谓"同仇会"实指共同仇恨清廷之意，"同仇会"基本上把湖南十多万会众联合起来了。

萍浏醴起义时，蔡绍南与龚春台等人商量，在萍乡蕉园洞欧阳满家中秘密集会，即以洪江会为基础，将哥老会其他各派系并入，立"六龙山洪江会"，推举龚春台为大哥，誓词有"誓遵中华民国宗旨，服从大哥命令"等语，并称"奉孙中山先生命，组织革命机关，以备驱策"。这样，"六龙山洪江会"在"同仇会"因长沙起义失败而解体的情况下重又集结起来，成为湘、赣地区统一的会党组织。

1907年3月，同盟会员刘揆一接替宋教仁代替黄兴庶务之职，主持东京同盟会总部工作。他仍然十分重视联络会党的工作。上任伊始，即改组同盟会："新设干部，中有联络部，专以联络各省秘密会党为职志，焦达峰被推为调查部长。"同年8月，由张百祥、焦达峰等人发起，集合当时逃亡日本的会党各派头目在东京成立共进会。其宗旨"亦略与同盟会同"，只是将"平均地权"改为"平均人权"，便于会党接受。共进会完全采用绿林开山立堂办法发展会徒，亦有山堂香水称谓，山称中华山，堂称光复堂，香称报国香，水称兴汉水。共进会的宣言在解释"共"字时说："这共字，就是合我们全国中各种的会一同去做的意思。"焦达峰回国后，与孙武等人在汉口法租界长清里设总机关，在武昌吴肖韩家设立分机关，由于长江各会党名目分歧，特改为中华山"以统一之，俾民封畛，会党自焦往汉整顿后，日有起色"。共进会在长沙也设立分机关。共进会的活动主要在两湖，并及两广、江西、四川等地。共进会作为同盟会的外围组织，把长江中下游一带三合、哥老、孝义等各大会党基本上统一起来了。它的成立，标志着全国各地会党在以孙中山为首的资产阶级革命派的领导下已经基本上形成了大联合大统一的局面。

五、形成五路响应省会发难的战略格局

所谓五路响应省会发难系指岳州、衡州（今衡阳）、宝庆（今邵阳）、常德、浏阳和醴陵五路响应长沙发难。这一战略格局的形成有一个演变的过程，它是与湖南会党势力的分布密不可分的。

常德的桃源县是陈犹龙的家乡，陈加入哥老会以后，"先后与桃源会党领袖杨吉陉在武陵县河袱主盟发展接纳宋教仁、胡瑛、覃振等为富有山堂会员"。陈犹龙一生为革命奔波，客死日本。宋教仁、胡瑛、覃振在辛亥革命时期被誉为"桃源三杰"，常德的会党势力是相当雄厚的。

宝庆是谭人凤早年从事革命活动的地方。谭原是新化县的一个乡村塾师，后知"其道迂远，未能济急"，于是"改与会党耆帅游"，他在自己的家乡开山立堂，取名卧龙山，自做山主，被称为"托塔天王"。他还在宝庆分设山堂，广收会徒，经常奔走于辰州、沅州等地，并派员去湘南的衡州、永兴、郴州、桂阳等

县联络。这些地方的会党徒众，"皆乐听命"。

醴陵是马福益的家乡，马在醴陵发展了不少会众，诸如李金奇、李香阁、谭石基等人，他们都是会党的重要骨干。

浏阳是武术之乡，会党势力集中在三个地区：龚春台的活动主要是浏南地区，浏西是哥老会大头目冯乃固的地盘，浏东则是姜守旦的洪福会所在地，洪福会和洪江会虽然都是哥老会的一个分支，且彼此能协同动作，唯宗旨不同。

岳州属地华容县是潘鼎新的故乡，潘早年加入同盟会。共进会成立，他亦是组织者之一，为熟悉军事，转入大森体育会研究战术，1908 年回国在华容、湘阴、平江等地发展共进会员。与潘相交甚笃的焦甲申是岳州一带的会党首领。焦原是华容黑山盘龙结穴山冲中的一个雇农，青年时勇武有力，因聚众反抗当地豪绅，被族人擒获，在祠堂内挖去双眼，迁往南州，利用算命作为掩护，在滨湖各地开山立堂，势力颇大。

衡州是谭人凤、马福益等人经常出没的地方。衡州的南岳衡山是中华五大名山之一，哥老会众每年都要去南岳朝香，几成定例，联络较易。

从自立军起事到湖南光复，上述各路会党徒众均有所动作。在自立军起事中，地处南北两省咽喉的岳州，清吏"讯出匪首多系籍隶岳州，盘据煽诱，蓄谋甚深"。当时，孙武在湖南任武威营队官，驻防岳州，为占领这一军事重地，自立军机关积极运动孙武加入自立军，并由吴禄贞以湖北武备学堂同学身份写信给孙武约期举义，孙武与林奎商量，决定由孙武任岳州司令，孙武

"至岳，派陈显国赴浏阳，余正义赴宝庆，王正祥赴长沙，各带会票千张，扩其势力"。为促常德一路发难，派陈犹龙、唐才中进行联络，唐才中在长沙被害后，又有何来保、蔡钟浩等在常德进行起义。在长沙，安徽人汪容从父宦游来湘，锐意联络会党发难，因经济拮据而无力起事，后被其兄汪鉴出卖而遭杀戮。

如果说自立军起事中，衡州一路还没有来得及行动的话，那么到长沙起义时，五路响应省会发难的战略格局业已完全形成。黄兴、刘揆一、马福益三人拟定，1904年10月10日清西太后70生辰，乘全省官吏在皇殿行礼时，预埋弹药其下，以炸毙之，乘机起义，省城以武备各校学生联络新旧各军为主，洪会健儿副之，外分五路响应，以洪会健儿充队伍，军学界人充指挥。马福益派其会党成员谢寿祺、郭义庭，组合浏阳、醴陵军队，申阑生、黄人哲，组合衡州军队，游得胜、胡堂，组合常德军队，肖桂生、王玉坚，组合岳州军队，邓彰楚、谭菊生，组合宝庆军队，静候华兴会派遣指挥与监军，并推黄兴为主帅，刘揆一与马福益为正副总指挥。

辛亥湖南光复时，也基本上沿袭了五路响应省会发难的方式。长沙光复后，焦达峰命令黄英华、潘鼎新、焦甲申等将各方投奔来的会众改编成民军两营，持枪入华容县署，勒令知县乔联昌在自治讲习所宣布华容独立，并组织大批帆船，分两路向岳州进攻。在宝庆则由具有长期从事联络会党经验和兼有同盟会员和会党双重身份的谢介僧、邹永成、谭二式等和驻邵新军管带张贯夫进驻新化、邵阳，成立军政府宝庆分府。焦达峰还任命活跃在浏、醴一带的湘潭籍后起洪江会目冯廉直为中路招讨使，回籍招募徒众数百人攻占湘潭县城。在衡州，命南路招讨使刘崧衡滞留长沙，衡州同盟会员周果一和洪江会众立即举事，将衡州知府禄显赶跑，建立了革命政权。在常德，焦达峰根据中部同盟会原议，命令杨任为西路招讨使，余昭常为参谋总长，依靠洪江会众和西路师范学堂学生的力量，很快光复常德。

六、纳入了资产阶级民主革命的轨道

辛亥革命时期的湖南会党与以"反清复明"为宗旨的旧式会党已有明显的区别，主要是由于革命党人对会党徒众进行了发动和改造，使湖南的会党运动汇入了资产阶级民主革命的洪流。

早在华兴会成立时，黄兴、刘揆一等人从湖南的实际情况出发，把工作侧重点放在会党方面，而关键又是联络著名会党首领马福益。其时，马福益雄踞一方，但对革命的认识毕竟还是肤浅的，当黄兴、刘揆一与马福益会晤之前，曾派刘道一偕同万武与马初次接头，而马对刘道一等人"深表轻慢"。刘道一发挥其善于雄辩的才能，不亢不卑，晓以革命大义，他开门见山地向马福益指出了三条出路："马大哥究竟是遵照洪门遗训，担起灭清复明的责任呢？还是开开山，拜拜堂，收点党徒，弄点金钱，头上插个草标，出卖人头呢？还是收集力量，使官兵疲于奔命，莫奈我何，然后再受官廷招抚，别开生面去做满清的奴才呢？"接着，便详尽地阐述了革命宗旨："第一为图强，请看我们今日之中国，还成国家吗？推其原故，都是满洲人弄成的，所以非革他的命不可。第二是满洲人的心中，认为我辈是他的家奴，情愿将国家送给外国人，不愿还给原有的主人。古人有一句话说得好，'非我族类，其心必异'，因此，又非实行种族革命不可。"刘道一的一席话使马福益为之折服，慨然相许加入革命，为黄兴、刘揆一、马福益的正式会晤创造了条件，于是，便有了长沙起义计划的拟订和实施。长沙起义虽因谋泄而流产，然而，革命党人发动和改造会众的工作并没有白费，俟到中国同盟会成立之后，在新的历史条件下，刘道一、蔡绍南等人又用同盟会的纲领宣传和组织会众，进而开创了宣传工作的新局面。刘道一、蔡绍南从日本回国途中，曾伪装成"富商"，前往萍乡上栗市一带，邀约萍浏醴各地哥老会头目会晤，向会党徒众反复讲解国民革命的道理，说明革命的目的，不是为个人争王争帝，而为"全民族的自由解放"。长沙水陆洲会议以后，蔡绍南回上栗市原籍，并前往桐木市等地登堂"演说革命"，"蚁附甚众""作用孔常"。醴陵同盟会员宋飚裘曾将"《猛回头》《中国魂》《警世钟》诸书，乃购多部，遍以贻人，所感化者无虑数千百计"。新化同盟会员邹永成等数十人也曾各背一个包袱，带着些《扬州十日记》《嘉定三屠记》以及《猛回头》等书一同步行到吉安散发。醴陵同盟会员宁调元、张季贞（又名张恒）都曾回醴陵与会党秘密联系过，宁调元并于1906年10月在日本东京创办《洞庭波》杂志，抨击清廷，不遗余力，销行国内外，"每期印数千册，散布各省，流入醴陵、萍、浏等县尤伙。粗识文字者，莫不以先睹为快，豆棚瓜架，引为谈资，数百里风气为之顿变"。"虽穷乡僻壤之民，咸了然于革命之不可一日缓矣"。由于广大同盟会员的共同努力，"会党受其感化，益奋发鼓舞"，因而使会党的思想面貌为之一变。这种现象的出现，反映了哥老会众经过自立军起事和长沙起义的战斗洗礼，在王四爵主和马福益相继殉难的血淋淋的事实面前，比较容易接受资产阶级民主革命思想的教育和影响。

1905 年 8 月，中国第一个资产阶级政党同盟会成立，从此开创了一个新的时代。资产阶级已经成为时代的中心，它所领导的以建立民主共和国为目的的反清武装革命已经是一次带有资产阶级性质的革命。会党首领接受同盟会的领导，执行同盟会的纲领，积极参与同盟会策动的武装反清革命，无论在主观上还是在客观上都已经使这种斗争纳入了资产阶级民主革命的轨道。使它区别于在此之前的旧式会党暴动，如果对革命党人为改造和教育会党所做的努力视而不见，对会党思想面貌的变化熟视无睹，对中国资产阶级政党同盟会成立后所起的作用估计过低，对参与斗争的广大会众所蕴蓄的积极性加以抹杀，这种观点自然是不公正的。应当承认，由于阶级和时代的局限性，资产阶级革命党人对会党的教育和改造自然是十分有限的，也不可估计过高，湖南哥老会毕竟没有也不可能如同平山周所说的悉数"尽化为革命党，全国各省之诸会党悉统一而为革命党"。会党在政治上的盲目性、思想上的混乱性、组织上的分散性和行动上的破坏性也时时表现出来。例如在萍浏醴起义中，浏阳东乡姜守旦为首的洪福会提出的檄文公然宣扬封建帝王思想，参与长沙抢米风潮中的湖南哥老会另一支派洪天保派的会首高宗怡公然鼓吹要当皇帝就是明证。

会党与辛亥革命前夜之广东社会政治

王 杰

　　既有革命史研究范式受 20 世纪前半叶风行的线性式启蒙、解殖话语影响，将近代广东誉为"革命斗争的中心地区之一"，认为这与帝国主义的侵略刺激以及清廷的腐败无能有关。这一叙述逻辑背后隐藏的是在"不断革命中"的执政党对"革命"及自身合法性的意识形态要求。革命史研究范式的问题在于，力图将帝国主义归结为"中国百年来的社会崩解、民族灾难、无法发展前进的祸根"，强调独立自主与西式的工业化发展模式对于被殖民国家的意义，依旧无法超越"西方中心"主义的窠臼。

　　拙文《辛亥时期广东革命力量探析》曾经指出，"广东是辛亥革命的策源地，以孙中山为领袖的兴中会、同盟会的多次武装反清起义在这里发动，主要依托的力量是华侨、会党、新军、民军，对此，学界已有一定的研究，但总体略嫌单薄，'广'味不浓，'为什么'的分析多，'是什么'的着墨少，几有本末倒置之虞，仍有待深化研究"。

近年来，社会学、人类学方法论介入传统史学场域，区域社会史研究取向兴起，"国家—社会"观察视野方兴未艾。由此而发的"在中国发现历史"观，观照地方社会的独立特点，不失为发掘"粤式"革命的新思路。事实上，近代以来，广东之所以成为"革命斗争的中心地区"，除了与广东"得地域之利，开风气之先"之资源，恐怕更多与晚清以降广东地方社会的会党兴起有关。

晚清广东社会转型加速，官绅对地方社会控制力大为削弱，导致广东地区会党林立。而会党在广东的兴起并非始自晚清，嘉庆初年，林爽文领导的天地会由台闽入粤，打出反清复明的政治旗号，此后粤省成为南方秘密社会活动的集中地。到光绪年间，广东会党已具有了强大的组织号召力和广泛的社会影响力，由此开始成为革命党人借势扩张的基础。本文力图涵化前人的研究成果，对辛亥革命前会党在广东兴盛的因由，以及革命党人对会党的利用、改造做概述性分析，在回答广东辛亥革命"是什么"的表述上凸显更为浓厚的"粤味"色彩。

一、晚清广东"会匪一家"

由于无业游民是构成会党的主要力量，到清末时期，会党出现较为明显的"匪化"趋势。特别是广东会党，在咸同年间洪兵起义时，盗匪现象就相当严重，已开始引起各方注意。清政府曾将会党区分为"游匪""会匪""土匪"等不同类型，而实际情况却是，几种势力为了各自目的，彼此联络呼应，相互渗透、转换。1907年《广州总商会报》曾有文曰："从前贼匪不过志在得财，近日更有结党联盟，蓄谋不轨。"稍后《时报》一针见血地指出："四乡群盗，面目改变，日益猖獗。其首附革命者固托革党以自豪，其未附革党者亦冒革党以相吓。于是闹捐毁抢亦曰革党也，立堂打单亦革党也。"《广州总商会报》《时报》的记载提示了在时人心目中，粤省的会党与匪徒其时已难分彼此。

1897年孙中山在与宫崎寅藏的笔谈中言动员会党参加革命时有"在广地，一月之内必可集山林骠悍之徒三四十万"等语，虽是在强调革命党人动员能力的强大，不免有夸耀的成分，却也道明当日广东会党、盗匪之盛，同时也揭示了在革命党人的意识里，会党同样与绿林无异。而孙中山在此前组织乙未广州起义，国内各方视之为"乱臣贼子，大逆不道，咒诅谩骂之声不绝于耳。吾人足迹所到，凡认识者，几视为毒蛇猛兽，而莫敢与吾人交游"。前人的研究认为，这是因为国内风气未开所致，但从另面反倒可以印证，孙中山发动、联合会党起事，在时人眼中无异于与流寇盗匪为流。

关于会、匪关系，广东当政大吏也有纪实。会党、匪徒一家，匪乱"甲于天下"之情由，早于1885年就出自张之洞的笔下："粤东山海交错，民情犷悍，盗匪之炽，甲于他省""与会、土械斗各匪、洋盗、盐枭互相出入，其情节实与寻常盗匪迥异"。稍后，陶模挂帅粤省，曾向朝廷奏陈称，"广东素称多盗，近年日益加厉"。袁树勋在两广总督任上，也承认粤境会党"勾结日广，几乎无处蔑有"，广州附近各县"亦蔓延遍地"。袁氏的继任者张鸣岐的条陈表述得更为具体：盗匪"纠伙每至数百，劫掠动辄全村。加以三合、三点、小刀、剑仔等会匪，勾结革党，暗立师团，设堂打单，明目张胆，啸聚村乡，四通八达，兵多则逃散，兵少则抗拒，竟敢抢劫兵船、营房，戕毙弁勇。屡于获盗讯供，据称劫资置械，约期起事"。

有学者指出，晚清广东会党、匪徒被视为一家而冠之以"会匪"之称，是统治者渲染的结果，因为"'会匪'一词具有的政治性与行政性内涵，使地方统治者能够在一定程度上突破朝廷与地方的限制"，获得相应的政治、经济资源。此论不假——翻阅清末时期的有关史料，确实可以发现广东地区政局动荡不安，匪患相当严重。《广东日报》甚至有"今日广东全局，在在皆炸药之所伏……行者囊橐难保，居者魂梦不安"之语。澳门《知新报》也刊文曰："地球各国，盗贼之多，以中国为最；中国盗贼之多，以广东为最。粤盗之案，其不报不详者且勿论，即如报章所载，几于无日不书无地不有，墨为之罄，笔为之秃，已令人可惊可骇。"类似的报道还很多，不仅是本地舆论界注意到了这一问题，稍早之前《申报》亦已见广东"盗贼横行无忌，甲于各省"之论。光绪帝也曾关注"广东土匪甚炽"的问题。可知晚清粤地匪患、会党问题严重，为全国所共知。

二、会党兴盛之因缘

囿于意识形态的要求，既往研究认为，清末广东会党的兴起与"农村经济的崩溃，下层民众生活困苦"相关，并将祸根归结于帝国主义的侵略。诚然，清末广东社会的民众贫困确实是造成粤省会党、盗匪林立的一大诱因，时任总督岑春煊曾论述："广东盗贼日多，游民日众，推其所致，实因民穷。"此外，清季，广东吏治败坏，时人指出，"自谭钟麟以来，大小官吏，率以贪黩著闻，公私侵渔，度支久竭""以故贿赂公行，毫不为异"，官民冲突升级，为会党的兴起提供了条件。不过，民众贫困、社会动荡确也并非广东一省独然，清季广东会党的兴起另有动因。

近年来，章开沅先生提出："反思辛亥百年，应在时间与空间两方面作更大的扩展，以期形成长时段与多维度的整体考察。"这也提示后来者，想要厘清辛亥革命研究中的相关问题，需要深入到更广阔的历史时空脉动中去，方能探视其中的复杂关系。要之，清季广东会党林立，可追溯到明清交际。

斯时文献中就已有"粤中多盗"之说，这很可能和岭南地区比中原社会开发较晚有关。有学者指出，会党在明清之际的广东地区兴起，受到粤省宗族制度发达，以及人口流动频繁的影响。概而言之，社会经济的重大变化，以致强宗大姓得以武断乡曲，粮多通欠。乡绅大姓，强横肆虐，以众暴寡，欺压小姓。各小姓为求自保，往往纠邀数姓，彼此联合，以抵制大姓。各小姓联合时，模仿桃园结义及梁山泊英雄聚义的礼规，举行异姓兄弟结拜仪式，跪拜天地，歃血盟誓。同时吸收佛家破除俗姓以"释"为僧侣共同姓氏的传统，借以发扬四海皆兄弟的精神。

嘉庆年间，天地会进入岭南地区，两广总督松筠针对广东结伙拜会的问题，曾向朝廷奏定"专条"："粤东盗案，除寻常行劫仅止一二次，伙众不及四十人，并无拜会及别项重情，仍照例具题外，如伙众四十人以上，或不及四十人而有拜会结盟、拒伤事主、夺犯伤差、假冒职官，或行劫三次以上，或逃脱二三年后就获各犯，应斩决均加枭示，恭请王命先行正法。"稍后该"专条"经由刑部核准，"通行在案"。林则徐赴广东任钦差大臣时，也称"粤省盗贼视他省为尤炽，是以例上另立专条"。非但广东疆吏关注岭南地区会盗严重，连清廷的最高当政者对此也很关注。道光元年，登基伊始的爱新觉罗·旻宁，即给两广总督阮元发来朱谕，其中提及广东等地"陆路则深林密箐，山岭崎岖；水路则汊港繁多，四通八达，易藏奸宄，难净根株，其由实因结会之风，迄今未熄。又各处名目一，盖仍系天地会耳"。可见，嘉道时代，广东会党问题已较为突出，为官方甚至最高层所顾虑。

咸同年间，历经洪兵起义与朝廷公开对抗后，广东会党在相当长的时期内处于蛰伏状态。袁树勋曾提及，"粤东会党向止三点会，系于洪逆乱平之后，其遗党暗用洪字偏旁，互相勾结，踪迹甚为诡秘"。虽然洪兵起义失败对广东会党的活动打击不小，不过在官方眼里，洪兵起义反倒成为广东会党林立的铁证。同治初年，郭嵩焘任广东巡抚即有上奏："粤东山海交错，风俗素号强蛮，无业游民往往聚而为盗，积弊相承，由来已久。近溯自咸丰四年红匪倡乱，蹂躏遍于通省，屡经官兵剿办，歼戮不为不多，而匪民如荄，旋剿旋生。"

有学者指出，明代至清咸同以降有关广东会党问题突出的历史记忆，成为清季民初社会时人关于广东会党"匪徒甲天下"的惯性思维的延续，并不能"完全客观体现问题本身的真实面相"，很可能是晚清广东社会"治盗"心态的反映。这样的解读，发掘出隐藏在"历史话语"背后复杂的社会心态，无疑是近年来史学研究从"文本"（text）到"语境"（context）研究路数转换的体现。然而其问题则在于，更强调对隐藏在历史文本背后复杂的权力秩序的解读，而文献本身是叙述者有选择的记录，不可能反映历史的全貌。那么，众多文本的记载恰巧证明了问题在时人心目中的严重性。

广东会党兴盛的另一大诱因，则是与清末广东府对地方社会的控制不力有关。众所周知，清代国家对地方社会的控制主要依托地方保甲制度。清季以降，地方局势恶化，"粤东盗风炽，富户之遭劫掠者时有所闻，往往迁以避之，是则兴办保甲，固较他处为尤急。然往年非不举行，而顾未见实效者，则以奉行者之不得其人"。晚清广东传统保甲制度的施行不力背后，实则是官绅权力在地方的此消彼长，因为"保甲多非士绅，此乃清廷政策，欲借保甲长之权力以压制绅权，免得士绅在地方上权势过大"。

不可否认，随着会匪问题日益棘手，政府加强对地方社会的控制可谓不遗余力，但收效甚微。在传统八旗与绿营经制式微以后，广东地方政府大力协助新军、警察以及加强巡防营的培养即为例证。有如学者所指出，依托这些人数有限、素质不高且政治上未必忠于清廷的军警，清朝广东地方政府自不可能应付全面危机。此外，严厉的清乡行动，以军事手段打击会匪是官方加强对基层社会控制的又一措施。不过因策略上的失误，这措施最终未能达到预期效果，反倒助长盗风，成为清季广东地区"官弱会强"与基层社会动荡的渊薮。对此，陈炯明在民国初年曾评价道："满清时代清乡，弊端百出，民未见利，先受其害，兴言及此，良足痛心。"

于是，官方不得不再次重视与地方士绅合作，多次要求地方乡绅恢复乡局、兴办团练。1886年郑绍忠在东莞、花县等地"清厘匪乡"时，提出县城设公局一所，市、镇、大乡各设分局一所，遴选公正绅士，经理局事，劝谕各乡绅董，就地筹款，"妥办团练、以助守望"。陶模、岑春煊等督粤期间也都曾大力鼓励地方兴办团练。1904年广东同乡京官曾联名上书朝廷，请求"实行清乡团练事宜，以挽危局"，称"尤必有团练，以佐声援，而要非兴复省团练，无以稽查、联络声势之助"。稍后，广东官绅还就兴办团练，经费筹措等问题有过专门的讨论。

官方力图利用乡绅稳定地方社会秩序，但清廷对绅士操办民团并不信任。他们在鼓励地方兴办民团的同时，却在民团编制、经费以及枪械的购买等方面实行严格的措施，比如枪械的购买，只能由官方控制的军械局代买。此外，官方还要求宗族士绅"指攻"本族的会匪，这无疑是引起地方士绅不满的另一原因。从而导致团练在地方的推行，并未能全然解决问题。时论指出："粤省各属，乡间散处，盗匪出没，其中勇力所不能及，虽迭经札行团练，以为地方自卫之要图，卒以款项难筹，或办理不终，或并无成议。其富厚之乡，雇勇防守，亦皆虚有其表，遇有大伙强盗肆劫，则缩首蛆伏，任其饱掠，莫敢谁何。"

更为严重的是，地方士绅为求自保主动加入会党，"各乡富户欲图苟安，多捐费入会，至绅界中人，若势位卑弱，恐会匪谋害，亦间有挂名其中"。甚至还有地方乡绅与会党、盗匪沆瀣一气的，时论指责："乡局之设，初原以乡团等名，借为弭盗之计，而不知久之未有不从而庇盗者。乡局之绅士愈大，即乡中之盗贼愈恣，其在蛇鼠一窝，买赃庇匪，公然以乡局为发财之地。"而那些积极与官方合作的士绅，则有性命之虞。如顺德富绅卢天骥因积极倡办民团，被会党杀死在家中。这也导致不少士绅"惧祸及，各相避匿"。

晚清广东社会，传统保甲制度衰落，国家为达到对地方的控制，不得不重视与地方社会的合作。官方的这一努力，因对士绅的有限信任，未能全然解决问题。地方士绅的生命安全得不到保障，揭示了清末国家权力在广东地方社会的式微，这很可能是会党在广东地方社会兴起的直接诱因，为辛亥前后革命党人在粤省的武装动员提供了活动空间，令广东成为近代"革命斗争的中心地区之一"。

三、党人与会党之互动

晚清国家对地方社会的失控，为会党提供了相应的活动空间。与此同时，会党"反清复明"的政治宗旨虽然在淡化，却依旧为官方所不容；另一方面，暴力革命当时还难以为国内各界所接受。有学者指出，到 1911 年"铁路国有化"和"皇族内阁"政策出台之前，较之激进式的暴力革命，国内各方政治势力还基本认可渐变式的政治改良。于是，革命党人唯有利用和发动会党，方能达成武装起事的目的。

对此，孙中山有过感慨："乙酉以后，余所持革命主义，能相喻者，不过亲友数人而已，士大夫方醉心于功名利禄，惟所称下流社会，反有三合会之组织，寓反清复明之思想于其中。虽时代湮远，几于数典忘祖，然苟与之，犹较缙绅为易入，故余先从联络会党入手。"除孙中山以外，黄兴、朱执信等人也认可"革命军发难，以军队与会党同时并举为上策"；其他粤籍党人如余永生、陈涌波以为革命运动，首在得众，洪门宗旨，不外反清，与吾党主义无殊，应联络以厚势力，乃加入会党共同进行。1905 年革命党人在制定同盟会章程时，做了如下规定："凡国人所立各会党，其宗旨与本会相同，愿联为一体者，概认为同盟会会员。"可见，在利用会党发动武装起事这一认知上，革命党内部基本达成共识。

孙中山早年肄业于广州博济医学校，与会党人士郑士良结交，并相机宣扬革命，"士良一闻而悦服。并告以彼曾投入会党，如他日有事，彼可为我罗致会党，以听指挥云"。1893 年他复与郑士良、尤列、陆皓东等人在广州城南广雅书局抗风轩秘商组织革命团体，并冀图以"驱除鞑虏、恢复华夏"为宗旨联络会党。次年，兴中会在檀香山创立，加盟者不过十余人，多属洪门人士，如何宽、李昌、邓荫南等均属之。据学者统计，至 1895 年兴中会与杨衢云的香港辅仁文社合并，在港成立兴中会总机关时，百余名会员中，有案可查49人，除7人身份不明外，其他42人，会党分子14人，占1/3左右。1904年1月，孙中山在檀香山加入洪门，被封为"洪棍"。无怪乎后来有学者指出"国父当年创组兴中会，系赖檀香山洪门前辈之支持""没有洪门，就没有兴中会"。可知革命党人在很早就与会党中人打成一片，这为稍后动员和利用会党发动武装起事提供了人脉条件。从1895年乙未广州起义后，革命党人在粤省境内又先后发动了1900年惠州起义，1907年潮州黄冈起义、惠州七女湖起义、防城起义、钦州马笃山起义，1910年广州新军起义以及1911年广州黄花岗起义等数次武装起义，会党基本是这一系列起义的主干力量。

及至1908年前后，革命党人内部出现对会党质疑的声音，在与孙中山"总结斗争经验"时，胡汉民指责联络会党"举事来得快，失败得也快"，且"以所经验者证明会党首领之难用，其众人之乌合不足恃，谓当注全力于正式军队"。赵声则宣称："以后举事，民军简直不中用，非运动新军不可。民军太无战斗力，太无训练，新军比较来得好。"发出这样的质疑，除与武装起事失败有关外，也与参与武装反清之会党鱼龙混杂相连。如前所述，晚清时期，会党"反清复明"政治理想正在淡去，大多数会众并不清楚革命要义，参加武装起事，不过是为"每人每月，十块洋钱"。而晚清粤省社会会党、匪徒一家，利用会党发动武装起义，影响了革命党人在时人心目中的形象，有被目作流寇盗匪者流的嫌疑。如领导1907年惠州七女湖起事的孙稳，就是当地有名的"剧盗"，1910年他在香港被捕以后，惠州东江一带绅商学界六百余人，联名盖章致函香港律师，指控孙"匪平日以抢劫为事，乡里迭遭其害，妇孺皆知""该犯只知以劫掠为生，曾不知有革命主义，指为革党无疑乃视之太高"，要求严办。对此革命党人不得不引起重视。

据此，有学者指出，革命党人在利用广东会党发动多次起义失败以后将注意力集中到新军身上，辛亥武装起义也从会党阶段转变为新军阶段。诚然，1908年以后，广东发动两次重大起义的主力不再是会党，但却不能就此得出革命党人"已开始轻视会党力量"的结论。事实上，无论是1910年广州新军起义还是1911年广州黄花岗起义，其间都可见会党参与的身影。特别是辛亥年间广州光复，若无"十万民军"围城，李准、张鸣岐等人对革命的态度发生转变，或未可知也。更为重要的是，清末广东之兵，而私会亦居其半，且有居其八九者，新军中的会党分子更是尤其活跃，当时共进会中就有人称，"清末凡常备军巡防营以及警察新军各色人等，若属于各党各派分子方好立脚，如两广军队内的三点三合会；长江上下的哥老会；四川的袍哥孝义会；山东、陕西的八卦大刀会；河南、河北的红枪天地会等军队兵士均是此类分子居多"。晚清广东社会，非但"会党、盗匪一家"难分彼此，就连政府军队与会党也是"你中有我，我中有你"，可知革命党人断难小视会党势力。

革命党人虽然重视利用会党发动起义，不过他们对会党的一些做法并非完全赞同，而是力图对会党加以改造，以符合革命的宗旨。1905年2月，孙中山在比利时同留学生讲话时就提出："会党之规章，成于明末""宗旨本在反清复明"，而"近日宗旨已晦"，因此需要"予等当然为之阐明，使复原状，且为改良其条款，是故必须使学生得以加入，领袖若辈，始得有济""不然此等团体固在，我辈一动，而彼等出而阻碍，甚妨我辈之进行也"。五个月后，在东京孙中山再次谈到会党"其间人才太少，无一稍可有为之人以主持之"，因此需要"数十百人者出而联络之、主张之……一旦发难，立文明之政府，天下事从此定矣"。此后，革命党人却也加强了对会党的改造工作，并取得了一定的成果。就广东会党而言，1907年9月，王和顺在广东防城起义，所打出的《告粤省同胞文》就明示："及从孙文先生游，得与闻治国大本，始知民族主义虽足以复国，未足以强国，必兼树国民主义，以自由、平等、博爱为根本，扫除专制不平之政治，建立民主立宪之政体，行土地国有之制度，使四万万人无一不得其所。"可见，王氏明显受到孙中山三民主义的影响。

即便如此，革命党人似乎对会党也并未全然认同。1918年蔡元培、张蔚西拟仿照通鉴外纪的手法，从清代秘密会党活动始，至南京临时政府取消日止，编写一本《国史前编》，致函孙中山征求意见，孙在复函中表示："以清世秘密诸党会，皆缘起于明末遗民，其主旨在覆清扶明，故民族之主义虽甚溥及，而内部组织，仍为专制，阶级甚严，于共和原理，民权主义，皆概乎未有所闻，故于共和革命，关系实践，似宜另编为秘密会党史，而不以杂厕民国史中"，认为会党"于共和原理，民权主义，皆概乎未有所闻"，而将之打入"另册"，人我之别清晰可见。孙中山此时之表态，并非"数典忘祖"，而很可能与后革命时代广东会党对社会秩序的破坏有关，但从另一面也提示了革命党人并非完全信任会党，其对会党利用有余，改造不足。

四、结语

清季民初国家权力在广东基层社会的式微，为会党的兴盛提供了温床。会党的"匪徒化"，导致了广东会匪甲天下的局面，这为辛亥前后革命党人在粤省的武装动员提供了空间，由此也造就了广东"革命斗争的中心地区之一"的地位。革命党人在利用会党的同时，试图对其加以改造以期符合革命宗旨，这一努力的失败，使会党沦为"后革命时代"秩序重建的破坏者，最终为革命党军政府所不容。广东会党在辛亥革命前后大相径庭的角色转换，表明革命党人始终对会党抱有戒心，并未全然视作一家，所谓"革命与洪门，志同道合，声应气求，合力举义，责有应尽，非同利用"，很大程度上，不过是宣传动员的口号。这或也昭示了后来者：历史事件原本复杂吊诡，史学研究尤须"知人论世"。

（选自中国社会科学院近代史研究所编：《辛亥革命与百年中国》，
社会科学文献出版社 2016 年版）

辛亥革命与游民社会

周育民

80 年前，旧历辛亥年，中国大地正澎湃着汹涌的革命浪潮。在这阶级搏击的风颠浪尖之上，游民的活动是引人瞩目的。正确认识游民在辛亥革命中的地位与作用，必须深入考察游民在中国近代社会中的位置，他们的形成与组织，他们在近代经济社会生活中的作用及其与其他社会阶级、阶层的关系。辛亥革命中游民的活动，是他们社会属性的集中表现。

一

清代至乾隆年间，已出现大量的过剩人口。到道光、咸丰年间，游民已成为相当严重的社会问题。在鸦片战争之前，游民主要是由人口的自然增长、土地兼并的发展和自然灾害的打击形成的。鸦片战争以后除了上述因素之外，帝国主义的侵略、国内战争更使中国社会的游民问题雪上加霜。

以战争的影响而论，每次侵略战争之后，清政府不得不裁撤因战争而动员起来的兵员，他们生计无着，成为打家劫舍的游勇。如甲午中日战争结束后，仅前线部队裁撤即 5 万人，加上因兵制改革裁撤的绿营，共达 11 万人，各省临时招募的勇营裁撤尚不在内。19 世纪 70 年代国内战争平息之后，清军大批裁撤，各地起义队伍瓦解，因避战祸背井离乡的民众继续飘零，形成了庞大的游民群。其中尤以被裁撤的清兵隐患为多。

近代社会经济的改组，也造成了大批游民。鸦片战争后对外贸易重心由广州移向上海，广州经大庾岭沿赣江北上至九江、经南风岭至湖南湘潭的传统交通线趋于衰落，沿线水陆运输工人及其他劳动者濒于失业。洋货的输入也使一批农民和手工业者经济破产，据估计，1840 年至 1894 年，农村纺织户人口减少达683 万人，"女红失业""业冶者多无事投闲""华民生计皆为所夺""内外穷民之失业无依者，尤如恒河之沙不可计算"。外国轮船在沿海、内河的航行，沉重打击了砂船业和内河航运业，沿海"业船者无可谋生，其在船水手十余万人，不能存活，必致散而为匪，肆行抢掠"。清政府废除漕粮河运，引起了数万漕运水手的失业。铁路的建设因造成大批运输业工人的失业而"受到大车行和船户的反对"。

鸦片战争后，清政府财政状况恶化，收支不敷，民众的赋税负担日益加重。甲午庚子以后，为偿付赔款，捐税大增，人民生活于水深火热之中，"弱者为沟途之饿莩，强者为绿林之豪客"，饥民、游民暴动连年不断。

中国近代社会经济的急剧变迁，使大批社会成员从传统的社会结构中游离出来，造成了一个庞大而分散的不工、不农、不商、不士的游民群体。这一独立于"四民"之外的社会群体的产生，是中国传统社会结构趋于瓦解的重要症候，也是造成建立于这种传统结构之上的清王朝颠覆的原因之一。

二

伴随着游民队伍的扩大，从乾隆中叶以后，风貌各异、名目繁多的秘密结社、犯罪团伙与武装土匪在全国各地蔓延开来。他们之间互通声气，混合生长，形成了帮派、山头林立，而又同具类似社会成分、价值取向、行为方式的游民社会。

中国近代游民结社错综复杂，但由于各地民情风俗之差异，仍可以看出它们大致的地域分布。福建、两广及与之毗连的湖南、江西乃至云南等地，天地会的势力十分强大。四川在乾隆、嘉庆年间啯噜相当活跃，陕西及相近的山西、河南部分地区，刀客活动频繁。太平天国时期，哥老会兴起，由四川蔓延至全国各地，尤其以长江中上游各省份如四川、贵州、湖南、湖北、陕西等最为兴盛。长江下游两淮盐场各销岸，盐枭的活动猖獗，除了河南、安徽有季节性的流民结捻贩运私盐之外，还有不少职业性的盐枭集团。

鸦片战争以后，漕粮逐步改由海运，失业的粮船水手凭借原有的行帮与盐枭互相勾结，形成青帮，逐步控制了这一带的食盐走私。19世纪末叶，哥老会也开始染指两淮盐利。在嘉庆、道光、咸丰年间，南方各省还有为数不少的乞丐、窃贼帮伙，后来逐渐为天地会、哥老会所控制或同化。山东、河南、直隶等地在明清时代教门组织势力很大，其基本教众是农民和农村中潜在的失业人口。但从乾隆以来，游民"吃教"的人数显然在日益增加。近代在南方兴起的青莲教及其各支派的骨干人物几乎都是游民，并且向北方各省发展。热河、东北的"邪教"主要是由华北地区"闯关东"的流民以及南方游民传去的。从山西口外、蒙古草原到白山黑水的广大地区内，则是一股股马贼（胡匪）出没的场所，清末甚至由海路闯入山东境内。在绵延一万多公里的海岸线上，还有为数不少的海盗。

毛泽东指出：中国数量不小的"游民无产者"，"他们在各地都有秘密组织，如闽粤的'三合会'，湘鄂黔蜀的'哥老会'，皖豫鲁等省的'大刀会'，直隶及东三省的'在理会'，上海等处的'青帮'，都曾经是他们的政治和经济斗争的互助团体"。作为"生计无着"的游民结社，主要是通过贩运鸦片、走私食盐、开场聚赌、贩卖人口、绑票伙劫、占码头等方式解决其成员的生计问题的。

如长江下游盐枭分青、红两帮，"争夺码头，时相仇杀"，徐怀礼立春宝山，企图独占盐利。太湖盐枭均为青帮，分温台帮、巢湖帮。广东天地会抢劫兴贩烟土之船只，"自行售卖""近则合而为一，或代为护送船只，或代为运送，各处销售，通同分肥""分帮列号，越境贩烟""言兄弟们二三万人"。鸦片战争后，土烟在西南泛滥成灾，哥老会大量贩运。蓝大顺、李短答居云南昭通大关边，以运护鸦片为私贩魁。19 世纪末已形成庞大的土烟运销网。道光年间，广西赌风盛行，天地会也于各处墟市，开设花会赌厂，"民穷财尽，盗贼日多"。清末醴陵仅渌口镇就有赌窟数十家，多为会党首领所设。赌风盛行，因此破家荡产者比比皆是。盘踞在南通刘海沙的青红帮"有船有械，贩运私盐，开赌伙劫，略卖妇女，无所不为，沿江乡民，皆受其害"。至于绑票伙劫的材料，俯拾皆是。在社会动荡的时候，抢劫行动会由烧掠村庄发展到攻掠城镇，给社会经济带来极大的破坏。"帮匪占码头一幕，亦为固定营业之一。南中各省，不论县城乡镇，凡市面稍繁盛者，均为若辈势力所及，分疆划界，各不相犯。每一码头，必有匪首为之领袖。凡此势力区域内，种种不规之营业，莫不为所包揽，而坐享其厚利"。这些"不规之营业"包括设烟馆、妓院、赌场等，向铺户收取"保护费"。"一个老鸦看一个摊"，不许其他帮会染指。但帮会之间争夺码头、互相倾轧、鹊巢鸠占的事情仍时常发生。

正如毛泽东所指出："中国的殖民地和半殖民地的地位，造成了中国农村中和城市中的广大的失业人群。在这个人群中，有许多人被迫到没有任何谋生的正当途径，不得不找寻不正当的职业过活，这就是土匪、流氓、乞丐、娼妓和许多迷信职业家的来源。"这些"不正当的职业"主要是由游民帮会提供的。通过这些"职业"，帮会养活了相当一批失业游民，一些浪迹江湖客也得到周济，在这个意义上，帮会的确有其互助作用。但对这种互助作用绝不应该夸大。由于帮会内部等级森严的封建性质，其一般成员不过"仅供口体"，帮会聚敛的大量财富还是为头目所侵吞。如青帮头子朱盛椿"开堂收徒至一千余人"，徒党在外抢劫勒赎所得赃款均要"分给该犯收受""置田造屋，广购枪炮"，开设店铺，成为江都的恶霸地主。日本间谍山口升在调查湖南及长江沿岸的哥老会时也发现，"其头目追求本身的生活更甚于哥老会的生存"。在他们中间，出现了一批欺压工农群众的封建把头、恶霸地主。所以，在帮会所标榜的"江湖义气"背后，同样是赤裸裸的金钱关系。

帮会由游民的寄生性特点所决定，其"经济斗争"对社会经济具有极大的破坏性。游民通过掠夺性的手段迫使社会向他们提供维持生活乃至享乐挥霍的费用，最终还是由从事生产劳动的工农群众来负担。

三

作为一种寄生性的社会群体，游民帮会除了在经济上进行掠夺之外，还有特殊的社会寄生方式。这种寄生方式不仅决定了游民帮会的社会地位，而且决定了帮会与大社会中各阶级之间的关系。这种社会寄生方式的形成过程，从一个侧面反映了传统社会结构的解体过程。

帮会以游民为依托，向社会各个阶层渗透。清代游民除了相当一部分成为职业性的盗匪、赌徒、流氓、乞丐之外，还有"僧道胥役奴仆之流"，不在编氓之中的小贩、佣工、纤夫、散兵游勇等。他们当中有一部分人渗入近代工人阶级、农村中的无产阶级（雇佣劳动者）、城乡小资产阶级的队伍中。有的则成为国家政权的雇佣者，如胥役、兵勇等。鸦片战争后社会经济的变化，国家机器管理职能的增加以及军队的扩充，多少提供了一些新的就业机会，同时也给游民帮会向这些阶层渗透创造了条件。

在早期工人队伍中，行帮组织具有较大的势力，帮会影响也不容忽视。如安源煤矿的工人基本上由洪江会所控制，"湘潭人肖克昌为各匪会总理""久居安源，能左右窿工"，三合会及其分会一向在矿工和搬运工中吸收大量会徒。在广州和香港，秘密会社控制了各行各业。清末的铁路建筑工人中帮会也具有较大的势力。在其他游食的劳动群众中，也有帮会的活动。手工工场工人、个体手工业者加入会党的也不在少数，"木厂悍夫""私立盟会"。

辛亥革命时同盟会员张承桥在上海联络的一批在帮兄弟"工人独多"。帮会对这部分由传统社会结构中游离出来具有稳定的或不稳定的劳动职业人口的控制，不是促进，而是阻碍其独立的阶级意识的成长。

不少研究辛亥革命史的学者都注意到，会党之中有大量的农民参加。有的学者甚至认为在辛亥革命时期，资产阶级革命党人通过会党而在一定程度上与农民建立了联盟；辛亥革命以后对会党的镇压则表明了这种联盟的破裂。对于这个问题，我认为首先必须正确地回答会党与农民的关系问题。

鸦片战争以后，会党与农民之间的关系更多地是以游民社会与农业社会的矛盾表现出来，是一种掠夺与被掠夺、供养与被供养的关系。这种关系的形成，是以血与火载入史册的。

会党胁迫农业社会向其屈服的手段极为恐怖。他们"横行乡里，或拔人以勒赎，或演戏以敛钱，匪肆猖狂，党徒菌蠹，强占妇女，屠宰耕牛，挖睛残人，抢孀逼嫁，无恶不作，势焰汹汹"。四川哥老会强迫农民入党。农民之安分者，若不相从，则身家莫保。其他省份也有类似情况。1875年至1880年在梵净山一带活动的一支几百人的哥老会武装，竟"烧掳村寨千数百余家，杀毙老幼男女三千余丁口"。这是何等惊心动魄的画面啊！

在胁迫大批农民入会的同时，帮会与地主乡绅的势力也结合了起来。不少地主乡绅、地方名流和商富加入会党，充当首领。例如，长江下游的青帮，"初犹无业游民、刑伤匪类当之，今则居然武库中之举秀，仕途中之子弟，衙署中之差役，愍不畏法，自以为雄，乐居下流，毫不为怪"。四川哥老会中，"富家大族之子弟，遂至有用钱捐当帽顶之的事"，广东"群盗以劣绅为窝主，劣绅又恃奸捕为耳目"。吴玉章先生说得完全正确："会党中的上层分子有不少是地主阶级出身或与地主阶级有着密切联系的人。"

绅富地主加入会党，并不是一种偶然的现象。游民帮会通过"危言恐吓"、抢劫、杀戮等手段把大批的农民从传统的宗法制度、乡约保甲的控制之下拉出来，置于自己的控制之下，严重地危及地主乡绅在传统农业社会中的地位。由于清王朝统治的衰弱，无法在乡村社会中铲除帮会的影响，地主乡绅加入帮会、通过帮会以保持自己的社会地位、控制入会农民，成为他们必然的抉择。

一些游民帮会也间接或直接受到他们的控制和影响。绅富、农民在游民社会的压力下，大量加入帮会，说明传统的宗法关系、保甲团练等方法再也无法维系原有的社会结构了。游民社会通过促使传统社会结构的分解而得以某种"和平"方式寄生于大社会之上，即由绅富把持或支持的公口码头向入会农民征收"会费"，用以接待南来北往、逃避缉捕的帮会分子。在城镇之中，我们也可以看到工商界请求帮会头目出来维持秩序的情况。不论哪一种情况，都不过是调整了游民社会与大社会之间的关系，并不可能改变地主与农民、资本家与工人之间的阶级关系。

帮会与地主绅富的结合，严重地侵害了广大农民的利益。四川谘议局的一份文件称，"江湖会起最早，纠结日久，多亡命无赖及不肖绅衿，常为乡里所苦"。广东的天地会"每于农田成熟之时，打单强索，不遂所欲，焚杀劫掳，祸即立见。农民畏其凶悍，辄暗中付给。"广州府属沙所一带，"地广人稀，佃户散处其间，匪徒得以乘隙劫制，莫敢与抗""本地劣绅暗中包庇"，联合欺压农民。这些会党虽然近联港澳革命诸党，怎么谈得上革命党人与农民的联盟呢？

帮会以其恐怖手段控制农业社会，对清王朝的统治产生了严重的危害，帮会与政府之间争夺地方社会控制权的斗争十分激烈。有的帮会头目"得有功牌保举、捐纳虚衔，便成官样局面""内勾衙蠹兵役""外引不法匪类"，一般州县官束手无策。在斗争激烈的地区，即使地主团练也不得不依违其间，"贼来附贼，官至依官"。有的地方团练与帮会混合生长，如辛亥革命时期，广汉县廖廷英是全县哥老会总舵把子，又是团练局长。华阳哥老会首领秦载赓，"年十八即被举为华阳总团长"。刀客严纪鹏充渭南县民团首领。帮会的这些活动和斗争，削弱和破坏了清王朝的统治，为革命的发动创造了有利的形势，太平天国革命、辛亥革命都是在帮会最为活跃的南方各省发动、蔓延开来，并不是偶然的。"川乱则会匪乘机假附民团而起"，这种民变的形式，在一部帮会史中是了若指掌的。

地主绅富、地方名流加入会党，这是传统社会结构中为"四民之首"士群阶层分化的一个重要表现。在这一部分绅富名流当中，有不少是立宪派和革命党人。如共进会的发起人"或是'大爷'，或是会党中较有地位和较为积极的人物"。刘公"其家为襄阳三大富室之一"，孙武自称"家富巨万"，焦达峰出身士绅家庭，刘英家庭是地主兼商业资本家。在光复会中的会党首领，王金发"出身于世家大族"，龙华会首领张恭出身书香门第，白布会首领濮振声"家资殷实"。在立宪团体中，贵州自治学社的各个分社大部分是由有关的哥老会成员的社员去进行的，并且多以当地哥老会成员为主要对象，在五十余个分社中，至少有19个分社负责人是哥老会员。从这些分社负责人受到地方官"优礼""以备顾问，受方略"的情形看，显然属地方绅富之列。四川的官吏也担心会党首领竞选谘议局议员，当时四川的知名人士杨沧白、向楚、朱叔痴、尹昌衡和西充的罗纶，都是仁字堂的舵把子。大量士绅加入到会党之中，对他们来说，是一种社会越轨行为。在社会矛盾激化以后，这种越轨行为就会导致政治上对清王朝的反叛。这些情况，说明中国资产阶级政治代表们的社会身份是极其复杂的。资产阶级革命党人之联络会党，不仅仅是一种策略，在某种意义上可以说，是他们与游民帮会既存关系发展的必然结果。而在辛亥革命时期，有些帮会为反动势力所左右，成为破坏革命的工具，同样也可以从帮会与地主绅富的历史关系中去寻找答案。

四

资产阶级革命党人通过联络会党所动员起来的社会力量主要是游民。由于会党与清政府居于反对之地位，比较容易接受革命党人有关推翻清王朝的宣传，在"十次起义"中，会党的确"无役不从"，对扩大革命势力的影响，动摇、削弱清王朝的统治起了重要作用。但是，这些起义有不少明显地打上了游民劣根性的烙印，又是导致失败的重要原因，主要表现在：

（1）雇佣意识。如1895年广州起义，革命党人招勇，"每人每月，十块洋钱。乡愚贪利，应募纷纷"。由香港招来的二百余名会党分子"实系为招募而来，并不知别事"。起义流产后，孙中山还"把领来的钱，发给绿林中人"。1909年广安起义临届发动，领导起义的四川哥老会巨子余英却被一批帮会分子包围在茶馆内哄闹："喊我们来办事，讲好每天发四百文钱，钱又不给，搞什么名堂？"以致消息走漏，起义失败。

（2）土匪意识。惠州起义以抢劫福建日本银行为筹饷手段，与起义军主要是游民、绿林组成不无关系。唐才常的自立军起事，甚至允许会党占领汉口后"焚毁三日，封刀安民"，以满足他们抢劫的欲望。这些来源于土匪的革命队伍，往往得不到人民群众的支持。如参加马笃山起义的两支主力部队梁瑞阳、梁少廷部，"皆曾杀人越货……故极好之乡，亦止能一宿而已"。"瑞曾于其乡掳人之牛，数及十头，此次乡人绝不欢迎"。1909年共进会策动两湖地区的五镇起义，其中也不乏恶势力。如先入哥老会、后入红灯会的双料会党首领柯玉山，"出则四人大轿，前后拥卫，鸣金放炮，毫无顾忌""养失业流民为出死力""人民遭其荼毒，莫不切齿"。革命党人动员这些力量起义，恰恰阻碍乃至切断了他们与农民群众的联系。

（3）见利忘义。1900年，孙中山通过毕永年联络长江哥老会首领杨鸿钧、李云彪、辜鸿恩、张尧卿等人，"见唐才常方面富而多资，遂纷纷向才常报名领款，愿为勤王军效力"。保皇党人通过发放"富有票""广散银钱"，耗资二十万，对会党"专改其宗旨"，也在一定程度上达到了目的。一些帮会首领骗取革命党人经费的事情也屡有发生，1907年惠州起义的三个负责人中，会党首领黄耀庭、绿林豪客余绍卿先后共领了2700块银元后，逃之夭夭，结果由邓子瑜一人承担。

（4）山头主义。帮会的山头主义陋习严重破坏了革命队伍的纪律和团结。如镇南关起义，孙中山原定以会党出身的王和顺为都督，因"桂省绿林、游勇原分两派"，黄明堂、何伍、李辉鉴等游勇队伍便"要求王和顺不来加入为一条件"，才参加起义。

马笃山起义，"二梁不睦，始终不解"，且"不受约束"。河口起义时，"各部号令颇不统一"。此外因不守纪律泄密而导致起义失败的例子更不胜枚举。由于会党在历次起义中所暴露出来的这些弱点，从1908年同盟会河口起义失败到1910年共进会两湖五镇起义失败，资产阶级革命党人"以所经验者证明会党首领之难用""野性难驯"，而把新军作为主要工作对象。

当兵吃粮，是清代游民的一个重要出路。19世纪中叶湘军和清末新军的编练，虽然强调从"土著乡民"中挑选士兵，但无法阻止游民的包围和渗透。曾国藩谈到湘军的情况时说："大兵扎营之所，常有游手数千随之而行，或假充长夫，或假冒余丁，混杂于买卖街中，偷窃于支应局内。"怎样摆脱游民社会的侵蚀，始终是困扰清王朝军队建设的严重问题。绿营、湘军、淮军等各军兵种内，都有帮会活动，"各营相习成风，互为羽翼"，《盛军训勇歌》第一条就是"莫结哥老会"。有的哥老会首领"或当散勇，而营官、百长之资格有转出其下者。昼则拜跪营官、百长之前；及会中有事，则此为散勇者传集其党于山墅间，夜升高座，营官、百长反从而跪拜之，予杖则杖，予罚则罚，无敢哗者"。可见，游民帮会寄生于军队之中，严重干扰了军队的指挥系统，在帮会发展严重的部队中，甚至发生抗官、哗饷乃至溃散的情形。革命党人在军队中运动士兵及下层军官，显然是借用了会党控制军队的现成方式。

陕西哥老会很早就在新军士兵中建有和军队编制相适应的自己的组织系统，标有"标舵"，营有"营舵"，队有"队舵"，以联系掌握他们的"哥弟"。武昌文学社则"各标各营均举一人为代表",共进会的情况也一样。

两者控制军队的组织凭借虽然不同,但控制的方式却是一样的。贵州陆军小学堂"皇汉公"对新军一标的工作也主要是"经常的与各营有势力的目兵联络",这些新军的头目(班长)和士兵,百分之十以上都是袍哥阶级,一旦革命党人控制了"公口",就很容易取得军队控制权。在辛亥革命时期,资产阶级革命党人,"潜通标营,散发票布",采用会党的方式运动新军,在军队中结盟拜会之风盛行的情况下的确是行之有效的。我们在肯定辛亥革命中新军积极作用的同时不能忽视其中的会党活动。诚然,单纯的帮会活动,只能导致军队的溃散与哗变,只有在革命党人的领导下,这种帮会活动才能成为新军转化为革命力量的契机。

由于军队组织严密、训练有素、装备精良、粮饷有着,在转向革命的过程中,较少江湖游民的破坏性。即使如此,军队内部的帮会活动对革命党人也并不是有百利而无一害。在革命军队中的帮会活动也可以成为瓦解革命军队的催化剂。如陕西新军在革命爆发后,新军原有的军事建制完全打乱,分裂成由各个哥老会头目掌握的许多部队,"各统兵官又骄僭自专,不服从调遣指挥,各自为政,互不相下",一度使陕西局势动荡不安。贵州耆老会利用帮会关系瓦解五路巡防营,"滥交军人,私结军心",最后发动兵变,控制政权。军队的性质变了,但会党瓦解军队的作用没有改变,这对于我们理解军队中帮会的特性,是有启发意义的。

五

会党对于推翻清王朝的历史作用，不仅表现在其长期的发展过程中，日侵月蚀地催化着传统社会结构的瓦解，腐蚀军队、巡警捕役等清王朝的国家机器，而且表现在辛亥决战时期频繁的会党起义之中。后者已有大量的论著进行了探讨。我们在这里需要特别指出的是，即使在革命高潮中，会党也不可能改变自己在长期历史发展过程中所形成的特点。会党的削弱、颠覆清王朝统治的种种寄生方式，很快地又成为造成新政权颠覆的危害因素。

第一，公口码头林立，阻碍新政权的政令。在陕西各地，哥老会到处增设码头，大量散发票布，广收兄弟，擅用公款，处理词讼，干涉地方行政事宜，俨然把码头置于地方行政之上。整个贵州，成了袍哥世界。湖南衡岳以南各属哥老会党风起云涌，招摇乡市，"金曰焦大哥作都督，今日吾洪家天下矣"。江西洪门会与民团，几乎成为一而二、二而一的组织。民团薪饷，概由各地自筹，自然不免要骚扰，也因而引起了人民的怨言。大汉四川军政府都督尹昌衡、军政部长周骏干脆在公署挂起了"大汉公""大陆公"的招牌。防军、流氓，本来都是哥老会人，一时得意疯狂，为所欲为。市民争相参加袍哥，着图自保。

第二，进行刑事犯罪活动，扰乱社会治安。革命以后，旧军队的溃散，大批民军无法收编安置，江湖枭雄，流氓痞棍的活跃，土匪猖獗，帮会横行，使新政权面临严重的社会治安问题。四川"成、嘉、邛等属匪日盛，白昼抢劫拉撬抢夺，……若报官则杀其人，焚其宅"。浙江帮会"小者恃强敲诈，愚弄乡民，大者开堂放票，聚赌敛钱，甚至明目张胆，谋为叛乱"。云南自"改革后，巡防兵营，次第裁遣，无籍游民，遂多流为盗贼，啸聚山谷，劫掠横行，闾阎未能安居，商旅因之裹足"。"黔省军府提倡公口，土匪横行，奸淫掳掠，全省糜烂"。江苏省内，匪徒"明火执械"，苏州阊门商业繁华之地，"突遭兵匪大队逐铺搜劫，一抢再抢，通宵达旦，十铺九空，同归于尽"。徐海一带，大股土匪"抢劫财物，屠戮人民，惨无人道"。其他省份的情况也大同小异。可以毫不夸张地说，辛亥革命高潮时期也是土匪、帮匪趁火打劫最为猖獗的时期。

对于民国初年会党的其他活动情况，胡绳武、蔡少卿先生已有专文论述，兹不赘述。我认为，上述两种情况最为普遍，在政治上的影响极大。

会党的这些活动背离了民主革命的目标，从根本上说是由游民帮会的特性所决定的。开码头公口，称霸一方，是帮会一贯的寄生方式，辛亥革命为帮会提供了一个大力发展的机会，促成了清王朝的颠覆，但同时也酝酿着帮会与新的行政机构的更大冲突。资产阶级革命党人对会党干扰破坏新政权的情况无不忧心忡忡。陕西革命党人井勿幕等人莫不扼腕叹息"不意闹成会党世界""大家都认为革命失败了"。贵州革命党人阎崇阶甚至认为自己是贵州形成袍哥世界的"始作俑者，自问能无愧乎！"。一位深知袍哥内幕的人曾指出，帮会"各霸一方，必然换来另一种封建统治。以暴易暴，人民遭殃更甚"。对于有些地区由帮会夺取并控制的政权性质值得进一步深入研究。

社会治安的混乱、匪盗猖獗，大大破坏了革命政权在人民心目中的威信。胡刚认为，贵州"公口盛行，秩序紊乱，人心恐怖，确是革命政权失去全国人民拥护的最大原因"。滇军指责川省成都政府，"改革之初，人民先罹其祸，将有仇视新政府之心"，并非仅仅是入川的借口。"盗贼蜂起；民心厌乱"，江西"人民控案山积"，广东"警报频闻，大贻省局者之虑"，人民"未收幸福，已受实害"。

在这种形势下，取缔公口码头，镇压土匪暴乱，成了新政权的迫切任务。革命党人与会党绿林由反清同盟到刀戈相向，是游民社会与大社会矛盾激化的必然结果。

辛亥革命时期，大批游民投身到革命队伍之中，浴血奋战，为推翻清王朝立下了汗马功劳。民国肇立以后，他们得不到妥善的安置，是酿成匪乱严重的重要原因。在这方面，我们有理由谴责资产阶级革命党人和新权贵们。但是，我们也应该看到，在当时，社会政治、经济的发展水平还不足以解决广大失业游民的生计。广西同盟会负责人刘崛要求"悉数招抚绿林"，仅在财政上便无法应付。谭人凤、陈其美与一些帮会首领先后在上海建立社团改进会、中华国民共进会，企图把会党改组为"完美稳固之民党""纯粹民党"，更是南辕北辙。蔡锷谈到解决四川问题时，讲了三个办法："解散同志会，惩办匪徒，安置失业游民"，否则"内乱终难底定"，其中第三条是一针见血的。但这对于本身在新政权中地位尚不稳固的资产阶级革命党人来说是不可能办到的。

辛亥各独立政府在各地的确有镇压工农群众的行动，但绝不能把镇压土匪与镇压工农群众混为一谈。虽然在当时的文书中，两者都称之为"匪"，如果我们今天的历史学家不加区别地把"匪"当作工农群众运动，那就会导致谬误。帮会、土匪，不论其形成的社会原因怎样，政治责任何在，取缔它们，镇压他们，是任何国家政权必须履行的社会职能。不能有效地维持社会治安，恰恰是政治腐败的表现。辛亥革命时期取缔会党、镇压土匪的斗争，同样是革命政权历史上光辉的一页。

（原载《上海师范大学学报》1991 年第 3 期）

图书在版编目（CIP）数据

中国 1911 / 邓文初 编 . — 北京：东方出版社，2022.1

ISBN 978-7-5207-2377-0

Ⅰ.①中… Ⅱ.①邓… Ⅲ.①辛亥革命—文集 Ⅳ.① K257.07-53

中国版本图书馆 CIP 数据核字（2021）第 182447 号

中国 1911

（ZHONGGUO YIJIUYIYI）

编　　者：邓文初

责任编辑：闫　妮

出　　版：东方出版社

发　　行：人民东方出版传媒有限公司

地　　址：北京市西城区北三环中路 6 号

邮　　编：100120

印　　刷：北京汇林印务有限公司

版　　次：2022 年 1 月第 1 版

印　　次：2022 年 1 月第 1 次印刷

开　　本：880 毫米 ×1230 毫米　1/32

印　　张：12

字　　数：220 千字

书　　号：ISBN 978-7-5207-2377-0

定　　价：58.00 元

发行电话：（010）85924663　85924644　85924641

土烟在西南泛滥成灾，哥老会大量贩运。蓝大顺、李短答居云南昭通大关边，以运护鸦片为私贩魁。19世纪末已形成庞大的土烟运销网。道光年间，广西赌风盛行，天地会也于各处墟市，开设花会赌厂，"民穷财尽，盗贼日多"。清末醴陵仅渌口镇就有赌窟数十家，多为会党首领所设。赌风盛行，因此破家荡产者比比皆是。盘踞在南通刘海沙的青红帮"有船有械，贩运私盐，开赌伙劫，略卖妇女，无所不为，沿江乡民，皆受其害"。至于绑票伙劫的材料，俯拾皆是。在社会动荡的时候，抢劫行动会由烧掠村庄发展到攻掠城镇，给社会经济带来极大的破坏。"帮匪占码头一幕，亦为固定营业之一。南中各省，不论县城乡镇，凡市面稍繁盛者，均为若辈势力所及，分疆划界，各不相犯。每一码头，必有匪首为之领袖。凡此势力区域内，种种不规之营业，莫不为所包揽，而坐享其厚利"。这些"不规之营业"包括设烟馆、妓院、赌场等，向铺户收取"保护费"。"一个老鸦看一个摊"，不许其他帮会染指。但帮会之间争夺码头、互相倾轧、鹊巢鸠占的事情仍时常发生。

正如毛泽东所指出："中国的殖民地和半殖民地的地位，造成了中国农村中和城市中的广大的失业人群。在这个人群中，有许多人被迫到没有任何谋生的正当途径，不得不找寻不正当的职业过活，这就是土匪、流氓、乞丐、娼妓和许多迷信职业家的来源。"这些"不正当的职业"主要是由游民帮会提供的。通过这些"职业"，帮会养活了相当一批失业游民，一些浪迹江湖客也得到周济，在这个意义上，帮会的确有其互助作用。但对这种互助作用走私。19世纪末叶，哥老会也开始染指两淮盐利。在嘉庆、道光、咸丰年间，南方各省还有为数不少的乞丐、窃贼帮伙，后来逐渐为天地会、哥老会所控制或同化。山东、河南、直隶等地在明清时代教门组织势力很大，其基本教众是农民和农村中潜在的失业人口。但从乾隆以来，游民"吃教"的人数显然在日益增加。近代在南方兴起的青莲教及其各支派的骨干人物几乎都是游民，并且向北方各省发展。热河、东北的"邪教"主要是由华北地区"闯关东"的流民以及南方游民传去的。从山西口外、蒙古草原到白山黑水的广大地区内，则是一股股马贼（胡匪）出没的场所，清末甚至由海路闯入山东境内。在绵延一万多公里的海岸线上，还有为数不少的海盗。

毛泽东指出：中国数量不小的"游民无产者"，"他们在各地都有秘密组织，如闽粤的'三合会'，湘鄂黔蜀的'哥老会'，皖豫鲁等省的'大刀会'，直隶及东三省的'在理会'，上海等处的'青帮'，都曾经是他们的政治和经济斗争的互助团体"。作为"生计无着"的游民结社，主要是通过贩运鸦片、走私食盐、开场聚赌、贩卖人口、绑票伙劫、占码头等方式解决其成员的生计问题的。

如长江下游盐枭分青、红两帮，"争夺码头，时相仇杀"，徐怀礼立春宝山，企图独占盐利。太湖盐枭均为青帮，分温台帮、巢湖帮。广东天地会抢劫兴贩烟土之船只，"自行售卖""近则合而为一，或代为护送船只，或代为运送，各处销售，通同分肥""分帮列号，越境贩烟""言兄弟们二三万人"。鸦片战争后，